湖北科学家传记丛书

草根名医 比肩『时珍』

医圣万密斋传

赖玉芹 著

华中科技大学出版社
http://www.hustp.com
中国·武汉

图书在版编目(CIP)数据

草根名医　比肩"时珍"：医圣万密斋传/赖玉芹著．—武汉 ：华中科技大学出版社，2020．2
ISBN 978-7-5680-6121-6

Ⅰ．①草…　Ⅱ．①赖…　Ⅲ．①万全(约 1488-约 1578)-传记　Ⅳ．①K826．2

中国版本图书馆 CIP 数据核字(2020)第 067713 号

草根名医　比肩"时珍"：医圣万密斋传　　　　赖玉芹　著

Caogen Mingyi Bijian "Shizhen"：Yisheng Wan Mizhai Zhuan

策划编辑：亢博剑　韩　敏
责任编辑：肖诗言
封面设计：璞茜设计
责任校对：刘　竣
责任监印：朱　玢
出版发行：华中科技大学出版社(中国・武汉)　　电话：(027)81321913
　　　　　武汉市东湖新技术开发区华工科技园　　邮编：430223
录　　排：华中科技大学惠友文印中心
印　　刷：武汉科源印刷设计有限公司
开　　本：710mm×1000mm　1/16
印　　张：15．5
字　　数：233 千字
版　　次：2020 年 2 月第 1 版第 1 次印刷
定　　价：39．80 元

“湖北科学家传记丛书”
编委会

出版说明

因万密斋的医书在流传过程中，经历代翻刻，以致讹脱衍倒，各版本重刻时虽有校订，但仍存在内容互异、细节失真等问题。因此本书所引史料，在已有参考文献作底本的基础上，以最大限度使叙论合理，并与现代规范汉字律齐，为读者了解万密斋相关事迹提供参考。不足之处，望读者指正。

编　序

中华大地，每个地方都不乏对文明有贡献的人物。湖北省地灵人杰，涌现出许多杰出科学家。为了纪念他们，弘扬他们的事迹与精神，为了推进科学普及，建设科技强省与强国，近年来，湖北省科学技术史学会致力于对湖北科学家的研究。凡在湖北出生的，或在湖北工作相当长时间的科学家，都被作为研究对象。这些科学家所处的时代从古代到当下，所涉领域包括医学、农学、地学、数学、工程技术等，比如植物学家戴凯之，炼丹家葛洪，茶学家陆羽，历史地理学家杨守敬，地质学家李四光，数学家许魁垣，化学家张子高、陈萌三，气象学家涂长望，名医王叔和、庞安时、李时珍、万全、刘若金、杨济泰等。这套丛书，力求具有学术性、地方性、通俗性，得到了湖北省科协与湖北省科技馆的鼎力支持，还有广大读者的热烈响应。近期由华中科技大学出版社推出“李时珍传”等 10 部科学家传记，将来还要连续不断地推出多部传记。我们期盼社会各界继续支持这套丛书，使丛书发挥更大的作用。

丛书编者

2018 年 6 月 20 日

目　录

第一部分：背景篇

今天我们一提到鄂东，提到黄冈、罗田，我们会想到什么？想到大别山，红色旅游基地，想到革命老区！想到黄冈的东坡赤壁、大江东去！想到黄冈的升学率！想到风景如画、高耸入云霄的天堂寨和香甜可口的罗田板栗！因为黄冈市现在除了黄州区和罗田县外，还包括麻城、武穴二市和团风、红安、蕲春、浠水、黄梅、武穴、英山诸县以及龙感湖管理区，所以我们还可能会想到麻城四月的杜鹃！黄梅的四祖寺、五祖寺的禅宗！想到英山的云雾茶！再进一步，我们还会想到蕲春的科学家李时珍，以及浠水近代的民主战士闻一多！的确，这些历史文化、风景名胜、物产人物，都是闻名遐迩、极富吸引力的，它构成了今天鄂东地区文化和旅游的新格局，是黄冈市的文化名片。

可是，我们会想到万密斋吗？罗田人一定会想到，黄冈市的大部分人也许会想到。那么，万密斋是何许人呢？为什么罗田人一定会想到呢？

万密斋的名头，不说不知道，说出来能吓一跳。他就是在明代和科学家李时珍齐名的名医，他们俩，还有宋代浠水的庞安时、清代武穴的杨济泰，被称为“鄂东四大名医”。这四大名医，在鄂东地区可以说是如雷贯耳。他们在这块土地上救死扶伤、悬壶济世，不知医治了多少病人，挽救了多少生命，他们不知做了多少好事，因此口碑交相传递，他们的名声在这块土地上也异常响亮。但是，到了当代，他们的名字渐渐被历史的洪流淹没，只剩下李时珍的大名，依然震烁古今。

其实，在明代，甚至清代，万密斋一直都是与李时珍齐名并立的，他们堪称

“双璧同辉”。

李时珍(1518—1593年),黄州府蕲州(今湖北蕲春)人,14岁补诸生,曾在蕲州荆王府任职,也曾任过太医院判,后来回乡读书、行医,写下了著名的药物学巨著《本草纲目》以及《濒湖脉学》等书。今天我们称他为伟大的科学家,是因为不仅在中国,而且在国际学术界,他都占有重要地位。在今天的蕲春,专门有李时珍纪念园、李时珍塑像,供慕名而来者瞻仰和纪念。其实,李时珍不仅仅是在中国这么知名、这么受人敬仰,早在1952年,在异国他乡的莫斯科大学,新落成的大厦走廊的墙壁上,就镶嵌着李时珍的大理石像。

那么万密斋呢?万密斋,名全(1499—1582年),号密斋,黄州府罗田人,廪生,后弃儒从医,行医孜孜不倦,长达50多年,擅长儿科、痘疹、妇科、内科诸科,在临床医学方面取得很高成就,救人无数。他总结父祖和自己的医学经验,著有《痘疹心法》《幼科发挥》《广嗣纪要》等书,后汇编成《万密斋医学全书》,共108卷,150多万字。他的著作经过十几次刊刻,多次重印,流传国内外,受到肯定和夸赞。万密斋以仁心为怀,视人如己,医德高尚,民间流传着他起死回生、妙手回春的神奇故事,他因此誉满鄂、豫、皖、赣,名噪于明代万历年间。清代康熙四年的《罗田县志》的“万密斋传”中称他“诸书行世,天下咸称医圣”,后来的方志中屡屡引用这一句话。至少在当地,万密斋“医圣”的名声得到了认可。到民国时,罗田史家王葆心专门搜集他的医案,作有《虞初支志》,书中写道:“先生在时,罗田及都省之人,争以难症相属,倚之若长城。”当时罗田、黄州甚至湖北省范围内,人们有疑难杂症,都争相请他诊治,把他当作御敌的长城。而万氏医书,凡是有人家的地方都家藏是编,尽人皆呼“万氏”。1999年,国家中医药管理局将万密斋列为我国明清30位著名的医学家之一。

可是,现在关于名医万密斋的纪念、研究、宣传和传承远远不够。罗田的中医院现在改名为万密斋医院,承担起了传承万密斋医药事业的部分责任,且有一个万密斋医史文献陈列馆,但是这个陈列馆并没有对公众开放。万密斋的墓地在石井头村,孤零零的。纪念万密斋、瞻仰万密斋,还远远没有形成一个像李时珍纪念馆一样的集中场所。目前的情况是,只有罗田的人以及从事万密斋研究的人知道万密斋,其他的人则对他知之甚少。

所以,我们应该好好研究万密斋,学习万密斋,宣传万密斋!

那么,万密斋是一个怎样的名医?他所生活的时代、环境怎样?他出身怎样、从哪里起步?有哪些神奇的故事?他有什么医学成就?他的书籍是谁帮他刊刻、受到人们怎样的夸赞?他具备什么样的精神、是怎样成长为一个名医的?为什么他今天的名声和李时珍差距那么大?

关于万密斋的研究和宣传,目前也陆续有一些成就和著作,尤其最近几年,他受到越来越多的关注,罗田、黄冈的一些医学和地方文化工作者、湖北中医大学的学者及史学研究者们是其中的主力。1999年,中国中医药出版社出版了《万密斋医学全书》,将之收入《明清名医全书大成》的丛书之中。该书将万密斋的主要著作汇集刊刻,全面而完备,让我们翻开书页,见字如晤。为研究万密斋提供了原始的、第一手的资料。毛德华先生对万密斋有很精细的考证,他写成《万密斋生平著述考》一书,解决了我们的许多疑惑。该书调查清楚了万密斋的家世、生平、子女、门徒等情况,还有他的书籍成书、刊刻、传播情况,可谓一书在手,就像拿着一面镜子,可以照出名医万密斋的真人形象,清晰真实。胡荣希先生是万密斋同乡,有很深的"万密斋情结",对万密斋了解得十分透彻。他所著的《医圣万密斋传》,生动形象地讲述了关于万密斋医术、医德的传奇故事,在毛德华先生考证的基础上进一步分析了万密斋的人生经历、医治方法和特点等问题,梳理了万密斋书籍刊刻和传播以及当今对万密斋的纪念情况。该书是一本全面了解万密斋的相对通俗的读本。邵金阶先生等将万密斋在儿科、痘疹、妇科等方面成就的相关论文刊载汇集为《万密斋学术研究》一书,使我们从专业上进一步了解万密斋的医学成就和地位。另有熊传海的《鄂东四大名医》一书,华中师范大学硕士学位论文严忠良的《明清黄州府名医研究》和王明《鄂东医药文化研究》等,虽然不是专门研究万密斋,但是研究鄂东医药是绕不过万密斋的,这些资料让我们从总体上了解万密斋所处的鄂东地区的社会环境、自然和文化资源,也让我们了解与万密斋齐名的四大名医的整体情况。当然,除此之外,罗田、黄冈一些医生和地方文化工作者还有一些关于万密斋的资料整理,如秦建国《医圣万密斋的故事》等,让万密斋的形象更加丰满和生动。

上述对万密斋的研究和宣传成果,让我们可以较为全面地了解万密斋。那么,是不是没有工作可做了呢?其实,对万密斋的研究和宣传还应该好好加强。我们想要更加真实全面地把握万密斋,学习他的精神和品质,了解他在当今为什么不如李时珍闻名,就需要对万密斋做进一步的研究和阐述,以不负古人,更好地借鉴和传承名医身上那可贵的精神。

孕育名医

孕育名医万密斋的鄂东地区,吴头楚尾,人杰地灵,气候适宜,物产丰富。宋元时期鄂东经济发展很快,医疗事业进步,名医渐多;到明代,文化氛围更加浓厚……这些都为万密斋的习医准备了适宜的环境,而家庭世医的熏陶、儒学教育的背景和前代医学的可资借鉴,又是万密斋成长为名医的必要条件。让我们穿越到明代,去万密斋生活的鄂东地区走一走,领略那个时代、那个地域、那个社会的文化氛围!

一、名医成长的客观环境

1. 环境适宜,药材丰富

鄂东,是指今天湖北的东部,东与安徽接壤,南与九江隔江相望,北与河南相邻,西比邻鄂州及汉口。在明清时期基本属于湖广黄州府,下辖蕲州和黄冈、麻城、黄安、黄陂、黄梅、罗田、蕲水(今浠水)、广济(今武穴)8县[①]。鄂东境内,有层峦叠嶂的大别山,有蜿蜒浩瀚的长江,有汇入长江的众多河流,有地势低洼的平原和湖泊。地势由北向南逐渐倾斜,东北部是大别山区,高耸入云,以云海、怪石、奇松闻名的多云山(今称天堂寨)是大别山的主峰;中部是丘陵区,黄冈、蕲水、蕲州等地山水秀丽、景色宜人;东南部为平原区,广济、黄梅等地有广阔的平原和河湖。

鄂东地处中纬度,属亚热带季风气候过渡地带,气温随季风转换而变化,冬冷夏热,四季分明,日照充分,雨量充沛。因此,自然条件优越,自然资源十分丰富。植物资源中,中药材资源最为丰富,品种多,药材总蕴藏量大,被称为"鄂东药库"。只有药材丰富,当年李时珍背着药篓上山采药,才能近便些,不用走到很远去。蕲州的蛇、艾、龟、竹闻名全国,蕲蛇、蕲龟药用价值独特,蕲州竹子所做成

① 明嘉靖四十二年(1563年)析置黄安县。清雍正七年(1729年),黄陂县改属汉阳府至清末。

的席垫是有名的贡品。罗田的茯苓、团风的苦荆茶、黄梅的野梅等鄂东特色植物,品质优良。宋代时,鄂东中药材盛行,蕲州还是长江中游一带的中药材集散中心,药肆林立。南宋著名诗人陆游路经蕲州至四川任通判,他的《入蜀记》中就写到"八月十五在蕲口市买药",可见当时就有药市。

鄂东优越的自然条件、丰富的药材资源,造就了此处医药文化的源远流长、生生不息,为此地不断涌现的名医提供了丰富药材,方便医生熟悉药物药性,应用起来得心应手。

2. 晚明鄂东,文化兴盛

从宋代开始,就有大批的移民由江西迁到黄州来,所谓"江西填湖广",江西在当时属于"江南之右",具有先进的生产技术和兴盛的文化,移民来到黄州,把这一切也都带来了,对黄州的开发起到巨大的作用。万密斋的父亲就是由江西迁来罗田的,他带来了祖上的儿科医疗技术。

从宋代开始,黄州得到了较好的开发。到明代,由于长江大水系具有交通便利的特点,黄州离汉口较近,又地处吴头楚尾,因而卷入全国商品经济发展的浪潮,经济发展很快,也带动其他方面的发展。

宋代大文豪苏东坡遭贬来到黄州,和本地的官员、文人多有交往。豪情雅致的他,游历了黄冈、麻城、浠水、黄梅、罗田的山山水水,留下了响彻千古的"一词二赋"——《念奴娇·赤壁怀古》和《赤壁》二赋,将黄州赤壁想象成三国时期的战场赤壁,在此凭吊英雄人物和吟咏诗词。而他所到之处,留下的诗词和故事,又为这些山水增添光辉,同时还带动了黄州地区文学的兴起。

从明代起,尤其是到了万密斋生活的嘉靖、万历年间,阳明心学传进来,当地兴办书院,探讨理学,学术氛围浓厚,培养了大批人才,活跃在当时的政界、思想界、文学界,黄州与外界的交流也在增多。万密斋的老师张明道和胡柳溪就是其中的佼佼者,而万密斋也很幸运地受其指导,受这种文化氛围的熏陶。李时珍更加幸运,拜闻名全国的蕲州理学家为师,直接参与学术讨论。可以说,万密斋和李时珍都赶上了黄州的好时代。据研究,明代中后期,黄州的举人、进士人数已经领先湖北其他州府,跃居湖北之首。

儒教是鄂东医药文化形成的基础之一,当地崇儒重道的观念盛行,文化教育的推行,使黄州形成了极好的文化氛围和人文环境。像万密斋、李时珍这样不能通过中举走上仕途的士子,可以成为其他领域的人才,“不为良相,即为良医”,救治病人、济世救民,也一样可以实现自己的人生价值;医术也是仁术,不枉费其所研读的经典著作和讲求的仁义道德。良好的文化素养为他们转而业医并成为一个良医打下了坚实的基础。

3. 鄂东中医,不断发展

明代中后期,中医药资源十分丰富的鄂东大地,医药事业较为繁荣。官办中医药机构相继建立,私办中医诊所、中药店和民间行医也较为普遍,传授医术的师徒也渐渐增多。我们可以先追溯一下黄州医学发展的历史。

据《蕲州志》记载,蕲州在唐代就“立有医学,学生 15 人,设医学博士、助教各 1 人”,向朝廷进贡白花蛇、乌梢蛇等名贵药材。不过,当地真正意义上的医药文化是从北宋时期开始发展的。

北宋时期,黄州医学有较快发展,有 3 位名医。一代名医庞安时,出生在蕲水县,因医术高超,深受病患欢迎,上门求医的人,挤满了他的门,“四方之请者,日满其门”;他同时又是医学教育家,所教弟子达 60 余人,其中较为知名的有张扩、李伯全、王实等,这也使庞安时开创了私人办医院的先河。名医谢与权,蕲州人,为北宋大将杨惟忠疗病,像扁鹊一样料病如神。

元代,黄州医学虽不如宋代,也处于稳步发展期,出现了几位名医,如黄冈县叶如庵,以儒兼医,“诊视有方,撰《伤寒大易览》一编,为时所宗”;麻城人樊子晋,读书明理,审病察脉,预知人十年生死,受人推崇。

鄂东宋元时期医学的发展,为明代医学蓬勃发展奠定了基础,也使名医上有所承,接踵而至。有研究者依据地方志进行统计,明朝黄州府名医共有 55 人,占据湖北名医数量 40.7%,远超同期湖北其他府州。同时,医学著作 56 部,占全省的 45.2%,超过同期湖北其他府州。

鄂东中药材的丰富、文化教育的领先、医疗事业的发展,为明代诞生万密斋和李时珍两位名医营造了良好时代环境。他们的诞生,水到渠成,又反过来推动了鄂东乃至中国医药的发展。

4. 痘疹流行,社会需要

“人吃五谷杂粮,哪有不生病的”,的确,每个人一生中或多或少都会生病,需要和医生打交道,尤其当瘟疫来袭时,病毒会吞噬大批人的生命,横尸遍野,让人毛骨悚然。在医学高度发达的今天,层出不穷的病毒、细菌,看不见、摸不着,诸如“非典”、禽流感、猪瘟等,它们变换着自身的模样,来攻击人类,成为医学的天敌,让人防不胜防。那么在古代社会,一旦遇到瘟疫,人们的命运就更难以把握,为此,冲在抗击瘟疫疾病的第一线,与之搏斗、保护人们健康的医生,就成为迫切的需要,此时的医生,堪称生命的守护神,是人们救命的依靠!

万密斋生活的明代嘉靖年间的鄂东地区,就常常大规模地发生痘疹。痘疹,又称天花,是一种病毒引起的烈性传染病,虽然今天人类已经彻底战胜了天花,但在明代,患病后的死亡率达百分之三四十,一旦疹疫流行,死亡率甚至高达百分之八九十。该病几乎每个人都会经历,尤其在儿童期。当痘疹流行时,有经济条件的一般要请医生诊治,无钱治病的便只好求神拜佛,祈求上天保佑、听天由命了。

嘉靖十三年(1534年)春天,由于鄂东地区痘疹流行,蕲水、罗田等地尤甚,病死者不计其数,医生们爱莫能助,万密斋此时便全身心投入痘疹防治工作中了。他检阅古方,思索痘毒的病因、病理,认为痘疹主要是解毒,服用辰砂散、消毒保婴丹、代天宣化丸可以很好地防止病毒感染。其中,他根据《韩氏医通》五瘟丹,自行研制的“代天宣化丸”,病人服后症状大大减轻,上门求诊求药的人应接不暇,人们都称之为“神药”。

此后,嘉靖二十八年(1549年)、嘉靖三十二年(1553年)、嘉靖三十九年(1560年)、嘉靖四十四年(1565年),痘疹多次在罗田流行,有时黄冈、蕲水、麻城、英山都一道发生。万密斋不仅自己投身于与痘疹病毒的斗争中,他的儿子、徒弟也上门巡诊,甚至家眷也参与药丸的制作,还赠送该药给无钱的病人。在嘉靖二十八年(1549年)之前,万密斋根据自己父亲对宋代钱乙、陈文中二人不同治痘方法的分析,将之灵活运用于痘疹治疗,效果显著,于是他将这些经验编成

《痘疹世医心法》一册,虽没有刊刻,但是在小范围内传抄。

万密斋就像是与痘疹作不懈斗争的斗士,他渐渐成为远近闻名的治痘行家,不仅为自己赢得了良好的名声,而且,更重要的是,他挽救了无数生命,让人们感激不尽。

二、名医成长的重要条件

1. 世为医家,自幼熏陶

万密斋在他的医书里将祖传的13种秘方记述下来,公之于众,可知万密斋的家学渊源。

万密斋曾自述家世称:"粤自先祖杏坡翁,豫章人,以幼科鸣,第一世,早卒。先考菊轩翁孤,继其志而述之。成化庚子客于罗,娶先妣陈氏,生不肖,乃家焉,其术大行,远近闻而诵之'万氏小儿科'云,为二世。……故予暇日,自求家世相传之绪,散失者集之,缺略者补之,繁芜者删之,错误者订之。书成,名《育婴家秘》,遗子孙,为三世。……又著《幼科发挥》以明之者,发明《育婴家秘》之遗意也。"

万密斋的祖父万杏坡,字兰窗,江西人,是当地一位擅长儿科的医生,万密斋将他称为万氏医家的"第一世"。祖父开创了万氏基业,他给万氏后辈传下了治疗急惊风等许多儿科的医疗经验,可惜他去世得很早。

万密斋的父亲万筐(1448—1529年),字恭叔,号菊轩。虽然父亲早逝,但他仍能"继其志而述之",传承其父的遗志和家学。在33岁时从江西迁到罗田,娶蕲水陈氏为妻。在罗田,万筐行医数十年,他的医术颇有影响,形成了远近传颂的"万氏小儿科"的名声。他是万氏医学的"第二世",是承前启后的关键人物。他在罗田生下万密斋,培养万密斋成人成才,功不可没。

万密斋就是万氏医学的"第三世"传人了。我们知道相比于祖、父来说,他使万氏医学达到了顶峰。那么万筐在培养儿子时究竟采用了什么方案呢?

万筐虽然自己从医,但是他却没有让儿子从小学医,而是拜师读书,研习儒学,这是最明智的培养方案。因为,在当时,读书入仕做官是最有前途的,一旦中举，就进入社会上等阶层，而儒家思想是当时统治者的指导思想，掌握它，不仅能识字，更能明理，明白做人行事的大道理，遵守君臣父子的伦理道德和儒家规范。万密斋后来成为县学廪生，已经走近了做官的大门口。不过，虽然他终身未跨过科考的大门槛，但他的儒学经历，为他从事医学奠定了很好的基础，这包括学识功底以及专研医术的学习方法，还有仁德救人的情怀。

万密斋从小也受到医学世家的熏染，对医学产生了偏好。他入县学之后，在学习举业之余，还涉猎一些医药方书，研习医理，也观察父亲为人诊治。这种家庭提供的良好环境，使得治病成了他的业余爱好，他的小试牛刀，有时竟让父亲惊喜万分。有一天，他的父亲为一个幼儿的痘不收靥、颜色变黑而忧叹，以为不可治了。万密斋问清楚其中的原因，自告奋勇地说可以试试，结果他竟然真的治愈了病人。父亲迷惑不解，惊问：“你没有学医，怎么知道黑色为正气色？”万密斋回答“此在《邵子皇极经世》中”，于是背诵“其东赤、南白、西黄、北黑之言”，并详细分析。父亲非常高兴地说：“汝以儒为医矣！”万密斋就这样用儒学的道理来贯通医理。其实当时万筐已年过七旬，知道万密斋在攻读儒学的同时自修医药，十分庆幸家学后继有人，更感当初让其学习儒学是正确选择。此时，父亲在母亲面前自豪地说：“以前我让儿子学习儒学，你说我不教儿子学医，我说医出于儒，你当时还不相信，现在你再看看儿子的出息吧！万氏后继有人了！”

此后，看见万密斋自习医书小有成就，万筐便时常与他讨论医道，指点机要，传授经验。万密斋则谨遵父训，潜心研摩，并时常代父出诊。每次出诊归来，父子俩都讨论病情，万密斋医术日渐精进，有几次都让父亲刮目相看。他医治的病人，从身边的人到周围邻居再到县学老师的孩子。渐渐地，他在罗田县小有名气了。

万密斋遵从祖父辈的训导和经验，以传承万氏小儿科为己任，在从医的空闲之时，产生了将祖传医术搜集整理、传之子孙的想法，思索探寻家世相传的遗绪，汇集零散、补充不足、删除繁芜、订正错误，使万氏小儿科形成体系，更加完备，最终写成了《育婴家秘》一书。后来又在此基础上加进了自己的心得，名为《幼科发挥》，以“发明《育婴家秘》之遗意”。到此时，他才敢称自己是万氏小儿科的“第三世”。他的著作中多次提到他祖父的医疗经验,“吾之先祖,以此立法”,“祖训治急惊风只用……”,“此祖传之妙诀也”,“此予先父之密授也”。对祖、父辈的经验秘诀十分恭敬,甚至极力赞扬。当然,有时也有“此予心得之妙”这类的话,显示了万氏家法一脉相承的特点。

2. 学习儒学,从医有本

万密斋在《〈痘疹格致要论〉序》中说:“先子菊仙翁……尝语全曰:吾活人多矣,尔后必昌,时玉泉张子、柳溪胡子,悉罗之巨儒,命全授业于二先生之门。业几成,而先父殁矣。”

万密斋的父亲非常明智,他为儿子制定了前程远大的培养方案。儿子从小就聪明好学,他没有让儿子跟随自己习医,而是坚持要他学习儒学。

万筐为培养儿子成才,不惜重金送其到当地名人门下读书。在罗田,明代嘉靖、万历年间有一个姓胡的科宦之家,他们的子弟在罗田县城风景优美的塔山读书,后来一家有几位都中举人、进士,顺利走入仕途,在罗田的历史上写下了浓重的一笔。万筐就是把儿子送到了胡家门下。万密斋记述道:“罗有巨儒张玉泉、胡柳溪,讲明律历史纲之学,翁知全可教,命从游于夫子之门而学焉,颇得其传。”张玉泉即张明道,他本姓胡,父亲死后母亲带着他改嫁到张家,改姓张,曾读书于罗田县西的玉泉寺,故称玉泉先生。他于正德八年(1513 年)湖广乡试中举,次年赴京会试失利,归来就在塔山的西楼讲学授徒。嘉靖八年(1529 年),50 岁的他考中进士,先后任知县、提督学使、赣州兵备道等官职。

万密斋 16 岁入张玉泉门下,成为其得意门生,“颇得其传”,他好学上进,得到老师指点,学有所获。这样,他在塔山书院学习了 3 年,打下了坚实的儒学基础。19 岁时,万密斋顺利地通过了童生入学考试,被选送到县学学习,成为儒学生员。24 岁时便在诸同学中率先成为廪膳生员。廪膳生员即廪生,是府县生员中级别最高的,相当于高年级的优等生,享受初等生所不具有的待遇,由公家发给膳食。一直到此时,万密斋都是非常顺利地走在他父亲为他预定的轨道上。

但接下来,万密斋的科考入仕之路则布满荆棘。万密斋曾参加过 3 次乡试。第一次是在嘉靖四年(1525 年),当时他 27 岁,第二次是嘉靖七年(1528 年),第三次是嘉靖十年(1531 年)。但很不幸的是 3 次都未考中。最后一次的乡试经历更为波折：他的父亲在嘉靖八年(1529 年)正月辞世，悲痛万分的万密斋遵从礼制，为父亲守孝服丧 3 年，这样连乡试的预选都未能参加，到第三年守孝期满，才穿上生员的儒服冠带，参加这一年的乡试，但仓促应试，未能如愿通过。

3. 弃儒从医，苦心孤诣

父亲的去世、第三次科考的失利，这是万密斋人生的低谷时期，可以说，他在这个时候摔了个大跟头。父亲为他选的读书中举的路，走不通了，他选择了彻底放弃考试。不过，万密斋此时经历的不仅仅是科考失利，所谓“以人不得志于八股，弃而就青囊之业”，事情并非这么简单，还有一个更大的隐情。这个隐情是什么呢?

万密斋曾经这样写道：“业几成，而先父殁矣。孤弱不能自致，同辈又嚛而挤之。负吾先子之望，退而游艺授徒。”这里讲到他势单力薄，又遭同辈排挤，所以他辜负先父的期望，开始做私塾教师，甚至远远地跑到当时属安徽的英山。那么，他为什么遭排挤呢?

他在嘉靖十年(1531 年)的一则医案中说：“予次男邦孝，辛卯春方四岁。发热卒惊而绝……(出痘)十三日而靥。予时在制中，服满起复，同辈阻陷，乃追崔宗师至枣阳诉辩，往返半月抵家，又出疹子完矣。”这里同样提到“同辈阻陷”，而且，他为此还专门从罗田追随湖广提学崔桐至枣阳，往返历时半个月时间。看来，他遇到了一个官司，需要向提学官澄清或申辩，而且这个事情对他来说应该是件大事，刚刚服孝期满，儿子出痘那么厉害，他都顾不上，立即跑到枣阳。

从后来万密斋 70 岁时由湖广右布政使孙应鳌帮他恢复生员资格这事来看，他此时可能因为被同学陷害而廪生资格岌岌可危，所以勉强参加了当年的乡试，但不久就从儒学退出来，决心转而从医了，估计他的生员资格也没有保住。这对他来说可谓是最大的打击!

至于他的同学为什么排挤他，胡荣希先生认为，排挤他的是胡明睿、蔡惟忠、蔡一山，因为万密斋取得廪生资格比他们要早，所以他们妒忌万密斋补廪及其医术，尤其是胡明睿，生长在本县的权势之家，他们串通起来，趁人之危，攻击万密斋。万密斋势单力薄,败下阵来。

黄冈的士绅王一鸣,是万密斋儿子的好友,他记述道:“万君故诸生祭酒,有行谊。壮岁为仇家媒蘖,蔽障于谗,卒自弃诸生,其于医,不独揽其先世之遗也,有孤诣焉。”万密斋受到仇家的谗言,最终自弃诸生,转而从医,这不仅仅是为了继承祖父辈传下来的家业,而是“有孤诣”,即通过行医来隐忍以活,干出名堂来,实现自己的抱负,出人头地。

命运安排万密斋做个医生,但是他的儒术以及他不屈的“孤诣”成就了他的名医名声。他继承祖父辈的医疗技术,把祖传的小儿科疗法进行总结,后来编成歌括,教儿子学习。他开始独当一面,自主经营父亲生前创办的药店,为当地民众治病,应对当时频发的痘疹瘟疫,逐渐成长为擅长儿科、痘疹、妇科的医生。

4. 掌握理论,接踵“安时”

万密斋身为儒生,曾习读过包括《易经》在内的儒家经典,也读过许多医学经典著作,如《黄帝内经》《难经》《神农本草经》《伤寒杂病论》等,这两类经典有一定的相通性,像《内经》中的阴阳、五行等治病原理就是来源于《易经》的思想。因此,儒学为万密斋以后熟读医书打下了坚实的基础。

事实证明,万密斋对医学经典及前人医学观点的掌握非常到位,后来万密斋的许多同行遇到疑难杂症都会想到他,说他读的医书多,请他来解决难题;而万密斋在对病家和同行解释自己诊断和用药的原理时,也是引经据典,渊源有自,因而能让他们听得点头称是。那么万密斋可能受到哪些医学典籍和医生的影响呢?

首先,万密斋十分推崇《内经》。《内经》即《黄帝内经》,是中医最早的医学理论著作,奠定了中医学的基础。万密斋系统掌握该书的理论,对阴阳五行、内部脏腑、经络体系等都十分清楚,还接受了许多观点和原则,诸如“人年四十,则肾气始衰”,“以因天时,而调气血”等。《内经》属于比较基础的理论性著作,这为万密斋学习其他医学典籍和寻找治病依据打下了基础。

其次,万密斋还系统地学习了张仲景、王叔和以及“金元四大家”的医学著作。东汉时期的张仲景,被称为“医圣”,著有《伤寒杂病论》。他将古代医经的理论和经络、脉学、草药等结合起来，研制出了很多治病的方法和方剂，将中医理论引向具体的临床实践，为后人指引了治病的路径，被推为中医临床医学奠基人。张仲景的《伤寒杂病论》成书之后，由于战乱，多有散失，后经王叔和重加整理编辑才流传后世。而王叔和还继承前人对脉学的研究，撰写《脉学》一书，使脉学理论和方法更加系统化。

万密斋作为万氏儿科的继承人，他对宋代钱乙、陈文中两位儿科先驱十分了解，仔细阅读过他们的书籍并对他们的治病法则如数家珍；金元四大医家刘河间、张子和、朱丹溪、李东垣，由于离万密斋生活的时代较近，他们的许多观点和方法都贴合时代疾病的特点，实用性较强，因此万密斋对他们的著作仔细研读，透彻了解，并对他们的贡献和不足评点一二，选择性地将前人之法用于自己的治疗实践中。

再次，万密斋所生活的鄂东，自唐至宋元时期，医药事业起步，出现了不小的医生群体。其中，宋代蕲水的庞安时被尊为“鄂东四大名医”之一，还有宋代蕲州的谢与权和元代黄州的叶如庵、麻城的樊子晋都是著名的医生。对于这些同乡前辈，万密斋对他们的著作自然不会放过，对他们的故事也有所耳闻，并从中受到一定的影响。其中，万密斋就引用过名医庞安时的著作。

庞安时所著《伤寒总病论》一书，是一部研究《伤寒论》较早、有很大价值的著作，首次提出了“天行温病说”和“伏温成毒”学说，提出了温病治法不能全以伤寒汗下法等观点。万密斋关于痘疹病因的提出，与庞安时的“天行温病说”观点十分相近。

明代鄂东大地上，涌现出了许多名医，其中万密斋和李时珍都属“鄂东四大名医”，但是李时珍比万密斋小近 20 岁，在万密斋的记述中也很少有他去蕲州的记载，两位伟大的名医之间是否有交往，他们是不是始终在平行轨道上生活，有没有往来，这些都不得而知，不能不说是件憾事，我们只能寄希望于更翔实资料的出现和更深入的研究了。

总之，在家庭世医的熏陶下，在儒学奠定的深厚基础上，在对前人医籍的研习中，在艰苦的诊治实践中，万密斋终于脱颖而出，逐步成长为造福人类的一代名医。

第二部分:故事篇

神奇医术

一、起死回生

万密斋刚开始习医时就利用针灸法救活了一个因抽搐而濒死的两岁小儿,此后,在其行医过程中,以他高明的医术,挽救了无数的生命,为许多不治之症注入了回天之力,真可谓是妙手回春,给很多家庭带来了欢乐和希望。而这些故事不是传说,而在他的医案中有明确记录,是可信的。

1. 惊风"病死",一针立活

惊风病是较为凶险的一种病症,病发时病人抽搐不止,双目直视,甚至气闷昏死,一般属于肝热所致,它有急慢惊风、惊风兼证、急惊风变证、急惊风证,以及"似痫"的急惊风类证等。因此,惊风病发作时,形势紧迫,往往需要急救,变痫的话又很难治,需要结合药物调治。万密斋成功救治了多名惊风病患者,在千钧一发之际,抓住一线生机,将他们从死亡线上抢救回来。

嘉靖十年(1531 年),万密斋还没有正式从医,在自己家就遇到一个重大考验。他的二儿子邦孝,那一年 4 岁,"发热卒惊而绝"。看到儿子惊搐而昏死过去,夫人失声大哭,此时万密斋的父亲已去世 3 年了,怎么办?没想到万密斋此时胸有成竹地说:"这是痘疹,莫哭,莫慌!"于是,他掐了几下儿子的合谷,儿子得以苏醒过来。儿子活了,他夫人一下子转忧为喜!万密斋又给儿子服下导赤散、泻青丸,儿子的抽搐停止了,痘子出得很密,幸好没有其他病,13 天后收靥,就彻底治好了。

此后,万密斋又多次抢救病人,经历了一次次起死回生的惊险场面。

邻县英山县闻宅的一个 6 岁的儿子得了惊风病,请万密斋前往诊治。万密斋到他家时,孩子已经气闷而绝,家里连衣服和棺材等后事都已经准备好了。万密斋既然来了,他还是决定上前瞧一瞧那孩子。经过仔细观察,发现孩子的脸色尚没有变化,摸摸他的手和脚,还是温热的,就赶紧对他的父母说:"你们别哭了,小儿还有救,赶紧协助我,我能救活他!”

万密斋打开药箱,针灸孩子的涌泉二穴,孩子有了点反应,一会儿后,竟然苏醒过来。父母惊喜异常,对万密斋千恩万谢,在场的人无不惊喜欢呼,对万先生的医术交口称赞。

面对孩子父母的感谢和兴奋,万密斋说:“你们别这么急着谢我!这孩子的病,是因伤食而起,宿食不化成痰,痰壅引起抽搐。现在虽然醒过来了,但病根未除,宿痰未去,恐怕他日还会再发作,应当服用丸药,以断病根,不然,有可能神气渐昏,转为痫病的。”

闻家的人说:“感谢您治好了我家小儿的病!现在他清醒得很,已经正常了,就不用您担心了,我们也不会再花钱给他服药了!”

原来闻家以为万密斋向他们索利,想再多要钱,所以不听劝告。结果,到第2年8月,那孩子果然得了痰迷之病,大小便失禁,甚至会自行脱掉衣服,不知冷热,不怕水火,也不知疼痛。看到万密斋预料的后果真的出现了,闻家十分后悔,于是再次请求他来救治。

万密斋考虑到他们再次请了自己,不计较他们之前说自己取利的事,决定尽力挽救,只是现在病情因拖延而复杂了,得更加费神。于是他开了一个方子,用黄连、山栀仁泻其浮散之火,牛胆南星、白附子(炮)去其壅积之痰,茯神、远志、石菖蒲、朱砂以安其神,麝香以利其窍,用豮猪心中血,和神曲作糊为丸,如黍米大,灯芯煎汤送下。用这样精密的药方,再经过半年调理,孩子的病终于不再复发了。万密斋还是不放心,又采用针灸的办法,灸风池、曲池、三里六穴,将之彻底治愈。

罗田县张月山的大儿子得了急惊风,昏睡不醒了17天,等到把万密斋请到他家里,张家小儿的舌头颜色都已变黑。

万密斋感到情势危急,他急中生智,脑海里突然闪过了父亲曾经念过的《玉函经》里的话:“伤寒舌黑洗不红,药洗分明见吉凶。”用药清洗舌头,根据舌头变红与否,就可判断是吉是凶。当时万密斋觉得这个很重要就记住了,他问父亲:“请问父亲大人,用什么药洗好呢?”

父亲回答:“薄荷汤。”

此时,万密斋果断决定用父亲的方法,忙取来薄荷汤清洗患儿舌头。结果,令人惊喜的信号出现了,舌头变红了!

到这时,万密斋终于松了一口气,他对张月山说:“小儿的病有救了。”

于是,他将祖传治急惊风的药——泻青丸二钱,煎汤,让患儿一饮而尽,结果患儿的燥渴立刻就止住了。当夜,患儿的抽搐也停止了,热也退了,终于能安睡了。

万密斋后来在讲述这个案例时还在庆幸,带着几分骄傲地说:“这个小儿如果不遇到我,只能是等死了!”

作为医生,还有什么比挽救病人生命更让人欣慰的呢?

万密斋跟随孙应鳌巡抚在郧阳的时候,曾挽救了一个临产女子的生命。

那是郧阳知县家的一个婢女,已经临产了,却突然得了妊娠风痉,就是妊娠中风,又称“子痫”,口眼歪斜,腰背反张,手足痉挛,不省人事,吐逆如痫。情况十分危急,母子的生命危在旦夕!正不知如何是好时,知县想到在郧阳抚台孙公家里有从罗田请来的神医万密斋,何不请他来看看还有没有救?于是他就派人请来万密斋。万密斋来后,查看了情况,知道这个是临月风痉,就用黄连解毒汤方,加上朱砂末,撬开婢女的口,将药灌进去。用药后,不知不觉地,该婢女稍微安静了些,并生下一个男孩。知县感慨地说:“这女子遇到万先生在此,算她命大!先生以一剂药,救了两条命,使母子平安,功德甚大呀!”

这婢女生产之后,病仍没有完全好,还是昏迷不醒。万密斋又用七珍汤为之调理,使婢女终于病愈,可以安心坐月子了。

2.“不治”逆痘,挽回生命

痘疹亦称天花,是那个时代每个人一生中的必得之病,死亡率很高,当时还经常出现痘疹的瘟疫,防不胜防,时人谈痘色变!万密斋在长期与痘疹作斗争的过程中,成为治痘的专家,他对痘疹的起因、发作阶段、症状和治法都悉心研究,因此他的治愈率很高。有时他能通过望诊预测患痘时间或者能否治好,有时能把患逆痘的病人从死神手里抢夺回来。

蕲水县汪元士的儿子,出痘很顺利,但收靥后忽然闷绝,眼睛也闭上了,嘴也合上了,家里人以为他断气了,围着他推搡呼唤,伤心地大哭起来。

万密斋见状赶忙制止他们,说道:"你们先不要着急哭,我早知道他会这样的。现在你们保持安静,不扰乱孩子,待我施救!"

于是让次子万邦孝作调元汤加麦门冬煎汁,撬开小儿的嘴,倒了一点汤汁让他咽下去,又让汪家人煮粥,将粥和药相间喂进去,过了一会儿,孩子就活了过来,平复如故了。

汪元士非常佩服万密斋的神奇医术,同时又有些不解地问:"真是神呐,先生的医术!请问您是怎么预知到有此一遭的呢?"

万密斋解释说:"正气素弱,邪气方盛,壮火食气,气更加弱。你家小儿处于邪气既退,正气将生之时,这是否极泰来之先兆,所以我让你们不要扰乱,等他自己苏醒。"

当时在场的还有姓周和姓向的两个医生。周医生说:"确实有先兆,之前他起病时,正好日犯太乙天符,所以担心有变。"

万密斋说:"运气之论是岐黄秘旨,所论的是这一年,并不是指这一天。况且,主客之气,胜复之变,一岁之中,难以预料,怎么可能预料某一个病人的吉凶呢?真如你所说的话,太乙天符日起病的人有凶兆,那么太乙天符年有病的,就都不可治了?"

向医生则不怀好意地说:"恐怕尚有余毒未除尽吧!"

万密斋自信地笑着说:"取宋代儿科名医钱乙所著的小儿书来,看看他所说的,'痘后余毒有样,一者疥,二者痈,三者目赤',他并没有提余毒有昏瞀的现象啊,这说明昏瞀不是有余毒的表现。"

万密斋还把一个女子从逆痘不治的症状下解救过来。蕲水县董希周的女儿,19岁,出痘后,先请江万吉诊治,一直拖了半个月还不得收靥,女子神志不清,饮食不进,江万吉表示无能为力,就告辞离去了。董希周抱着一线希望请万密斋来看。万密斋来时,只见该女子像死人一样僵卧着,解开她的衣襟查看,她也毫无知觉。万密斋看她没有反应,再号脉,脉象很好,洪实调匀。

当时女孩的爷爷董廷宪在场,是个懂医知医的人,万密斋便对他说:“这孩子的痘疹倒靥,是逆证,本来不可治,但是她的脉洪实调匀,不快不慢,我今天就弃症从脉,尝试医治,如果坏疮变好,新痘长出,神智清爽,饮食如常,就万事大吉了!”

女子病愈后,董希周父子拱手恳切地道谢:“这个病之前的医生都说治不好了,不是先生您的神手,小女哪有生还的希望!感谢您的救命之恩!”

万密斋说:“此痘收靥,跟肾脏关系很大,现在幸运地病愈,还当注意眼睛的问题,应该用药提前解除隐患。”

遗憾的是董希周不听,半个月后,他女儿的右眼疼得睁不开,结果失明了。这个结果被万密斋不幸言中,真是令人痛心啊!

万密斋为郧阳巡抚孙应鳌7岁的女儿救治逆痘,同样也是惊心动魄的一幕。孙应鳌与万密斋关系密切,因为万密斋多次治好他家人的病,他非常佩服和感激,还帮助万密斋刊刻医书,恢复他的生员资格,并经常让万密斋在他府上居住。

孙应鳌的女儿出现发热时,万密斋正好住在他家里,看到孩子面赤腮燥,知道是痘疹。第二天,孩子口角旁便有如蚊迹状的红点,人也显现出四个逆痘的症状:一是红点不成颗粒;二是腰痛、腹痛;三是昏睡、说胡话;四是干呕。

到了第三天,孙巡抚看到孩子的病情,抚膺大哭,又悲又恐,万密斋一再安慰他说:“依据我的判断,小姐没有问题,她的脸色和脉象都正常,大人您就不用担心了!”

孙巡抚哪里相信,还是泪眼滂沱地说:“我都读过,你的痘疹书上明确地说有这些征兆表明是不治之症,先生就不要安慰我了!”

万密斋说:“小姐有上天保佑!她的痘疹,因毒在经络,所以还是可以治的。但因中气太虚,不能将毒气驱出体外。”

孙巡抚催促道:“既然你说可治,那你赶紧开方用药吧!”

万密斋用保元汤以补中气,加羌活、防风、荆芥、柴胡以发散表邪,以木香、山楂驱逐里邪,调辰砂末以解毒。初九、初十、十一3天连进3剂,到十三日中午,孩子忽然晕过去,不省人事,且双目紧闭,牙关紧咬,口不能张,神色俱变。这个样子又把孙巡抚夫妇吓得六神无主,大哭起来。

万密斋又解释和安慰说:“别怕! 这是因为马上要冒汗,汗出痘疹就会随之而出,称为‘冒痘’。”

等了几分钟再看,果然大汗冒出,而痘疹也全部冒出,完全在万密斋的预料之中。他又用钱氏异功散加黄芪、白芷为孩子进行调理,使之痊愈。

巡抚连声称谢说:“先生见多识广,医术高明,果真不辜负我为你刊行痘疹书啊! 感谢你救了小女的命,你的书可以推广,去挽救更多的生命!”

的确如此,孙巡抚帮助万密斋刊刻的《痘疹世医心法》一书,后来大受欢迎,在痘疹病疫流行的情况下,手里有了这本书,只要能识字读懂医方的,就像抓住了救命的稻草,按方用药,都能救治好濒危的病人。

万密斋次子邦孝的大儿子在 2 岁时染痘,发热,三天内又忽然打寒战,像是疟病。邦孝吓得六神无主,大哭道:“不行了,不行了,小儿不久就要死了!”万密斋看孙子元气充盛、毒气微少,并不慌张,他笑着劝邦孝说:“尔为医,救病如篙工,然忽遇风浪,手足自乱,何以渡人?”医生就像撑船的人,忽然遇到风浪,自己先手忙脚乱,还怎么摆渡客人过河? 俗话说“艺高人胆大”,万密斋正是由于医术高超,才能在大风大浪、人命关天之时,从容不迫,果断应战,从而有了许许多多万密斋令病人起死回生的故事。

二、诊断精准

具体来说,万密斋的神奇医术主要表现在哪些方面呢? 我们认为主要体现在两个方面:一是他诊断精确,能精准地判断病人是什么病,病在哪个部位,分析出发病的原因,预料未来的发展趋势;二是他对症下药,能根据病情轻重缓急、致病因素、身体强弱来采用恰当的方法、合适的药物进行治疗,实现药到病除。

在诊断病情方面,万密斋往往十分准确,料病如神。在中国古代,诊断极少依靠医疗器械,最主要的是依靠脉诊,还有望诊。万密斋擅长儿科和痘疹,所治疗的对象以婴幼儿居多,往往要借助望诊。因为孩子不会用语言述说自身的病情和感受,医生只有通过自己掌握的理论和经验,通过看孩子的气色、举止、饮食等分析病情。望诊往往需要高超的观察力和判断力,还有自身的见识和丰富的经验,万密斋恰恰练就了非凡的望诊本领,对病情的走势也预料得十分准确。

(一)料病如神

望诊有其悠久的历史。早在春秋战国时期,神医扁鹊就能通过望诊预见蔡桓公的疾病,并预测其病情的进展;汉代的张仲景相信扁鹊望诊的真实性,十分推崇其能力;宋代治小儿病的名医钱乙也擅长望诊;到了明代,万密斋在望诊方面也练就了十分神奇的本领。

1. 观察脸色,预料病情

万密斋仅仅看人一眼,就能判断此人是否有病,这就是他的"据形色预料"的本领。号脉后又能准确揭示病人已有的征兆及病情,预见将来的病情和症状,就像是坐在时光机上看到了将来一样。

《保命歌括》中记录了一则诊治罗田老县长黄凤山的医案。

罗田县已经致仕的县丞黄凤山在嘉靖二十五年(1546年)二月患上了伤寒病,先请省祭官万黄崖为之诊治,黄崖是良医,据称很快治好了凤山的病。后来,凤山的儿子病了,请万密斋来治疗,当时黄崖也在座。

万密斋看到凤山的脸色还是惨白不明润,便对他说:"黄兄,您的病好像并没有完全治好!"

凤山连忙回应道:"请先生为犬子诊治,能将他治到像我这样就行了。"

万密斋再次建议他:"那明天我来为您诊断吧!"

凤山说:"好吧!"

第二天,凤山请万密斋来为其诊脉。万密斋诊其右手气口脉大且虚,两尺时见一动脉,便问:"黄兄的肚脐下面,半夜丑寅(凌晨1点到5点)时有动气作痛吗?"

凤山被万密斋言中,十分吃惊,咋舌半晌,说:"不瞒您说,还真是这样呢!"

万密斋说:"那就需要尽早治疗,不能掉以轻心。这是龙雷之火动于两肾至阴之中而欲发。"

说着说着,万黄崖医生来了,号了凤山的脉,说:“平和无病,没有问题。”

凤山将万密斋所言符合自己病情的事告诉黄崖了,但后者仍然固执己见:“您的病已经好了,不必多疑!”万密斋只好告辞而去。

到四月时,黄凤山的病发作了,似疟非疟,吃得也很少。病情进一步发展,五月时他开始感到发热加剧,口干舌燥,头痛难忍。凤山还是先请万黄崖来治,不见效,又再请万密斋。

万密斋对黄崖说:“这是内伤病,应该以补中益气汤为主,随证再加减药物。”

万密斋号脉后又说:“这个病将渐渐退去,还应当出一身大汗。”

凤山说:“万先生,上次我病好了,你偏要说我有病,现在我病得这么重,你又说病要退,是什么道理?”

万密斋回答:“我不是信口开河的,而是依据黄兄您的脉相来判断的。上次说您有病,是不是已经证实了?那现在我说病将退去,您也应当相信啊!只是冒汗时可能很吓人,我预先提醒,让您家里人有心理准备,免得惊恐慌乱。”

后来他病发时果然眩晕、面黑、口噤、目闭、身体僵硬,手足变得硬且冰凉,六脉俱绝,家人都以为他死了,惊惶恐惧,不知所措。

万密斋赶紧让他们不要慌乱,说:“你们不要怕,这是好兆头!”

尽管万密斋这样说,但是大家看着病人的样子,还是为他的生死捏着一把汗,十分紧张。又过了一会儿,黄凤山果然大汗冒出,紧接着人变得轻松了,病也随后就好了,家人们这才心里一块石头落了地,纷纷夸赞万密斋是华佗再世。

《广嗣纪要》中记录了一则关于罗田知县张鼎石儿子啼哭的医案。

张鼎石在任罗田知县时生了一个儿子,夫人乳少,找了个乳母喂乳。岂料不到一周岁,孩子开始不明原因地啼哭,昼夜不停。万密斋的徒弟、医生甘大用,私下勾结那个乳母,以求进用。他被请来诊视后,刚开始说孩子是肚子痛,用理中丸为其调理,孩子还是哭个不停;接着又说是因为伤食,为孩子服益黄散,孩子仍啼哭不止。张知县想起万密斋的名气大,急忙派人来请。万密斋来到后,孩子被抱出来了,万密斋仔细观察孩子的样子和气色,见该公子两腮、面颊、眼睛都是红的,知道他是因为心烦而啼哭。

张知县说:“小儿是肚子疼吧?”

万密斋回应道:“不是,如果是肚子疼,那面色应该发青。”

张知县又说:“那是不是伤食?”

万密斋回答:“也不是,伤食的话面色发黄。公子是心中有热,因心烦而啼哭。”

万密斋用导赤散加黄连、麦门冬、灯芯草,煎后给小孩服之。第二天早晨,知县派人催促万密斋早点到衙门,亲自私下跟他谈话,略带责怪地说:“先生诊治后,怎么昨夜小儿反而哭得更频繁呢?”

万密斋身在威严的衙门,仍成竹在胸、不慌不忙地说:“回禀大人,这恰恰说明公子病好了!”

张知县道:“不要信口雌黄!病好了怎么还哭个不停呢?”

万密斋告诉他:“公子啼哭,三天三夜没有吃奶;昨夜热退心凉,身体舒适,感到肚饿,想要吃奶,但乳母不在。因此,之前公子晚上哭,是因病而哭,昨天夜里哭,是因饿而哭。”

张知县笑着说:“确实如此!乳母五更到,孩子就不哭了。”

举人肖敬吾听说这件事后,问万密斋:“先生怎么能预料如此之神呢?”

万密斋快意地说:“这个不难,识症准确,用药精当,自然料之如神。”

《痘疹心法》中有两个医案,记录的是万密斋根据出痘者的“形色”,准确地预判他们出痘的病情趋势、原因,而且还能讲出可信的道理,以高明的医术打破了神灵的预言。

第一个医案是关于蕲水李双溪家几个儿子的出痘情况的预料和分析。

李双溪的几个儿子出痘时都出现了问题:大儿子因出痘而死;二儿子出了三四颗痘,未起发就退了,也没有出现发热的现象。因此小儿子生病时,李双溪赶忙请治痘专家万密斋来诊治。

万密斋说:“依我看,您家小儿子神采明润、形体充实,出痘必轻,没有问题,不必担心!但是您二儿子气色昏黯,精神倦怠,出痘必重,不可轻视。”

在场众人都说:“万先生多虑了,二儿子已经出了痘收靥了。”

万密斋说:“情况不像你们想象的那样!痘出虽有轻重,但没有不灌脓而结痂的。之前出的几颗痘,叫试痘,是逆证的表现,身体不发热,是因为热伏在内。”

这时,一个眼盲的算命先生也说二儿子“有大灾”,跟万密斋说法一致,众人都笑话他。过了几天,二儿子果然发高烧,全身的痘一齐涌出。万密斋采用大剂量的养气血和解毒的药,为其前后治疗了30多天才好。

那个算命先生见状,也拍着巴掌洋洋自得地说:“看我预言得准吧?怎么样?”这个算命先生将万密斋的功劳记在他自己头上,众人都觉得他好笑。

另一个医案是万密斋预料蕲水县汪沙溪的儿子痘疹发不出的原因。

沙溪儿子的痘疹情况很奇怪,出痘不均衡,脓成之时,头、脸、腹、背上的痘都很饱满,但是四肢上,从肘、膝到手指、脚趾的部位却一直不起发。

万密斋感到很奇怪,他对孩子奶奶叶氏说:“四肢的痘疹不起发,脾主四肢,这孩子的脾胃怎么这么弱呢?”

叶氏若有所悟地回答说:“噢,是脾胃弱的原因啊!先生推想得真准呐!我孙子命苦,生下来刚3天他妈就过世了,没有奶吃,我们也请不起奶妈,是我嚼粥饭把他喂养大的。”

针对这种情况,万密斋用建中汤加黄芪、防风促其四肢上痘疹的起发,只一服药便使痘疹尽起、肿大成脓。

有趣的是,当时汪家信奉鲁湖黑神,将孩子寄名于神。未出痘之前,神降预言说:“吾保老黑,痘出必少。”到这时孩子出痘的情况却正好跟黑神预言的相反,孩子的痘出得很密。万密斋觉得好笑,成天拿黑神开玩笑,说他预料不准,并用计谋将他驱逐。

2.“治”与“不治”,一眼看准

万密斋能通过望诊判断患者“可治”,同样他也能预判有些绝症患者“不可治”,不可治的话,万密斋就只能向病家表示抱歉和遗憾,然后告辞,而不像有些庸医或巫医谎称自己能治,让病人家人白欢喜一场,最后人财两空。

蕲水县金谷山周小应的儿子,半岁时得了惊风,延请万密斋去诊治。看到这个幼儿昏睡不醒,不肯吃奶,抽搐不止,万密斋说:“抽个不停,停了又抽,这是不治之症。我无能为力，无可奈何呀！"

周家不甘心，又请来张医生。张医生采用掐法，结果他一掐，孩子就目张口动，似乎有了反应，其实这是怕疼的一种自然的反应；又把乳汁挤到孩子口中，也能听到吞奶水的声音。围观的人都以为孩子有救，便指指点点，暗中笑话万密斋无能，而称赞张医生医术更高。

万密斋让张医生再试一次，结果，该孩子目光斜视，张医生自以为是地说："他这是在斜眼看娘。"孩子又张开口动了几下，张医生说："你看，他是要吃奶。"

万密斋说："完全不是这回事！目光斜视，眼珠已不会转动；口张而动，是脾脏坏死的征兆；掐痛却不哭，是哭不出声；吞乳有声，是乳汁往下流入喉咙，而不是在吞咽。小儿离活过来还差得远呐，哪里谈得上医术！"

那天半夜，幼儿死去，张医生也赶紧逃走了。

万密斋深谙医学理论，医疗技术高超，根据所了解的病患信息和症状，他能透过当前表象看到本质，仿佛他能看透病人身体，看清内脏，从而迅速预料出病情发展的趋势。

《痘疹心法》中记录了一则医案：罗田县吴若泉的儿子3岁时出痘，请万密斋的大儿子邦忠去诊治，万密斋也一同前往。

万密斋看了后判断："毒气有余，谷气不足，因为这小儿吃得少，营养不足，所以痘不收靥。"

吴若泉问："既然这样，先生您认为服什么药好呢？"

万密斋对邦忠说："这个无药可解，能食则生，不能食则死。"

第二天，孩子说想吃东西，而且吃了不少。万密斋听说后长叹一声，说："唉，这小儿快要不行了！"

邦忠疑惑不解地问："父亲，您昨天说能食则生，怎么今天又说能食就快不行了呢？"

万密斋解释说："我所说的能食，是先少吃点，再慢慢增加饮食，使胃功能逐渐恢复。而这个小儿今天忽然吃很多，说明胃功能已经不行而邪火旺盛，邪火消杀食物，称之为'除中'，何况油灯将灭一定是先明亮一阵之后再熄灭，回光返照，所以小儿很快就会死去了。”

第三天,孩子果然死了。万密斋也不想给孩子“判死刑”,可是现实就是这么残酷啊!

英山县沈翰的女儿 19 岁时出痘,沈家女婿请万密斋来诊视。万密斋发现痘疹起发未透,脓浆未成,收靥太急,不是正常的收靥。正好他们家占了一卦,得“涣之巽”。

万密斋说:“从病症来看是逆证,卦象也显示凶兆,非人力所为呀!”后来沈家女儿果然死了。

再后来沈翰的 10 岁儿子也出痘,即将收靥时的症状看起来与他姐姐一样,找人占卜,同样也得“涣之巽”。一样的症状,一样的卦象,莫不是一样的命运吧?家人都很害怕,惶惶不安。

万密斋看了男孩的症状后,说:“不要担心!小儿的病可治。”

沈家女婿不解地问:“一样的病,一样的卦象,一个可治,一个不可治,是什么道理?”

万密斋解释说:“我并非信口胡说,而是根据具体病症来说的。你夫人收靥太急,面无完疮,故曰不治;而你舅弟面疮收靥了一半,脓肿还在,所以说可治。”

沈翰说:“先生您能看出这么微小的差别,何止是神医?简直比神卜还要准呐!”

沈翰对万密斋的评价并非过誉,万密斋根据病情做出判断,自然比迷信之术的结果更可靠。

幼儿处于生长期,身体状况变化很大,他的未来如何,其实都是未知数,而万密斋通过长期对幼儿的观察和诊治,总结出了能辨别小儿生死寿夭一般规律的歌诀:“小儿寿夭最难明,只在良工眼力精,形气有余为寿相,如其不足岂遐龄。”歌诀是说,幼儿能治否主要要看幼儿的气色和幼儿的身体状况。如果幼儿形实气实,身体结实,说明幼儿天生禀气有余,是寿相,不易生病,容易抚养;如果幼儿形虚气虚,体弱无力,那么属于禀气不足,是夭相,往往多病难养。万密斋的这些诊断,并非完全给幼儿定了生死,却能使人预先了解孩子的问题,以提前预防和设法补救。

3. 隔空诊断，远程料病

对病人进行望诊，医生往往还是跟病人有所接触，眼见为实，而万密斋有时在没有见到病人的情况下也能进行分析和预料。当时万密斋所在的罗田县属于山区，山路崎岖，交通不便，有时路途遥远，并不是每个病家都能把医生请到家，百姓本来缺吃少穿，生活困难，能请得起医生的也不多，于是有些病家就只有去找医生求药，这样花费就相对小一些，但这对医生的诊治水平而言无疑是一个挑战。万密斋却能准确地依据描述来判断病人患的什么病、为什么得病。

有一次，万密斋在听了自己父亲讲述病人的病情后就能准确判断其病症了。

义官黄学仪的一个儿子发热不退，请万密斋的父亲去调理，并许以厚礼重谢。可父亲回来后却闷闷不乐，万密斋就关心地问父亲是怎么回事。

父亲说：“黄义官家的小儿发热，到今天为止我已经治了七八天了，热仍然不退，真让人郁闷呐！”

万密斋又问父亲关于那小儿的症状，父亲说：“昼夜发热，小便赤，大便便秘。”

万密斋问：“那您用的什么药呢？”

父亲说：“起先用胃苓丸，这几天用凉惊丸。”

万密斋心里思忖：胃苓丸适用于呕吐泄泻、胸腹胀满、小便短少，凉惊丸是治疗小儿惊风的。于是，他摇摇头说：“父亲大人，用这两种药恐怕都无效！”

父亲问万密斋：“你有什么妙招吗？”

万密斋说：“我有！依据您描述的情况，黄家小儿得的是风热，属于肝病，应该用泻青丸，药用上后热应该就会退的，您不用发愁了！”

父亲把儿子的话告诉黄义官后，黄义官来请万密斋。万密斋去后一看，果然是肝病！于是用泻青丸为小儿治疗，5天后小儿终于热退病愈。

父亲高兴之极，对万密斋母亲说：“当初我让儿子上学读书，你说我不教儿学医，我给你讲‘医出于儒’的道理，你不信，怎么样？现在看见了吧，儿子读书有用吧！他的医术将来必在我之上，我有继承人啦，对祖宗有交代了！”万密斋的医术如此高超,他父亲甚是欣慰得意。

还有一则此类的医案是对一个患上风寒的妇女的远程诊断。

嘉靖四十年(1561 年)二月初,天气寒冷,大雪铺地一尺多厚。一个妇人病了 10 天,到十三日,她家里人来找万密斋求药,描述其症状说:开始时她头疼得厉害,到现在 10 天了,昏睡不醒,喉中痰响,手足冰凉,身体僵硬。

万密斋寻思了一会儿,问道:"这个妇人元气素弱,一定是因走远路而得了此病吧?"

对方答道:"正是啊! 万先生您是怎么知道的? 初三那天她冒雪走亲戚,回来就一病不起。"

万密斋分析道:"病人是受了寒。此寒初中足少阴、厥阴二经;默默喜睡,是足少阴肾病的表征;头疼、厥逆、僵直、痰响,是厥阴肝的问题。"

于是他用十全大补汤去地黄、芍药,加细辛、半夏、干姜,制成 3 剂药给病家带回去用,过了 5 天,病家专门来致谢,告知妇人病好了。

(二) 诊断准确

万密斋在诊断方面十分高明,常让病人有拨云见日之感,同时他也纠正了一些同行的错误判断,明确病症,让同行解除疑惑,心服口服。

1. 诊断寒热,有理有据

《保命歌括》中记录的罗田县丞李大泉的医案,就反映了万密斋胸有成竹并诊断准确。

李县丞在嘉靖三十一年(1552 年)六月管理制作户口册时,因天热而中暑,腹痛难忍。请了医生来看,称是受了凉,让他服了一剂理中汤。腹痛止住了,但他却又发起烧来,浑身骨头疼,那医生又给进呈十神汤,服药后发一身汗,烧退了,身上也不疼了。正好万密斋去县里给他问安,李县丞高兴地说自己病已经好了。万密斋看他的脸色发红,知道病尚未痊愈,便请求帮他诊断一下,县丞同意了。

万密斋号脉时,发现他的脉"洪滑而数",根据医学经典所言是"大则病进",

那么就是他有大病即将发作,但因为县丞自称病愈,万密斋不敢冒失地说他有病,就告辞了。结果,万密斋走后不到一顿饭的工夫,县丞的病就发作了:肚子急性疼痛,里面像有小猪在上下左右乱窜,众人急忙帮他按摩。

情急之下,李县丞派人赶忙喊来万密斋。他冲着万密斋大声嚷道:“之前你诊脉,知道我有病,一句话不说就走了。我离家千里之遥,一介之命都攥在你手上,一定要救我!”

万密斋不慌不忙地说:“大人莫急,您的病无大碍。”

万密斋让他进一服建中汤,李县丞服后肚子不疼了,然后安然入睡,熟睡一整夜才醒过来。醒来就呼喊万密斋前来,让他留下来帮助自己调理身体,不要急着回家。停药后的第二天,省祭官万朴来问县丞安,他也懂医术,顺便给县丞号脉。他诊脉时流露出惊骇异常的神色,让县丞产生了疑虑。于是,万密斋又一次为县丞号脉,同时对万朴说:“你是不是奇怪其脉‘促’啊?李大人心惊躁动,所以脉象如此。”

县丞马上应答道:“我的确心下跳乱不宁,你赶紧给我开药吧!”

万密斋开了一个方子,用人参、麦门冬、甘草、白芍药、生地黄、五味、獖猪心煮汤煎药。只喝了一服药,县长就心不惊躁,促脉也不见了。

县丞问万密斋:“怎么这么神奇?”

万密斋说:“心恶热,用热远热。之前您服理中汤、十神汤,都犯时禁,所以病又发作了。”

万朴目睹了这一切,对万密斋十分佩服。后来李县丞专门给万密斋送了谢帖,写道:“吾病正亟,烦子调治,若燎原之火而沃以清冷之泉,信乎!医出于儒,令人敬服!”

《保命歌括》中记载了一则万密斋诊断罗田县生员胡晏“乍寒乍热”之症的案例。

胡晏于嘉靖二十一(1542年)四月得了伤寒病,16天都不见好转。他感到时寒时热,寒时,盖几床被子,蒙头而睡,还是觉得冷;热时,脱光衣服,用扇子扇,还是觉得热,像这样的一冷一热在一昼一夜间都要反复十多次。

请来张胜霄、万小竹医生,都说不知这是什么病,家中小辈胡三溪也是学医的,也不知道该怎么办,十分犯愁。大家在一起商议,不知谁想到一个主意:“万密斋看的书多,何不请他来诊治?”

于是胡家立刻派人请来万密斋,把胡晏的症状描述了一番,等着他号脉诊断。没想到万密斋说:“不必诊脉,我知道病因了。怕寒,如果是病在表,为何没有头痛的系列症状?怕热,如果是病在里,怎么没有烦渴、便溺不利等相关症状?看来这病是在半表半里,阴阳混乱,阴气胜阳就怕冷,阳气胜阴就怕热,应当用小柴胡汤以治其半表半里之邪,栀子、豆豉以治其阴阳错杂之邪。”

几句话将病情分析得有理有据、清楚明白,胡三溪对张、万两位医生说:“密斋先生所论极是!不得不服啊!”于是,就用万密斋的方子给胡晏服药,当天胡晏就没有出现乍寒乍热的现象了,病也好了。

真是会的不难,难的不会!让其他三位医生不知所措的病症,对于万密斋来说却是轻而易举就可治愈。

2. 女子有喜,诊脉断定

妇科的诊断相对不易,因为当时有“男女授受不亲”的观念,男医生不能直接接触女性的身体,往往要隔着帷帐,靠诊脉来判断。而妇科问题又很复杂,牵涉经血、怀胎等特殊情况,脉象也会相对复杂,但是万密斋因为在妇科方面具有专长,往往能准确无误地确诊病症。

《广嗣纪要》卷 8 记录了一则万密斋诊断徽州商人吴俨妻子汪氏妊娠的医案。

汪氏 30 多岁,已有三子,最小的孩子 2 岁,还在哺乳期。一天因与丈夫争吵,汪氏被激怒,得了呕吐病,一吃东西就吐,所吃的某种食物吐后,鼻中就有浓浓的该食物的气味。请了两个医生来看,都用的治反胃的药,没有效果,又将万密斋请来诊治。

万密斋给汪氏号脉,她的脉左三部沉实搏手,右三部平和,万密斋因此说:“脉象是孕脉,恭喜您家,要生双胞胎儿子。”

汪氏非常疑惑,说:“不可能吧?我生过 3 个孩子,都是生子后隔 3 年再怀孕的，现在我最小的儿子才2岁，我的月经也没有恢复，肯定不是妊娠！只因我与我家官人口角之争，而得了这个病。”

万密斋说：“自己有孕都没有感觉，何况是医生呢？所以服药不见效。怒伤肝，肝传心，各种气味都属于心，心传脾，所以吃什么食物该气味就会随之散出。呕吐后鼻中有食物气味，是肝、心二脏‘火炎上’的表现。”

于是，开药方黄芩、黄连、白术、陈皮、香附（童便炒黑）、白茯苓、炒砂仁，都研成末，以神曲糊丸，搓成绿豆大，一次服50粒，以米汤服下。不出5天，汪氏就身体舒适了，后来果然如万密斋所言，生了对双胞胎儿子。

万密斋通过准确的诊断，为病家排除了困扰，及时带来了喜讯，不然孕妇还要受其他药物、情绪的煎熬，这样对胎儿也不利。

3. 惊风误诊，立马纠正

惊风往往病情来势凶猛，病人不断抽搐，失去意识，让家属紧张慌乱。但是否真是惊风病，也需要准确地判断，不然可能会虚惊一场，或者用药有误而引起更大的惊慌。

《幼科发挥》中记载的万密斋给黄州府知府张三守儿子诊断的案例即是如此。

嘉靖三十八年（1559年）冬，张公子从十月初三开始发热，至初五热度继续上升，且白眼上翻，胡言乱语。知府请了很多医生来看，他们都按照惊风病进行治疗，不见成效，知府十分焦急，府上更是急得团团转。万密斋在罗田知县朱云阁的推荐下来到黄州，当时已是十月二十七日，距病人起病已有20多天了。

万密斋查看其症候，见其两腮赤红，上气喘急，脉浮缓而濡。他分析道：这是因伤食而得，食伤脾，脾虚不能养其肺，脾为母，肺为子，因此脾和肺都虚。两腮发红说明有虚热，上气喘急正是肺虚表现，脉浮缓而濡是气虚表现。先前的医生都按惊风病进行治疗，所以不见效。

万密斋回禀知府说：“老爷您不用太担心！公子的病势将退，只是肺热尚未除去。”

张知府问：“那怎么办？”

万密斋说:“公子三关黄润,两目精明,此病定能治愈。只是面色赤红,喘气上息,主要是因为肺虚热。”

张知府赞同说:“我就是担心他的气喘,你却说无妨,应当用什么药呢?”

万密斋说:“小阿胶散。”

此语一出,在场的医生们都相视而笑,觉得万密斋不过如此,判断离谱,想阻止他用药,幸而知府坚定支持他。用药一剂后,当晚公子热退喘止,可少量进食。次日知府责众医误治,令儿子受苦,让这些医生们自惭形秽。第三日,知府赐万密斋金驰驿回乡。

《幼科发挥》中记录了另一则万密斋纠正惊风误断的医案。

英山县知县吴清溪的儿子患了惊风病,医生们都当作风疾来治,无效。病势危急,刻不容缓,吴知县十分焦急,听说罗田万密斋的医术高明,于是紧急派人来请万密斋。

万密斋前去,看了患儿的病情,对吴知县说:“大人,公子得的不是风疾,是因为受惊吓而得病。风从肝治,惊从心治,弄错了病源,怎么能有效呢?”

万密斋用至圣保命丹进行治疗,果然患儿就停止抽搐了。第二天,县里的官僚、士绅都来问候知县,询问治疗效果如何。

吴知县说:“名不虚传,万密斋果然是良医!他一见小儿,自有主意,不像其他医生那般无从下手,手足无措!”

吴知县对万密斋十分感激和佩服,特意留他小住数日,给他丰厚的酬劳,再送他回去。

4. 痘疹与否,判断如神

万密斋是治疗痘疹的行家里手,洞悉痘疹的各种症状、致病原因,面对许多假象,或者是痘疹未发之前的迹象,他都能很快确诊病人是否患有痘疹,属于什么类型,从而为病人赢得治疗的最佳时机。

罗田县知县朱云阁 9 岁的儿子,在嘉靖三十九年(1560 年)三月时发热呕吐,于是朱知县请万密斋来诊视。

万密斋看了说:“大人,公子这是出痘!”

朱知县说:"不可能吧,小儿之前在四川时已出过痘了,你看还有出痘的印记在。"

万密斋看了看,说:"这是水痘瘢痕,不是正式的痘瘢。"

朱知县又说:"反正不会是出痘,说不定是伤食。"

万密斋不厌其烦地解释说:"痘疹发热,与伤寒、伤食的症状确实相似,但伤寒之热是面红,手足微温;伤食之热则面发白,手足壮热。痘疹发热下,男孩面黄体凉,女孩则面赤腮燥,二者足都是凉的。现在公子身热面黄足凉,正是痘疹的症状。医书上说,痘疹是胎毒所致,五脏各具一症,发热、呵欠、惊悸是心毒的表现;项急顿闷是肝发病的表现;咳嗽喷嚏是肺有病症;吐泻昏睡是脾出了问题;耳凉骫凉足凉是肾有问题。以此论之,公子是痘疹,不是伤食。"

朱知县仍固执己见:"并不见五脏诸症,只呕吐和足凉,恐怕不是痘疹!"

万密斋说:"公子脾胃素弱,痘毒乘虚而入,所以发在脾脏,只见呕吐一症。现在发热才 3 天,等明天再说吧,看看病情的发展。"

第二天,点灯细细查看朱公子身体,只见皮肤下隐隐有红点,而嘴唇边已出痘了。

朱知县此时终于相信了,急忙问应该服什么药。万密斋答:"出痘时没有其他病症,属于正常,不用服药,只要注意寒温适当,调节饮食,等过 13 天自然会好。"

公子没有服药,后来果然如万密斋所言,正常收靥痊愈。

罗田吏员索希文有一个 13 岁的儿子,出现发热、腹痛、烦渴的症状。请万世乔医生来治,他诊断为伤食。治疗后,患儿热不退,腹痛得更加厉害,家人接着又请万密斋来。

万密斋看后判断说:"这是痘疹,腹痛是毒气内攻所致,烦渴是因为神不得安、津液干了,按医法应当立即解毒托里,不容再耽误了!"

但万世乔坚持认为是伤食症,不肯承认是痘疹。5 天之后,孩子的痘一齐涌出,未来得及起发,痘疹干枯内陷,患儿竟死去了。

他的母亲伤心不已,边哭边说:"真后悔没听万密斋先生的建议!"

在得知病人已经生发痘疹后，万密斋又能准确判断是顺痘还是逆痘，并一一道出有何危险和隐患。即使很严重的痘疹症状，万密斋也能识别其可治与否。

胡三溪生了两个儿子后，于嘉靖十六年（1537 年）入国子监，便将儿子托付给医生看顾。大儿子托付给万密斋，二儿子托付给万绍。第二年春，大儿子先出痘，万密斋精心守治 11 天，大儿子病愈而安。接着，二儿子也出痘了，万密斋听说孩子不太好，因与胡三溪是故交，便亲自去看。

万密斋查看后发现，孩子一会儿发热一会儿退热，双脚发冷，几天不解大便，先出的痘还是红点，也不起发，惊呼道："不好，这是逆痘！"

万绍说："热微毒亦微，热甚毒亦甚。现在热并不厉害，应该是顺痘。"

万密斋说："不对，痘毒本来是火毒，待热而发，若发热而不烦不渴、大小便如常、精神清爽的话，那么这热就在表而其里无邪，毒火发时，痘容易出也容易收靥。若烦躁不安，大小便困难，昏昏喜睡，则此毒火内蕴，不得发，表热虽微，内热却狠，怎么能叫'热微毒亦微'呢？这小儿乍发热乍退热，是毒火在身体里面往来运行；大小便不通，是毒火郁遏阻截；痘见红点而不起发，是陷伏之证；足冷，是火发到极点而兼水化，称为厥逆。"

尽管万密斋分析得头头是道，但万绍还是不以为然。到第二天红点都消失了，孩子更加烦躁不安，万绍说："这是'内收'。"

万密斋无可奈何地"唉"了一声，不想回应他，只是长叹一声说："医贵同心，固执己见而误人性命，这到底是为哪般呀！"第三天，孩子就不幸死了。

罗田县蔡承盛的儿子出痘很密，先延请万密斋的徒弟甘大用来医治。痘成脓后，到期不收靥，小儿的脸上痘疮溃肿，碰一下就疼得呻吟，他喝水会呛，吃东西就呕吐，发音也不清，甘大用感觉该病不可捉摸，称是不治之症，告辞而去，蔡家又请万密斋。

万密斋来到蔡家看那小儿的病，见他脸上生的疮发肿，正在灌脓，并不是倒靥。万密斋分析认为，他会呛水吐食，是因为口唇肿硬、吞咽不便，而不是咽喉溃烂；发音不清，是因为鼻中壅塞，气不得通，并非是失音。现在疮毒尽出，表病里和，所以该病可治。

万密斋于是制一方,取苦参酒浸的牛蒡子、白蒺藜、何首乌、荆芥穗各等分,研为细末,酒糊为丸,以淡竹叶煎汤给小儿服下,调理一个月后,小儿的病就好了。

当时万密斋邻居的一个小孩与蔡承盛的儿子看起来病症相同,也请万密斋去看。

万密斋看了看,摇着头说:"这病不可治!我无能为力。"

有人问他:"这是什么缘故呢?"

万密斋回答:"是病症不同的缘故。蔡家小儿出的痘已到期,痘熟宜靥,而这个小儿的痘还是生的,未得成脓,不宜收靥,此其一;那个小儿出痘肿胀,还灌脓血,这个小儿面平目开,皮脱肉干,此其二;那个小儿喉舌无疮,这个小儿却咽舌溃烂、呛水失声,此其三。表面症状相似,其实相差甚远啊!"

这个邻居不相信万密斋的话,心有不甘,私下向蔡家求药给小儿服下,结果真的无效,最后他家小儿还是死了。

5. 诊断婴幼,说一不二

婴幼儿的哺乳是很关键的,直接关系到他们的健康成长,如遇乳少或乳多伤食,小孩都会生病啼哭,尤其是那些没有母乳而请人喂养的家庭,麻烦也就更多。

隆庆六年(1572年),罗田监生胡正衢的二儿子刚出生两个月就病了,吐乳发热,昏睡不愿吃奶,请万密斋来看。

万密斋看了说:"这是伤乳病。"

伤乳病就是吃奶过多,不消化。原来,小儿先有一个乳母,因乳少又请一个乳母。小儿才两个月,脾胃尚弱,哺乳多则易伤其脾胃。两个乳母生怕小儿啼哭会引起主人发怒,硬是轮流给小儿哺乳,导致小儿生病。万密斋说,如果让乳母减少哺乳量,小儿的病就会自愈,不必服药。

乳母听从了万密斋的建议,第二天小儿就病愈了,不再啼哭。

罗田县监生王三峰有个两岁的儿子,经常生病,不明原因,请万密斋来诊治。

万密斋看孩子很瘦弱,进行了诊断后说:"这孩子是乳少病。"

王三峰很纳闷,说:"不会吧?母乳不少吧?"万密斋看三峰不相信自己的话,就要告辞。

三峰的父亲竹泉挽留道:“烦请先生调治,必有厚谢!”

万密斋说:“如果要我来治,我一定按乳少病治,你们说乳多,那是我识证不明,我不敢医治,你们还是另请高明吧!”说完,力辞而退。

当天晚上,王三峰来到万密斋寄寓的胡三溪书馆中,诚恳地致歉说:“今天早晨我误解先生了!这个小儿的病,与之前在南京死去的另一个儿子病症相同,那个儿子得的是疳病,因此这个小儿病了,我非常担忧,特地来请您。希望您能推及父母爱子之心,帮忙救治小儿。”

万密斋答道:“不是我不治,是因乳多乳少治法不同,请你回家查验是否乳少,明天早晨再议。”

第二天早晨,王三峰来了,他说:“先生之见神妙!昨夜回去问夫人,夫人查那个乳母的双乳,果然是无乳。她白天就嚼饭喂孩子,晚上就用冷米汤给孩子喝。万先生,您看怎么办呢?”

万密斋说:“如果现在陡然换乳母,则孩子已与乳母熟识了,会恋乳母之爱,如果不使有乳妇人喂养,那么这个病终究难治。不如仍用那个乳母,另选一个少壮有乳的妇人辅佐她,白天抱孩子,晚上以乳哺之,时间长了孩子就会熟悉新乳母,自然就不生分了。”

王三峰又问:“有乳无乳,治法有不同吗?”

万密斋说:“当然不同。有乳的疳病,是伤乳所致,属于饱病,治时用集圣丸;无乳的疳病,是缺乳所致,属于饥病,治时应用肥儿丸。”

经更换乳母和药物调理,一个月后小儿的病终于好了。

婴儿是饱是饥,自己不会言语,父母有时也不明真相,幸而遇到高明的万密斋,问题才得以迎刃而解。

6. 婴幼不言,看透心理

万密斋不仅能看出幼儿身体有什么毛病,有时还能看透小儿的心理,知道他们在想什么。

有一个半岁的小儿,忽然有一天闷闷不乐,昏昏欲睡,也不愿吃奶。他家人请来万密斋诊治。

万密斋说:“从外表上看,没有病。如果说是外感风寒,却没有外感的症候;如果说是内伤乳食,却也无内伤乳食之症候。这小儿莫不是有什么思虑的东西?因为思则伤脾,脾伤就会昏睡不乳。”

小儿的父母想了半天,终于想起来了,说:“有一个小厮,一直与小儿相伴,前几天我们让他到别的地方去,已有3天了。”

小儿的乳母也说:“噢,对呀,对呀,自从那小厮走后,小宝贝就开始不高兴,不吃奶。”小儿的父亲急忙下令喊那小厮回来,小儿见到他就喜笑颜开。

小儿的父亲说:“感谢万先生!不是您的妙术,没有人能知道还有这回事啊!”

另有一次,万密斋的好友胡三溪的长子啼哭,不明原因。

那是一个七夕佳节,胡三溪在家里的庭院设宴款待万密斋。傍晚时分,三溪一岁半的儿子突然大哭不止,三溪的媳妇汪娘子见儿子啼哭不止,就请万密斋进屋查看,万密斋看了后说:“没病,一会儿就会好的。”随后出来继续喝酒。

过了一会儿,汪娘子又派人来请万密斋进去看,说:“小儿一直哭个不停,一定有哪里痛。”

万密斋仔细查看,还是没有看出有病的迹象,就又出来喝酒,结果还没有喝几杯,汪娘子就下令不再给他们添酒,还派人来责备自己的丈夫,话语中也连带了万密斋,怪他们只顾喝酒,不管孩子。迫于无奈,胡三溪就让万密斋从酒席上下来,再次进屋给小儿检查,这次的判断依然是没病。但是,是什么原因让小儿啼哭呢?

此时,万密斋心想,“无病而哭,必心中有所欲而不能言,谓之拗哭。”他猛然想到了孩子可能是想要什么而得不到,又不会表达,因而哭泣。

万密斋便问:“小儿最近有没有什么喜欢玩的东西?”

乳母回答:“噢,这几天他都在玩一根马鞭子。”

万密斋让人赶快把马鞭子取来。小儿看到马鞭后,终于破涕为笑,拿着鞭子就敲打乳母,再不哭了。

终于心安了！万密斋回到酒席上，笑着对胡三溪说:“你娘子今天见到小儿啼哭，说了不少闲话，现在小儿终于不哭了，必须多备酒菜，我们痛饮，一醉方休!”

于是胡家重新置酒，两个好友喝到半夜，万密斋才尽兴而归。第二天早晨，胡三溪将此事说给人们听，人们都夸密斋聪明。

万密斋的诊断准确无误，又能在人们无病的情况下准确分析出困扰他们的因素。他不仅熟悉幼儿的身体，还能猜透幼儿的心思，了解他们的迫切愿望、喜怒哀乐，确是个了不起的良医。

三、对症下药

万密斋不仅诊断准确，还能以最有效的方法对症下药，以扭转病势，彻底治愈病人。不论是面对棘手的疑难杂症，还是面对众多医生议论纷纷却久治不愈的病症，他都能沉着冷静，纠偏解蔽，药到病除，使问题迎刃而解。他还根据病人的情况，采用一些独特的药方和新颖的办法来治疗，赢得病家的赞叹与感激，赢得同行的敬佩与叹服。在用药方面，万密斋大胆而谨慎，又十分注意用药适度，避免病人过度服药。他对症下药的医案非常多，或记录在医书上，或被人抄录，或在民间广为流传。

（一）疑难危重，药到病除

1. 速治惊风

罗田邻县英山的吴知县的儿子得了惊风病，万密斋赶到时，只见众多医生议论纷纷，手忙脚乱，试用了好几个药方，都不见效果，为此吴知县忧惧不安，把治愈的希望全都寄托在万密斋身上。

吴知县对万密斋说:“先生神医的名声，我早有耳闻，请先生一定要尽力救治我家小儿，只要你能治好他的病，即使付给你千金我也在所不惜!”

万密斋查看病情、做了初步诊断后，他心里已经有数了，肝主风、心主惊，因此他认为是风火相煽而引发的抽搐。万密斋沉着地回复知县说:“回禀大人，公子的病有救,我能够治好他,大人不用过于担心,且等我用药后再说吧!”

于是,他用导赤散作汤,给病人吞服泻青丸。泻青丸是治疗急惊风的药物,导赤散是治疗心热的药物,二者并用,只一服药,公子就止住抽搐。万密斋知其天生脾胃虚弱,再让公子服用琥珀抱龙丸,使其常服而安。

吴知县十分高兴,连连称赞万密斋医术高明,名不虚传。

2. 治愈逆痘

万密斋凭借自己的高明医术,治好了当时人们认为是不治之症的“黑痘”。

王思泉的儿子出痘,起发时有变黑的迹象,后来黑痘又渐渐蔓延全身,十分吓人,他不知道该如何是好,大家都说只有去请治疗痘疹的高手万密斋才行。于是,他把万密斋请来。看着侄儿满身的黑痘,王思泉的哥哥少峰说:“我听说痘疮变黑,归肾经,是不治之症。先生认为是这样吗?”

万密斋思索了一下,说:“也不尽然。黑痘有两种情况,一是由枯变黑,称为‘倒陷’,是由于邪火太炽,真水已涸,所以说是归肾不治;另一种是痘色变黑却还没有塌陷,这种疫毒之气是所谓的‘火发曛昧’而成。所喜的是你侄儿的痘属于第二种情况,所以我有把握能治好,只是过程麻烦些。”

于是,万密斋先用当归梢、生地黄、赤芍药、酒红花来凉血,再用黄芪、人参、生甘草以泻火补元气,再加酒炒黄芩、黄连、牛蒡子、连翘、升麻以解毒,又用防风、荆芥以疏表,每剂加入一钱烧人屎。这样连进13剂,病人的痘色终于由黑转红,脓成收靨了。

王少峰见到如此奇妙的效果,佩服得五体投地,说:“我长这么大,还从来没见过能治好黑痘的医生,真是人夺天巧,今天我算是信了。眼见为实,先生不愧是神医啊!”

万密斋的确是治痘专家,连灾难性的夹斑、夹疹、夹痘症他都能设法医治,因为痘疹的情况很复杂,单纯的出痘都很难治,何况还夹杂着疹、斑呢!所谓“痘疮只出一般奇,夹疹夹斑都不宜,消疹化斑令毒解,若还不解势倾危”,这样的痘疹毒性更重,稍有不慎病人会有生命危险。

邻近的蕲水县汪白石家的一个两岁的小婢女出痘就是这种情况,她浑身的红点大大小小、密密麻麻,没有一点空白的地方。

汪白石请来万密斋时,自己就摇头叹气说:“此女的痘出成这样,恐怕是没救了。”

万密斋仔细检查痘疹的情况,询问痘起发时的情形,但他也不敢轻易表态,只是说:“她出痘不仅数量多,来势凶猛,而且还是斑疹夹痘症,的确难治,我且尽力施药救治吧!”

于是他让自己的次子邦孝用升麻葛根汤加防风、荆芥、玄参、连翘、牛蒡子、淡竹叶、木通制成了一个方子。结果,病人只喝了一服药,神奇的一幕就出现了:她身上夹杂的斑疹减少了十分之三。第二服药喝下去,剩下的十分之七也没有了,第三服之后,痘子也消除了!

汪白石十分感激,对万密斋深深鞠了一躬,说:“真没有想到这孩子还能活过来!先生能在这么短的时间内挽回她的生命,真是神术!药到病除,佩服佩服啊!”

万密斋因为精通治痘,所以各种痘疹的情况他看一眼就明白是怎么回事,病情病理了然于胸,然后对症下药,就能收到立竿见影的效果。

万密斋的弟子甘大文的大儿子发烧,甘大文因此十分惊慌,连忙请老师来诊视。万密斋查看后发现,这是患疹子,三天不出,将身凉神倦,坐卧不安。

他给甘大文分析该病的严重性说:“你儿子的疹毒在体内出不来,身体外凉内热,毒火向内走,所以才烦躁不安、坐卧不宁。如果不赶紧治疗将性命难保!”

甘大文听后更加慌了手脚,眼泪“唰”地流下来,恳求道:“老师,您看在我们师生一场的面上,一定要尽力帮忙救治,将来我定会认真向您学习,治病救人!”

万密斋用葛根汤加麻黄、石膏以起发疹子,结果很快见效,一服药就使疹尽出,只是疹子的颜色白而不红,万密斋断定这是因为血虚,需要补血,于是用四物汤加防风作药方,也只用一服药就使疹色变红,病人转危为安了。

万密斋因为医术高明,所以其家属亲友在遇到危难病症时也常能转危为安。曾经有一次,万密斋的第七个儿媳妇徐氏,出痘时大热大渴,眼睛发红,嘴唇干裂,自痢清水,头脑迷迷糊糊,产生幻觉,胡言乱语,全身长满红斑,像被蚊子叮咬过……这些都是逆证的征兆,见过的人都说这病危险,能否治好要看天意了。

万密斋毫不惊慌,胸有成竹地说:“依我看,儿媳妇的痘疹之毒积在三焦,表里俱热,如果用大发大下之剂,迅速攻毒,则可能出现转机。”

于是,他用通圣散全料大剂让她服下,仅仅一剂药,所有危险的症状都退去,痘很自然地冒出来。针对这种情况,万密斋又用十全大补汤去肉桂加防风、金银花、连翘、桔梗为病人进行调理,使病人转危为安。不过儿媳的痘疹非常特别,它是自下收起的,万密斋在医案上记载说:“自下收起,乃奇事也。”显然,这丰富了万密斋治疗痘疹的经验。

3. 治好痢疾

一个小孩本没有病,时值盛夏天热,医生给他服下天水散,说是可以解暑毒。结果小孩服后,出现暴泻,医生很后悔,赶紧用理中汤来制止,连进三剂,泻变痢疾,日日夜夜拉肚子,痢下脓血混杂,小孩越来越不行了,皮燥无汗,发聚结穗,家长赶紧请万密斋来诊治。

万密斋分析:“挟热而痢者,其肠必垢,泻久不止,则成疳泻。此儿初泻,是因为天热,不是用了天水散的原因。医生用天水散调五苓散就行,却用理中汤热剂,所以造成挟热肠垢之病。现在形势危急了!”

于是,他创制一个方子,用黄连、干蟾炙、木香、青皮、白茯苓、当归身、诃子肉,研为末,以粟米粉作糊为丸,每次服 30 丸,用炒陈米汤服下。10 天后,小孩满头出小疖,身上发痱如粟,内毒排出,热平痢止,终于康复了。

该小孩的严重病情,万密斋想起来都后怕,此时他终于可以放心了,感叹:“噫!若不是遇上我,这个小儿就没命了!”

(二)药方独特,行家赞叹

万密斋不仅诊断精准,且用药神奇,他的许多药方收到意外之效,被人们当成经典医方抄录,有的药方用得恰到好处,有四两拨千斤的效果。

万密斋曾在隆庆元年(1567 年)为湖广右布政使孙应鳌治好了目疾。当年八月,孙应鳌在参加巡试及阅卷前,对万密斋说:“我在提督陕西学政时,因阅考卷患了目疾,一旦用眼持续时间稍长,就会眼珠胀痛,真是苦恼! 如今我马上就要入场,又要面临这个问题,你帮我开个方子吧!"

万密斋于是开始着手思考对症的药方。他的药方以八珍汤为主,去白术、川芎,用人参、白茯苓、甘草(炙)、当归等,共11味。写好后,他将方子呈给孙应鳌。

孙公看了一遍,不觉皱起眉头,他疑惑地问万密斋:"治目疾不用菊花、蔓荆子,这是何道理?"

万密斋立即解释说:"先生果然见识广博,深通医药啊。大凡目疾,有由外因所造成,也有由内部因素所造成,由受风热而得病的是为'外生',所谓'火郁则发之',用药时应当进行发散,如您所说用菊花、蔓荆子、防风之类;另一种目疾则是由用眼过度、伤血所致,称为'内生',应当以养血为主,所谓'目得血而能视'!"

孙应鳌听到这一番分析,觉得非常在理,对万密斋诊病细致、用药对症的治法非常心服,对目疾情况的改善充满了信心。

等到阅卷结束回来,他欣喜地对万密斋说:"先生真有他医所不及之处,你所开的药方甚妙,我在考场中,日服一剂,虽然昼夜看卷,眼睛却不胀痛,也不流泪。"于是,孙应鳌专门记下了该药方,以备将来之用。

除了用药物治疗外,万密斋还注意病人心理情绪的问题,采用独特的精神疗法。

罗田县学庠生汪元津5岁的儿子因伤食而成疟疾,疟后抽搐,病情转危,请万密斋来诊治。

万密斋对汪元津说:"大凡治疗急惊风,必用泻青丸、导赤散,所谓'虽良工不能废其绳墨也',但是现在你儿子却不能用这个药方。"

万密斋于是用泻肝散、调元汤、琥珀抱龙丸给孩子服用,抽搐很快停止了,但是孩子不愿睁眼,昏昏欲睡,没有精神,元津夫妇还是放心不下。

万密斋思索:孩子喜睡,不是因为脾虚湿困,而是由于神思昏惺,看来要继续用调元汤以补脾虚,用琥珀抱龙丸以安神。另外,还要设法提振孩子的精神。

万密斋让元津夫妇喊来平日与儿子一起玩乐嬉戏的小朋友,围在他床前,敲击鼓钹乐器来呼唤他,或者唱歌跳舞来逗他。孩子的眼睛,一会儿睁,一会儿闭,接着便渐渐睁大,目光有了神采,有了玩乐的兴趣,不再昏昏欲睡了。这样,再用肥儿丸来慢慢调养,经过10天,孩子完全好了,又欢蹦乱跳了。

(三)灵活变通,恰到好处

中医治疗讲究阴阳、表里、虚实等的平衡,还要顺应四季的变化和针对病人的具体情况,辨证施治。万密斋能够依据病情,探清病因,预料病情发展,然后对症下药,避免延误病情或误伤病人,有时及时纠正和阻止其他医生的错误判断和病家的错误认识,从而挽救病人生命。

1. 变换用药

中药中的经方、成方等,一般都有固定的剂量,不可随意增减,但这也不是一概而论的,万密斋就会根据病人情况通过增减药量来有效治疗。

罗田县庠生余光庭19岁时染痘,发热5天,出痘不顺利,病人难受又焦急,连忙请万密斋和另一个医生韩雨峰一同来诊治。韩雨峰也是良医,与万密斋关系友好。

万密斋详细询问病人症状,发现了一个重要信息:病人已经3天没有大便,且号脉时发现脉"细而数"。不解大便应该立即通便,但是病人元气怯弱,却不可贸然用"下"的办法,以免身体虚弱承受不住。他让韩医生先用胆导法,结果病人未能通便,愈加烦躁,其家人也惶惶不安。

万密斋反复琢磨病情:病人发热日久,毒积在体内,大便干结,肛肠干枯,气不得行,血不得润,用胆导法威力太小不能通,看来只有加大药的威力!

于是他自创一法来解决这个问题,他取一枚猪尿泡,将半杯猪胆汁、半杯清油、半杯蜂蜜三者混合搅匀,放入猪尿泡中,如胆导法一样施用,可喜的是,这次终于见效了,病人顺利解下燥屎20多颗,气通热解,意识清楚,出痘的问题也迎刃而解了。

万密斋因此长舒一口气,得意地说:"这是法外意呀!"

因为剂量有限不见药效,万密斋没有按部就班地用药。对于病人康复后又复发的情况,万密斋在用药上也有变化,不再用同一种药方或治法了。

有个7岁的小男孩喜爱吃肉,有一次犯肚子疼。

男孩父亲问万密斋:"听说小儿腹痛有积痛和虫痛的区别,二者有什么不同呢?我儿子属于哪一种呢?"

万密斋回答:"小儿与大人相比,容易发生虫病,因为小儿吃多了不能消化就积食,积化为虫。积痛发作时,不敢用手按,一按就疼,厌食且口干;虫痛发作时没有固定的疼处,不怕用手按压,嘴馋且向外吐清水,您的儿子正是因虫而腹痛的情况。"

于是,万密斋用打虫的药来治疗,打下来了十多条大虫,腹痛停止了,但过了不到一个月,男孩的肚子又疼起来。

其父说:"再用上次打虫的药吧?"

万密斋说:"这次不能再轻易打虫了。现在出现了一个两难的问题,如果不打掉虫呢,会一直疼痛难忍,积食不除呢虫又生;如果再打掉虫,又恐怕伤胃气。"

思来想去,万密斋开了一个药方,仍用黄连、木香、槟榔,以去积为主,用陈皮、青皮、三棱、莪术、枳实、山楂专去其积,又用使君子、白芜荑、川楝子、苦楝根皮专去其虫,药研成末,分为等分,以神曲糊丸,搓成麻子大,以米汤送服,经常服用。这些药物既去其积又去其虫,经过药物的反复作用,不时打下来小虫,到后来又打下一条指头粗、长约一尺的大虫。

万密斋说:"你看看,这是虫母,打下来就断了根,不会再生小虫了。"此后男孩的腹痛就渐渐减弱消失了。

2. 顺应季节的变化

万密斋之所以较其他照本宣科的医生更为高明,是因为他辨证施治,还会考虑季节的因素而灵活用药。

胡三溪12岁的大女儿夏季时出痘,密密麻麻的,看上去有些危险。胡三溪请来喻南麓诊治,他采用人参、黄芪等大补之剂,20多天过后,痘期已过,却仍然不见收靥。

因为胡三溪是自己的好朋友,万密斋便前去探视。他看到病人的痘疮已经溃烂,也不见收靥的迹象。万密斋认为,这不是倒靥,而是因为吃补药太多,导致里邪尽出，表毒不解，应该马上解表，避免皮肉溃烂，影响小姑娘的皮肤和容貌。

但是，那个喻医生坚持己见，不听万密斋的建议，以至又过去了 5 天，还是不收靥。

胡三溪着急了，但又怕喻医生有想法，不敢延请万密斋，只是请来了万密斋长子。万密斋就教儿子用药：采用防风、荆芥、升麻以解表胜湿；用白芷以蚀脓逐水；用连翘、牛蒡子、甘草以解其郁蒸之毒；又因人参、黄芪增加了肺热的程度，此时值夏火正旺，所以用黄芩（酒炒）以泻肺中之火，解时令之热。

这样顺应时令解表毒，经过一个月的调理，病人终于转危为安。

同县的一个 4 岁小儿胡道松患疹，万密斋治疗时也注意时令的影响。

当时也是夏天，胡家先请甘大文医生来治疗，但 3 天过去，疹不出，孩子特别烦躁，又喊又叫，一点也不安稳。

于是胡家又来请万密斋。甘大文正打算为小儿制作荆防败毒散，万密斋看到后赶紧制止，说："这个方子中都是发热之药，并无解毒的功用，何况在这个大热天，又有一二味时令之药在内，只会让阳气越来越盛，阴气越来越亏。阴阳不和，这是疹不出的原因啊！"

万密斋改用东垣凉膈散加玄参、升麻，一服药后孩子就出疹了，3 天后孩子就平静安稳下来，家长也因此放心了。

（四）用药尺度，谨慎把握

万密斋注意在用药上灵活变通，同时在用药的尺度上，他也是有原则的：对症的药大胆使用，药性强的则谨慎使用，对于有特殊情况的病人如妇女、小孩，则用药更加谨慎。

1. 大胆用药

万密斋的本家万石泉一直没有儿子，直到 31 岁才生了万宾兰，将之视如掌上明珠，十分宝贝。但儿子周岁时患上了水泻，一昼夜就拉 10 多次。万石泉是县学生，也善于医病，自己用理中汤加诃子肉、豆蔻给儿子止泻，却没有效果，于是急请万密斋诊治。

万密斋仔细查看孩子的状况后,分析道:“你所用的理中汤不对症啊,《正理论》云,‘理中者,理中气也’,治泻不利小便,并非良方。”

经过思索,他采用五苓散去桂枝加甘草,只一服药,腹泻就止住了。

石泉说:“之前我儿子用令尊所开的一粒丹合胃苓丸有效果,但是止而又发。现在我担心这个腹泻没治好,是不是再进一剂,巩固一下呢?”

万密斋制止说:“小儿肠胃娇弱,不得已而服药,病好即止,不可过量服药!”

然而孩子却在3天后浑身发红斑且状如锦纹,石泉熟悉《伤寒活人书》,书里讲:泻后发斑,与阳明证下之太早、热气乘虚入胃的病相同,应该服用化斑汤。只是石膏性寒,泻后脾虚,不适宜。他再次陷入了困惑中,又请教万密斋,说:“石膏性寒,孩子腹泻这么久,恐怕不适用吧?”

万密斋解释说:“这个无大碍。有这个病就用这个药,只管大胆用,在夏天连白虎也适宜使用呢!”

万石泉采用了这个药方,只一服而病人的红斑消退,热也退了。

2. 不轻妄用药

在为儿童治病用药时,万密斋特别注意辨别药性,以保护儿童身体。罗田县学的老师曾加一的儿子得了惊风,他请来善于医病的县学生万石泉。当时万密斋也在县学,就跑去老师家探视。曾老师知道万密斋懂医,就让他俩一同诊治。

万石泉说:“我看就用小续命汤吧!”

万密斋一听,心想不对,赶紧劝道:“不行,不行。肝主风,心主惊,风火相煽,引起发搐,而小续命汤里多辛燥之药,只怕会反助火邪,令病加重,不如通圣散合适。”

万石泉听了,连连点头:“有理,有理!”

后来药还没用完,老师儿子的病就好了。

蕲水县县学生徐淑道的一个儿子患惊风病,请张医生医治了几天却不见效果,徐淑道非常着急,派人来请万密斋。万密斋到来后,发现孩子痰喘正急,还不停地抽搐,样子很吓人。

于是他先治其痰,再治抽搐,逐渐见效,孩子渐渐平静下来,但是身体还是发热得厉害。这时张医生提出用解毒汤、竹叶汤和小柴胡汤,但都被万密斋一一否定了。

他对张医生说:“小儿肝常有余,脾常不足。病发于肝,风木太旺,脾土受伤,小儿只是虚热,不能用这些寒凉性重的药物,否则会导致孩子中气损伤的。”

于是他用四君子汤加黄芪和炒黑干姜,只一服药,孩子的热就退了。

万密斋在给小孩的祖母讲用此药方的理由时,引经据典,明白地阐述了他的道理:“……肝胆之火,名龙雷之火,水不能制,寒不能胜,必辛甘之药从其性而伏之,故用炒干姜之辛热,合人参、甘草之甘温,以泻其火而身热即退也。”

张医生听说了治疗的效果后,惊叹不已,非常佩服,于是让自己的儿子来拜万密斋为师,学习幼科。

在给自己的舅舅陈正夫治伤寒时,万密斋也注意对中气的保护。嘉靖二十七年(1548 年)十月,舅舅患上了伤寒,9 天之后,胸中痞胀,小便少,大便不通。

万密斋前去探望时,舅舅请来的一个麻城彭姓医生正在为其诊病,彭医生准备用大柴胡汤为其通便。万密斋号脉后,又仔细地观察舅舅的症状,发现不可用“下”的方法。因为舅舅的伤寒属于内伤病,正是由于中气运行不畅,才导致上窍闭而下窍不通。那该怎么办呢?他仔细思索,想起元朝的名医朱丹溪曾经说过“二陈汤加苍术、白术、升麻、柴胡,则大便润而小便长”,这不正好对舅舅的症吗?于是按方用药,只一服药舅舅就病愈了。万密斋确是既熟悉医书又能灵活运用其中理论。

作为医生,万密斋专门提醒儿子、徒弟或其他医生用药要慎重,因为“是药三分毒”,病人本来就虚弱,所以不能轻易用一些毒性重的猛药。

汪望江老年得子,60 岁时才得一个儿子。儿子 3 岁时得了痢疾,先请来甘医生治疗,因为用药太猛,小儿脾胃受伤,中气下陷,本来是痢疾又开始腹泻。又延请张鹏医生来治,他用豆蔻香连丸和粟壳来治泻,结果痢疾更加严重。汪望江又请万密斋来诊治。

万密斋对孩子的病情和先前的治疗进行了全面的分析:老年之子,胎禀已弱,一般来说,痢疾应该用“下”的治法,但也要因人而异,不能太过;中气下陷,应当补气;陈莝未尽,劫涩之方,不能轻易用。

于是,他用钱氏异功散加木香、黄连、当归、白芍药、山药、莲肉,以神曲作糊为丸,让孩子服下。10 天后孩子的痢疾终于止住了,但是元气尚未完全恢复,万密斋告诉汪望江就用前面的方子慢慢调理。

汪望江答应了,万密斋随后告辞回家。

当时正好是人们往武当山进香出发的日期,杨大明、陈德仁即将前往,望江曾因儿子生病托他们两人替自己顺便带香疏祈愿。二人来辞别望江,问孩子的病好些了没有,望江告诉他们已经请万密斋先生治好了。

二人说:“无积不成痢,富家之子多有肉积,我们有阿魏药,听说治痢疾有神效,不如用一点,小儿可以快点好。”

听说有如此神效,望江迷惑了,他已经把万密斋的告诫忘到脑后,禁不住要了五分药,做成 5 粒小豆般大的药丸,给儿子分两次服下。恰逢万密斋再次来到望江家,望江告诉他阿魏药的事情。

万密斋大吃一惊,对望江说:“阿魏性热,有大毒,耗人元气,虚弱之人不能服。你儿子体弱久病,脾胃已弱,恐怕吃不消。”

望江说:“儿子今早服一丸,饭后又服一丸,服药后,熟睡正香,到现在还没醒呢。”

万密斋毫不客气地责怪他:“痢疾已经好了,何必还要服药?何况这个药太峻猛,会大损元气,怎么能轻率服用呢!恐怕孩子不是熟睡吧,唤醒他看看!”

望江让乳母呼叫孩子,却怎么也喊不应,推他也没有反应,急忙把万密斋请到房里去看。万密斋发现孩子已经翻着白眼珠,气息全无。望江见状,顿时委地,大声痛哭,捶胸顿足,后悔不已。

万密斋看到此情形,痛彻心扉,却又无可奈何,感叹:这真是血的教训啊!切忌无病服药啊!他在医书上把这个例子详细记录下来,用作轻妄用药的教训,避免今后的人用药不慎,重蹈覆辙。

3. 忌犯“实实之戒”

中医讲求辨证施治,用药顺应天时、因人而异,注重阴阳、表里、虚实、寒热的平衡,根据病人情况随时调整。医生用药时,有很多禁忌,不可触犯,否则就会使病情加重,适得其反。

罗田县周璜的儿子13岁时染上水痘,发热5天而痘不出,孩子狂躁不安,开始说胡话。周璜见情况越来越糟,于是请万密斋来诊治。万密斋到来后,发现周璜的族兄周尚贵也在,他是本地的名医。

万密斋问周尚贵:"仁兄曾给小儿服过什么药没有?"

周尚贵说:"看他痘出不来,担心小儿体虚,所以已经进了三剂保元汤。"

万密斋很吃惊,说:"恐怕用药不当啊!这是犯了实实之戒!大凡治痘,发热之初,惊者平之,渴者润之,吐痢者和之,便秘者痢之,热甚者解之,如无他症,不须服药。现在我看这孩子体质不错,元气素厚,饮食夙强,仁兄用保元汤,助火为邪,毒气太盛,已导致孩子说胡话、高烧发热了,必须马上采取'下'的办法!"

周尚贵听万密斋分析得头头是道,心悦诚服:"万兄不愧是治痘的专家,所言甚是,你就做主用药吧!"

于是,万密斋用三黄汤使孩子痢下,止住了孩子的狂躁,孩子开始出痘,到第17天,痘就收靥了。幸而万密斋及时调整用药,止住了邪热之火,不然后果不堪设想。

另一个例子也反映了万密斋及时阻止同行犯"实实之戒"的错误。

蕲水县的罗野松16岁时出痘,他父亲罗月湖请万密斋来看。万密斋到来时,发现罗家同时请了一位姓张的医生。

张医生分析病情说:"大凡出痘,春夏季是顺痘,秋冬季是逆痘,现在正值冬天,所以这是逆痘。痘起发时头和脸都会肿,现在被寒气抑遏,毒出不来,所以头脸也没有肿的症状,这种逆证,怎么办呢?"

万密斋说:"不能这样理解!所谓春夏为顺、秋冬为逆,不是以季节而言,而是以痘疹而言的。春夏是指万物生发,秋冬指收敛闭藏。痘本阳毒,自出现而起发,自起发而成脓,就像植物发芽、生长、开花到结果的过程,所以说春夏为顺;如应出不出,应发不发,像秋冬收敛闭藏,谓之陷伏,所以称为逆。"

张医生说:"起发太迟,由虚寒始,应该服温补的药吧?"

万密斋说:“出痘没有别的病的话是不用服药的。我观察这孩子出的痘红润鲜明,说明表气实,大小便通畅,说明里气实,不发热、不干渴,说明没有其他的病。没病再服补药,就是犯了‘实实’之戒。你一定不要提服药的事! 根据目前的情况,我预计十多天后一定会收靥的。”

张医生觉得万密斋讲得有道理,他们没有用一钱一厘的药,而痘则如万密斋预料的那样顺利收靥了。罗松野身体康复了,少吃了许多冤枉药。

罗田县县丞雷省斋的一个孙子出痘,第七天时倒靥,万密斋去探视,发现痘已经发出。

雷县丞问他:“那么再服点什么药呢?”

万密斋回答:“痘已经发出,痘毒还很重,要解毒的话,小儿中气虚弱,又怕损伤中气;如果补其中气,又怕助长毒火,可能会伤及双眼。因此,在这种情况下,不如饮食清淡、温暖适度,让他自己好。”

当时万世乔医生正打算给孩子进补中气的药,听到万密斋的主张,就停止了。

后来,孩子偶然因为伤食而发热,正好万密斋不在,万世乔就对众人说:“上次我要用药,密斋大力阻拦,现在小儿发热,形势危急,看怎么办吧!”

雷县丞听到这话大发脾气,让万世乔做主。万世乔用人参、黄芪温补剂给孩子服用,站在一旁的韩凤岐医生和万密斋的儿子邦治都因害怕雷县丞而不敢制止。

这时万密斋听说了消息,赶忙前来,对雷县丞说:“大人,使不得! 使不得啊! 鄙人建议不要服药,恐怕助长毒火,损伤小儿的眼睛,大人为什么一定要求速效呢!”

雷县丞哪里听得进万密斋的话,他大声回应道:“救命要紧! 只要能活命,带点残疾怕什么!”

万密斋坚定地说:“您孙子一定平安无事的,他没有生命危险,但是今后他的眼睛要是出了问题,请您不要怪我没有提醒您!”

雷县丞没有听万密斋的劝告,给孩子服用了人参、黄芪。后来,这个孩子果然双目失明了。雷县丞此时才开始后悔当初没有听万密斋的劝告,怪当时万世乔煽风点火误导了他，于是立马疏远了万世乔。

另一个孩子也是因为没有遵照万密斋不服药的意见并采用万世乔医生的投药主张而出事了。

徽州人吴印墩的儿子出痘，胡三溪邀万密斋一同前往。看到孩子的痘子磊落红活，知是顺痘，他们就放心了。但是那小孩的脾胃素弱，痘子起发略迟，家长着急就又请万世乔医生来。万世乔看到痘不起发，说是因为气虚，需要补气，于是用陈氏木香散一剂，痘转平但还是不起发，就又加投陈氏异功散一剂。那家的大人惊惧不安，连忙请万密斋和胡三溪来看。他们来后发现孩子已经死了。

两个例子中的孩子都是正常出痘，不需用药，只要耐心等待，慢慢恢复，结果庸医万世乔不听万密斋的建议，画蛇添足，造成了令人痛心的后果。

大医之德

出生于医学世家、天资聪颖的万密斋，虽然出身民间，一生穿行在鄂东的崇山峻岭和蜿蜒小道上，以医生为职业，但他绝不仅仅是乡间的赤脚医生或者江湖郎中。因为他曾经入学，是个秀才，受过儒家思想的熏染，由儒入医，道德修养好、文化水平高，再加上名气较大，可以说万密斋是一个具备了“医道”的医生。万密斋曾获得罗田知县和湖广右布政使赐予的“儒医”匾额，这是对他的高度肯定。

万密斋不仅医术十分高明，而且医德也十分高尚，他说：“医者，仁术也，博爱之心也。”这是他对医生职业的最好诠释，是他做一个仁爱医生的出发点。前面我们了解了万密斋神奇医术的故事，我们再来看看体现万密斋高尚医德的故事。

一、仁爱之心

1. 同情病人，替人着想

万密斋年轻时是县学廪生，因为某些原因而弃儒从医。他上学读书明理，懂得了仁义之道，在从医过程中，将仁义道德落实到救人的实践中，形成了良好的职业道德。他曾在《育婴家秘》中说道:“医者,仁术也,博爱之心也,当以天地之心为心,视人之子如己之子,勿以势利之心易之也。”他认为,从医是一个施行仁爱的职业,医生要具有博爱之心,爱人如己,以公正、平等、仁慈而不能以势利的心对待病人。万密斋的这些思想认识都是他的肺腑之言和经验之谈。

万密斋对病人有一种慈悲情怀,充满着同情和悲悯,把别人的孩子当作自己的孩子一样看待,能替病人着想。他曾记录了一则医案:一个小孩因过早地吃肉得了脾胃病,不时泻痢,肚子又大又硬,身体消瘦,转成疳病了。小孩的母亲为之忧虑焦急。万密斋见到这种情形,他描述自己的心情是“予见悯之”。于是他专为该小孩开了一个周密的方子,补脾胃、养气血、消积食、除疳热。

对病人充满同情,视人之子如己之子,治疗时自然就会尽心尽力。

在前文我们讲到的万密斋救治一个小孩并使其起死回生的例子中,也体现了他一心为病人着想的仁爱之心。

那个 4 岁的小孩因惊厥而昏死,万密斋用针刺其涌泉穴把他救活了,但是发现小孩体内有痰,将来有可能会发展为痫病,劝他父母及早给他治疗。他父母不听,不到半年,小孩果然痫病发作,经常昏倒,那父母赶忙来找万密斋。

万密斋询问小孩每次发病前有没有征兆,得知小孩每次快要发昏时就会病发,于是教小孩的父亲一个应急的办法:一旦发昏,就紧急地掐小孩两手的合谷穴。又给他开了钱氏安神丸加胆草服用,如此调理一个月,小孩终于康复了。

万密斋给人治病,不是为了应急或得到一笔治疗费用就了事,而是为了病人今后的健康。他不仅治标,还兼治本;不仅授人以鱼,还授人以渔,为病人彻底解除后顾之忧。

万密斋随孙应鳌在郧阳时,当地杨举人的儿子发疹后痢下鲜血。万密斋于是教给他一个药方:当归梢、生地黄、白芍药、条芩(炒)、黄连(炒)、人参、生甘草、枳壳、乌梅肉。后来病人依方调理好了。当时,郧阳出疹的人中有痢下鲜血的,杨举人就把万密斋教给他的药方告诉他们,他们都得以病愈。

从万密斋讲述这件事的口气中,我们能感受到他因为药方有效而高兴,也因为药方救了更多的人而欣慰。

2. 公开秘方,不存私心

除幼科,万密斋也擅长妇科。产妇经常面临难产,当时恰好有一种“仙药”——回生丹,可以救危保产。万密斋的同窗马禹琛,在苏州制作了此药600多丸,赠给他10丸,他回来后就随手送人了,并没有想到留着为自己盈利。嘉靖三十二年(1553年)的冬天,有一个产妇难产,胎死腹中。万密斋听说后,急忙在家翻箱倒柜,总算找到了仅剩的一粒回生丹。他果断地将药送与那个产妇服下,死胎很快就堕下,产妇得以活命,人们都惊叹回生丹的神奇。

没想到这药如此管用!万密斋受到触动,“余遂发心,即日修制广施”。他当即发下宏愿,立即开始制造此药,广泛施与乡人使用。此后4年,该药对产中的种种艰难病症,屡治屡验,无不立效,万密斋对此十分欣慰。后来,万密斋又想弄清回生丹的来历,遍检医书,发现在《万病回春》中有一点线索,说是长葛孙奎台的经验,但不完整,制法汤引也没有讲明。于是,万密斋就在其所著的《万氏女科附录》中,详细地介绍了该药方,将药材、制法交代得清清楚楚,供人们使用。

从万密斋赠送、发愿制作到记录回生丹的事情来看,他的确具有为病人着想的大医之德!所发宏愿,充分体现了他悬壶济世的善良愿望。

万密斋的这种仁爱之心还体现在他对医生们的告诫上。针对某些容易疏忽或混淆的病症,他在医书上特别提醒包括徒弟在内的同行,一定要仔细辨别,不可失手。比如,妇女产后的“厥逆”容易被误认为是外感病。他写道:“产后之病,各种各样,但是最主要的是补气血。有些妇女产后出现血晕、头痛、身热、腹疼,或者手足逆冷而转筋,或者心胁胀满而吐呕,风邪入侵而变阴寒,或者凉气侵入而手足厥冷,这种状况下产妇濒临死亡,危在旦夕。此时切不可将这些症状误以为是外感风寒,药一下喉,就会变证莫测、南辕北辙,所以一定要慎重!”

3. 竭力治病,真诚坦白

医生在给病人诊疗时,病人可能不信任医生,或者病人对治愈疾病信心不足,从而往往不愿与医生配合,表现消极,而这样对病情是极为不利的。在这种情况下,万密斋就会极力解释、劝慰和鼓励病人,甚至以自己的身家性命来作担保,立下军令状,换得病人的信任。

当时,罗田县知县唐肖峰得了伤寒,万密斋打算给他用人参,他疑惑地说:“我平生多因痰火而起病,人参上火,用人参怕是不合适吧!”

万密斋觉得这个病必须用人参,于是耐心劝解:“大人,您元气不足,火属于虚火。实火采用泻的办法,虚火应该补元气,您不要有顾虑,我愿意给您写下保证书!”

在万密斋的劝说下,知县勉强答应了,但是心里还是有顾虑。

万密斋给他用了一剂药,治好了他的伤寒。知县便开始和万密斋商议进补所用的药方的问题,他说:“我平时只敢服用四物汤加黄柏、知母这类滋阴降火的药,人参、黄芪这类上火的药丝毫不敢沾,你根据这个情况帮我开一个方子吧!”

万密斋耐心地解释说:“病有虚实,号脉就可以判断;药有补泻,也要根据脉相来确定,现在从您的脉相来看,应该用补药。”

知县听了,这才同意用补药,而且在罗田的三年,他一直都用万密斋开的这个药方,效果很好。

后来知县笑着对万密斋说:“我当时怕用人参,担心患痰火病。结果采用你的方子,现在服用的人参超过 2 斤了,反而痰火全无,这都是先生的功劳啊!”

其实,万密斋在给病人以安慰和保障的同时自身也是面临着风险的。那时候没有像今天胃镜、X 光、核磁共振之类的医疗检查手段,一切都只能依靠自己的观察和经验来判断。所以,万密斋敢说敢当,实在让人敬佩,他不愧是一个以病人为重、具有高度责任心和奉献精神的医生!

医生的医术再高明,也只能解决一部分疾病的问题,不可能包治百病,所以当遇到不治之症时,也会无能为力,“望病兴叹”。万密斋也是这样,尽管恪尽职守,设身处地替病人着想,但有时候由于病人自身体质、身体机能欠佳,或错失良机、药物无效等,他也会感到窘迫。此时,他对病人便坦诚相待,以实相告。

罗田县学庠生胡逸泉,周岁时曾患水泄。先请甘大用没治好,又请万密斋来。

万密斋看他的情况不太好,当时正值盛暑,患儿皮肤干燥无汗,发稀结穗,下泻频繁,发热口渴,便对他的母亲李夫人说:“您儿子是热泻,已转成疳病了,病情很严重啊!”

万密斋根据患儿的情况,分几个步骤进行了医治。先是让乳母服用四物汤合黄连香薷饮,以解暑毒,然后让小儿服药:一是用四君子汤调六一散,以解热;二是用四君子汤合黄芩芍药汤,以止泻;三是用白术散,以止渴;四是用白术散加升麻,以提升下陷之气;五是用白术散加乌梅肉,以收其滑泻之气。万密斋安排得十分周密,但是这些办法仍然不奏效。

李夫人托人带信来问万密斋怎么办,万密斋感到很棘手,该想的办法也都想了,能用的药都用了,他说:“五法不中病,术将穷矣!唯有一法未用耳。”5 种办法都没有起效,自己再没有什么好法子了!只好铤而走险,采取最后一招。

于是,他把黄连、木香、诃子肉、豆蔻、干蟾、使君子肉、砂仁等分别研成粉末,以粟米糊丸,陈仓米炒热后煎汤,以送服药丸。经过 3 天的调理,孩子满头出热疮及小疖,微微出汗,渴和泻都止住了。

李夫人非常感激地说:“我儿子能活命,多亏您啊,感谢先生的再造之恩!”

万密斋同情、怜悯病人,充分替病人考虑,力图帮助病人彻底康复,无偿赠送对病人灵验的药方,这都显示了他有金子般的仁爱之心,视人如己、爱人如子。同时,他还努力探索治病良方,面对病人的疑惑,他耐心劝导,甚至豁出身家性命来担保。如果竭尽全力也无力回天,他则坦言相告,显示了他纯粹而崇高的职业道德。

二、不计前嫌

医患之间会存在误解,可能是因为病人不信任医生,或者医患之前有过嫌隙,病人怕医生借机报复。有些医生可能会是这样,但从仁爱之心出发、以病人为重的万密斋,对于质疑、不信任或者之前的矛盾并不在意,他会抛开恩怨得失,不计前嫌,履行医生治病救人的天职。

胡元溪直到 39 岁才得一子,非常疼爱。孩子在 4 岁那年的春天开始咳嗽,请了张鹏医生和万密斋的徒弟甘大用来诊治,病情都没有好转,孩子咳嗽得越发厉害,以至于一咳嗽就是几十上百声,咳得脸色发青,口鼻出血,形势非常危急。

万密斋和胡元溪原是县学的同学,后来胡元溪中举了,万密斋也渐渐成了名医。既是同学,胡元溪为什么不请万密斋来诊治呢?原来万密斋补县学廪膳生时,胡元溪与胡明睿、蔡惟忠等人嫉妒并且陷害过他,所以此时他不敢请,生怕万密斋趁机报复。但宝贝儿子病重至此,他心急如焚,于是去占卜算卦,看该怎么办。结果卜得一签,上面写道"得大蹇朋来",此卦的意思是说,艰难的时刻有朋友来协助共渡难关,看来是天意!这时,他才请来万密斋。没想到万密斋欣然前往,并不计较以前的事。

万密斋检查了小孩的情况后说:"你儿子的病,需要慢慢调理,恐怕得要一个月的时间。"

胡元溪一听需要这么长时间,又起疑心了:"怎么这么难?"

万密斋解释说:"从春天到秋天,你儿子已经病了半年。肺是娇脏,不容易治,请不要怀疑,我会给他调理好的。"又说:"你不放心的话,我愿意拿一个本子,每天记下病症和我所用的药方,作为医案。"胡元溪听到万密斋这样保证,心里很高兴,但还是有所疑虑。

于是万密斋开了一个方子:天门冬、麦门冬、栀子仁、知母、贝母、甘草、桔梗、苏子、陈皮(去白)、黄芩、阿胶等。如此一连进了五服,小儿的症状稍微缓解了一些,咳声减少到二三十声,口鼻不再出血了。

但是,胡元溪还是心中不安,又请了万绍医生来。这让万密斋觉得很难堪,想留下来继续治疗吧,确实有点难为情;想走吧,又担心误小儿性命。于是,他就看万绍开的方子,只见万绍开的药方是二陈汤加防风、百部、杏仁、紫菀、桑白皮。

他赶紧制止万绍说:"小儿肺气已逆,升而不降,我用药降肺气,已经有了一定成效,咳嗽缓解了。你用防风、百部这类升发的药物,恐怕不对吧?"

万绍固执己见地说:"有什么不对?防风、百部,是治疗咳嗽的神药。"

这时,胡元溪开口了:"你有你的秘方,他有他的秘方,你干吗要阻止他用药呢?"

万密斋对胡元溪这种态度和说法非常气愤,不客气地说:"我是为了你的小儿好!我可做不出像你们嫉妒陷害我那样的事!"说完这些,他转脸看了一眼那小孩,觉得可怜和遗憾,他用手抚摸小孩的头说,"你少喝点药,不然病会复发!"

然后大步离去。

当天,小孩服了万绍的药后,病果然复发,咳嗽不止,口鼻又开始出血。他大声嚷着说:“爹爹要送我的命呀!”胡元溪的妻子邓氏见状,对丈夫也有怨言。胡元溪心里也慌乱无主,他到万密斋小妾的娘家去谢罪,再次恳求万密斋为他的儿子治病。

万密斋想到当时胡元溪的话,学着他的语气,反唇相讥道:“医生各有秘方!我哪里敢夺他人之功,等到万绍的招术使完了我再去,现在你还是不要勉强我吧!”

胡元溪急忙跪下,不停地给万密斋致歉,恳求道:“是我的不是,你大人不计小人过,千万不要拒绝我!”

万密斋在胡元溪的再三恳求下又一次前往胡家,他的夫人邓氏赶忙给万密斋赔不是:“是我家相公不对,希望你不记在心上,治好我的儿子。”又取出五两银子,对万密斋说:“万先生,治好小儿再补五两,望先生用心。”

万密斋还是用原来的方子,为小儿止住出血,又用前方去芩栀,加款冬花、五味子来止咳。调理了 17 天,胡元溪的儿子终于彻底好了。

万密斋的医术和医德终于让疑虑重重的胡元溪心服口服,且感激不尽!

万密斋给汪城南的儿子治病也是如此。

汪城南的儿子出生后,曾经寄养在他的姐夫胡南河家。南河曾经对别人说:“万老先生擅长儿科,现在他的儿子万密斋有点自作聪明,如果谁家有小儿病了,不要请他治,可以请张祖兄医治,他也是万老先生亲传的。”南河这样的传言,对万密斋的名声显然不利。

后来,汪城南的儿子病泻,十多天都没有止住,请张医生医治,用的是胃苓丸、一粒丹,都不见效。

此时,城南只得硬着头皮请万密斋来诊治,城南的父亲望峰清楚南河的所作所为,明白南河与万密斋之间的嫌隙,生怕万密斋不肯用心为孙儿治病,于是以白金二两作利是,希望万密斋尽心尽力。

万密斋明白望峰这样做的原因,感慨地说:“不是利是多少的问题,而是是否相信我的问题。我治病,怎么敢自作聪明?凡是用药,都是采用前人的方子,只是用法不同罢了。治大病要用重剂,治小病用轻剂。张医生用胃苓丸、一粒丹,怎么能治好这么严重的病呢?”

于是,万密斋取豆蔻丸50粒、胃苓丸50粒,让病人用陈仓米煎汤服下,并对南河说:“只用这一剂药,不要再用了。”

南河听了并不相信,“只用一剂药能这么有效?”他还是觉得万密斋有点自作聪明。结果,一剂药服下后真的止泻了,此时南河终于醒悟,意识到自己误会万密斋了。他说:“良工不示人以朴,好的医生和治玉的良工一样,不会不精细的,万先生就是良医呀!”

三、不图财利

古代的医生,以行医为职业,以医术为谋生手段,为人治病获取利是,是正当收入。但是,作为医生,不能只为赚钱,钻进钱眼里,甚至为了钱财而诳人骗人,以致贻误病情、误人性命。万密斋阐述治病救人和赚钱取利两者的关系时说:“如使救人之疾而有所得,此一时之利也;苟能活人之多,则一世之功也。一时之利小,一世之功大。与其积利,不若积功。故曰:‘古来医道通仙道,半积阴功半养身。’”

上文关于万密斋不计前嫌的两个医案,均反映万密斋不图财利的品德。面对病家拿出重金,万密斋义正辞严:“不在利是,只在信我。”

万密斋的不为财利还表现在他为贫穷的病人开便宜的药方。由于万密斋诊疗的对象大多数是平民百姓,难以负担起名贵药材的费用,万密斋为此专门制了一些适合平民家庭的药方。

比如,用于治胎动的黑白安胎散一方有效又便宜:白术一两、熟地一两,水煎服。他解释说:“此方妙在用白术以利腰脐、用熟地以固根本,药品少而功用专,所以取效神也。此方可以救贫乏之人,名黑白安胎散。”

临产时所用的药方也是如此。万密斋告诉人们,临产最宜服用独参汤,但如果用不起人参,就在独参汤的基础上去掉牛膝,用炮姜加滑石末。在临产的那个月开始服用，能收到与人参同样的效果。

关于产后的药方，当然人参也是首选，但是贫穷的人买不起，于是万密斋为贫家产妇制了一个适宜产后服用的圣方。他说：“产后最宜服参，但贫者不易得，今酌定一方代之。”即黄芪（蜜炙）、白术、归身、茯苓、熟地、炙草、益母草、淮牛膝、炮姜。

另外在应对自汗、眼花、视小为大等疾病时，因为是即将虚脱的症状，应当用人参附子汤来救急，以补元气。万密斋开出两种方子，一种是参附汤：人参加附子；另一种是在买不起人参或者一时找不到人参的情况下，就用黄芪加附子。

另外，万密斋提倡“治未病”、注意养生、注意婴儿胎养等观念，他不仅仅是给已经患病的病人治病，也希望人们注意身体的养护，防病养生，防患于未然，不用请医生，这都体现了他不图财利。

万密斋出版著作，也不以盈利为目的。他在书中写明了祖传十三方，还把许多疾病病因、病理、治疗方案以及药方成分、医案等都写得十分详细，然后公之于众，而不是像有的医生那样秘而不传，或仅仅传给子孙和徒弟。许多读到他医书，尤其是痘疹书的人，都因此救活了不少病人。这些都可以看出，万密斋作为医生，他治病救人不完全是为了获得利是，更是为了践行一个医生的职责使命！

医患和谐

当今的医患关系问题层出不穷，有的患者家属状告医生或医院，或者直接打骂、伤害医生。患者对医院或医生不信任，这既与患者素质相关，也与一些医院和医生的行为相关。因此，建立和谐的医患关系至关重要。那么在中国古代，病家与医生之间是否也存在矛盾或不信任呢？答案是肯定的。

明代中后期，医生的地位不高，不少业医的人，都是科举不成、入仕无望后才“退而求其次”的。不过，因为痘疹的流行、疾病的困扰，而医生能救人性命，掌握人的生死，因此对于人们来说，医生又是必不可少的，良医会受到人们的尊重。但是，当时人们的医学知识、养生意识不足，加上许多庸医为了钱财，缺乏医德，败坏了医生的声誉,因此,人们对医生并不是完全信任的。而且,当时人们信仰神灵的风气比较浓厚,面对疾病,他们往往祈求神灵的帮助,医生并不一定是首选,可能在求神不灵、万不得已时人们会想到请医生。所以,作为医生,不仅医术上要精进高明,态度上要恪尽职守,在应对复杂的医疗环境时,包括与病患的关系和与同行的关系上,也要灵活处理,否则,可能不仅达不到治病救人的目的,还会失去信誉,生存困难。

万密斋凭借高超的医术、仁心仁德以及对社会风气、人情风俗的了解,游刃有余地处理与病家的关系,在与同行相处时,他坚持原则,也能使彼此关系和谐。在当时复杂的医疗环境下,万密斋的这种协调医患关系的能力大有可取之处,值得借鉴。

一、复杂的医疗环境

在当时的社会环境中,医生行医要面临比较复杂的情况:要处理与患者、患者家属、同行以及围观群众的复杂关系,要面对病家的质疑和非难,要面对同行的竞争,要面对周围人甚至社会舆论的监督。

有些病家或者出于无知,或者出于对医生的不信任,不采用医生的方案和建议,导致病人不能及时得到治疗,贻误病情,而产生无法挽救的后果。

蕲水董希周的女儿出痘,董家先请江万吉来治,十天半月后,女子精神昏聩、饮食不进,江称"不治"就离开了。他们又请来万密斋,此时女子虽像死人一样僵卧着,但脉象洪实调匀。万密斋决定弃症从脉,给她用药,让坏疮复起、新痘长出。过了几天,女子竟然苏醒过来,能说能吃,痘疹也正常收靥了。她的祖父董廷宪知晓一些医术,非常感激万密斋的救命之恩。万密斋接着提醒他们:"病是由肾引起的,现在虽然痘疹痊愈了,但要防止她得眼病,应该预防。"可是,他们不肯听从万密斋的忠告,结果半个月后,女子的右眼疼得睁不开,渐渐失明了。

有的病家不信任医生,又另请其他医生,以致耽误病情,甚至产生不良后果。

蕲水县团陂王桂屏的儿子患疟疾,先请来万密斋医治,病人情况有所好转。可是王桂屏对万密斋产生了误解,急于求效,就用了麻城的江湖郎中丁医生的所谓祖传秘方,以致小儿病情转危。万密斋见病人疟疾又发作,知道前功尽弃,非常气愤,请求辞行。王桂屏这才意识到自己的错误,恳请万密斋留下给儿子治病,并埋怨丁医生,丁惭愧离去,万密斋才留下来帮病人调理。

有时,病家可能因为害怕、着急,或是对某个医生信心不足,往往请几个医生来诊治,而医生之间的不同意见会导致情况变得微妙复杂。万密斋常常遇到这些情况:有时由于病人病情严重,前面请的医生束手无策,或者治法不当,而请他前来做进一步的治疗;有时病家请来的其他医生自以为是,固执己见,想与他争个输赢。

胡三溪 12 岁的女儿出痘疹,一共请了 3 个医生。先请的喻南麓,用参芪等大补之药,调理了 20 多天仍不收靥。万密斋听说后,就去探视,说这是吃补药引起的,应该先解表毒,避免溃烂。但喻南麓坚持己见,5 天后还是没有收靥,胡三溪只好又请万密斋的长子邦忠来治。万密斋教邦忠用药调理,病情终于有所好转。医生有先请、后请之分,医生水平也有高下之分,但主治权掌握在谁手里,这个跟病家的倾向相关,看他更相信哪个医生。此医案中,喻南麓和万密斋主张不同,喻南麓治疗无效,胡三溪最后请来万密斋的儿子邦忠,也是考虑到了医生之间微妙的关系,因为医生们今后都还要在同一地区共事。

另外,当时人们还有一些不好的习惯和观念,诸如讳疾忌医、不慎重择医等。万密斋曾揭示一些讳疾忌医的现象:人们往往忌讳生病,不愿意告诉别人,当被问起时,就会恼火,甚至厉言相向。当时还有一些病人要么妄信巫医,相信巫医祈神求福的把戏,要么请一些庸医,滥服汤药,因而丢了性命。

二、医患沟通

医生在给人治病时,往往面临微妙复杂的医患关系。万密斋如何应对呢?当病家对他完全信任时,他根据病人的病情自主治疗;当病家有疑虑时,他一边解释一边治疗;当病家质疑其治疗方式时,他则耐心地解释,直到病家理解并同意;当病家不了解病情、坚持己见时,他要么告辞,要么采用灵活的方式,用“善意的谎言”“曲线救人”,达到及时医治的目的。

1. 病家信任,医生自主

因为万密斋的名气大,医术高明,有许多病家是他的熟人、邻居、朋友。这时,他可以依据自己的思路和方式治疗,医患之间相对轻松愉快。

监生汪怀江对万密斋非常信任,他们家里有人生病,只有万密斋的医治效果最好,所以汪怀江就把万密斋留家里居住一段时间,对他恭恭敬敬。汪怀江6岁的儿子患上疟疾,一直没有好转,以至于面色发白、头发稀疏、肚子胀痛还不吃饭,后转变成了疳病。万密斋鉴于汪怀江对自己的情谊,尽力为他儿子治病,他先用养脾丸来治疟疾,又用肥儿丸来治疳病,调理半个月后,孩子就痊愈了。

胡三溪是万密斋的知己,他常常请万密斋为他家人治病,在自己外出时还将儿子托付给他,可以说十分信任和依赖万密斋。胡三溪的女儿患有哮喘,痰多,一遇到下雨天就发作,服用五虎汤、九宝汤能让她暂时止住,但不能断根。自己好友女儿的这种状况,让万密斋很忧心,他决定想办法帮她除去病根。他思来想去,发现她应该属于"肾喘",于是用治疗肾的良方——六味地黄丸,哮喘从此就再不复发了。真可谓是医生用心,病家舒心!

罗田县知县朱云阁和万密斋打过几次交道,万密斋的医术让他很放心。他儿子得了卵肿,一年多了都不消肿,结果变成癞疝,于是他请来万密斋,共同商议如何治疗这个病。

他问万密斋:"这个肿块一直不见消,会不会造成大的危害?该怎么办呢?"

万密斋说:"足厥阴肝经之脉,环绕在阴器周围,肝的情绪表现为怒,所以性急爱哭的小儿常常得这个病,名叫气卵。不过气卵不妨碍生育,也不影响寿命。"

朱云阁问:"那能不能治好呢?"

万密斋说:"办法是有,但不能速见成效。"

朱云阁听后,释然地说:"只要能治好,就是治一年也没关系!"

朱知县如此通情达理,万密斋治疗时就没有任何思想负担。于是他制成一方,用川楝子肉、小茴香、青皮、山茱萸肉、山楂、木香、当归、川芎、海藻、三棱、莪术,都研为末,以神曲糊成丸,用温酒让公子服下,又针灸其脐旁穴,肿就消了。

孙应鳌是官员中最为赏识万密斋的病家。他们最初接触是在隆庆元年

(1567年)五月,当时孙应鳌任湖广右布政使。他5岁的女儿患上泻疾,身热口渴,身形消瘦,请了很多医生,病情反而加重。他只有这么一个女儿,非常疼爱,为此他十分焦急,坐卧不安。刚好身边的一个官吏给他推荐万密斋,他就立即派人去把万密斋召来。

万密斋仔细看过孙应鳌的女儿后,说:"小姐的病,应当专补脾胃,使生津液,有津液,渴自然就会止住,渴止了泻也会止住,发热也会随之消退。大人您放心,大概需18天,小姐就有望康复!"

孙应鳌听后,觉得万密斋的分析很有道理,非常高兴。他让万密斋留在自己的书馆中,方便早晚为女儿调理。万密斋用白术散作大剂煎汤,并告诉孙家人让孙小姐用饮药代替饮水。接着,他又思索生津的问题,估计孙小姐是肺金太燥,不能生水,于是他又加制过的天花粉二剂,让她服下。次日进药后,孙小姐夜渴减少,泻也微止。过了两三天,渴泻俱止,还稍微有点发热。

孙应鳌自己也懂一些医药知识,但对于万密斋为自己的宝贝女儿所用的药,丝毫不加干涉。见到万密斋治病如此速效,只是请教性地问:"先生怎么不用胡黄连、银柴胡退热呢?"

万密斋解释说:"胡黄连、银柴胡都是苦寒之药,恐伤胃气,我不敢用。只用白术散,其热自退。"

果然,又调理半个月后,孙小姐就不再发热,身体大安了。孙应鳌十分高兴,从此十分佩服万密斋的医术。

次年七月,孙应鳌已经在郧阳巡抚的任上,他的女儿又染上痢疾,于是千里迢迢派人来罗田请万密斋。万密斋到后,他立刻面露喜色,说:"万先生,你来了就好!我终于可以放心了!小女生病有一段时间了,请了荆州、襄阳、德安、郧阳的医生来看,都没有好,这段时间我特别心焦,所以劳您大老远跑来!"

治好孙小姐的病后,孙应鳌感激地对万密斋说:"小女去年在湖广病泻,今年在此病痢,都是五六月间,幸而遇到你这个良医而康复。我的小女幸运地遇上你,你遇见我,都是缘分啊!"

这样,万密斋几次治愈了孙应鳌本人及其女儿的急慢性病症,深得孙应鳌的赞许和信赖,以至于把万密斋所开的药方抄录下来,以备后用,又帮万密斋刊刻医书,给他许多赏赐,并帮助他恢复儒生资格。孙应鳌的知遇之恩让万密斋在为孙家治病时尽心尽力,他也称孙应鳌为“恩公”,医患之间关系非常和谐。

2. 病家疑惑,医生解释

有的病家不懂病情和医药,自信心不足,有的病家喜欢将几个医生的治法和药方进行比较,还有的病人知晓一些医理,但对自己的病情一知半解,他们都对医生的治疗存在担心。万密斋面对顾虑和质疑,会向病人说明和解释,给他们分析病情、病因及疗效等。万密斋总结自己之所以能得到病家认可,其中一个重要的原因就是与病家的沟通和交流。他说:“制方之时,明以告人:某药治某病,某药为佐使,庶病者知吾使用之方。若有疑忌者,又明以告之,有是病必用是药,使之释然,所以偶中者多。”意思是说,在开方时就明确告诉病家,所用的哪些药是治哪些病的,哪些药是辅助的,使病家能知悉药方;如果病家有疑虑,他便强调说这个病必须用这种药才行。

万密斋曾经通过解释和鼓励解除了县学庠生王少峰的顾虑,治好了他儿子的呕吐。当时王少峰半岁的儿子呕吐不止,他先请甘大文医生医治,甘大文用理中丸、益黄散,小儿根本喝不下去,一到口里就吐。少峰看到这种情况,非常焦心,提议要请万密斋来看,而甘大文不同意。少峰不得已,偷偷让人去请万密斋来。万密斋看到孩子弓着身向上窜,呃呃作声,有慢惊风发作的症状。

他对少峰说:“情况危急啊! 要赶紧用理中末和入猪胆汁、童便搅匀,用小茶勺给他喂下去!”

少峰说:“不行吧? 恐怕小儿喝不进去会吐出来,之前就是这样的。”

万密斋说:“不怕! 试试吧!”于是,让他们先喂一小勺,停一会儿再喂一勺,停一会儿又喂一勺,然后又让乳母喂乳。

那个乳母也担心地说:“怕他吐奶。”

万密斋说:“没事的。”

在小儿吮吸一二口奶之后,万密斋让乳母停止喂奶。待小儿一觉醒来,不再吐奶,身不弓,完全好了。

面对王少峰的担忧,万密斋进行解释和鼓励,教给他们用药的方法,使得治疗顺利进行。

罗田知县林乐田只有一个女儿,非常疼爱。早晨去县衙时就一直让女儿陪着送到门口,恭候着看他起轿。晚上回家时,又让女儿在家门口等候。但不幸他女儿患上了疟疾,每隔三天发作一次。林知县急坏了,急忙请医生,结果没能阻止病势恶化。小女儿无精打采,形体消瘦,他更加着急,又请来万密斋。

万密斋来到后,查看了女孩的病情,说:"这是脾胃虚弱的缘故,应该先补脾胃。"

林知县听说后很不客气地说:"现在疟疾的症状这么严重,还没有缓解,怎么能先养脾呢?"

万密斋回答说:"治疗疟疾的办法有三种。一是开始感染时,正气还未受损,应该立即用药,不能助长邪气,损伤正气。二是邪气逐渐加重,正气开始衰弱,这时应该先补正气,再用药,但是不能总是用药,以免因此损伤正气。三是病情严重时,正气弱小,邪气独存,应该先补正气。正气恢复,邪气自然衰退,身体也就好了。"

林知县听了万密斋的解释后,拍手赞许道:"好!讲得有道理!请先生制药吧!"

万密斋用平疟养脾丸为病人调理了一个月,林知县女儿的病情逐渐好转。万密斋又告诉家属一些注意事项,强调不能吃生冷的食物。

万密斋通过解释,使得护犊情深的林知县很快理解并接受了他的治疗方案,小女儿得以顺利治愈,皆大欢喜。

3. 病家误解,医生变通

当然,万密斋有时也会遇见一些偏执的病人或家属,他们不懂病情,对医药也是一知半解,但却固执蛮横,万密斋虽然极力解释,仍难以扭转局势。面对这种情况,万密斋有时不得不放弃治疗,有时灵活应变,采用善意欺骗的办法。

一个 8 岁的小孩身体虚弱、气色不佳,他的父亲只知道责令他刻苦读书。万密斋见状就劝告他父亲:"您儿子形瘦气弱,应当首先保证他身体健康,不能一味苛待他。”并给他留下养脾丸、肥儿丸,让他给儿子调理半年。后来小儿转成疳病,这个父亲请一老医生来诊治,该医生不懂幼科,以为是伤食,让他服用一粒金丹,病情反而加剧。这个父亲迫不得已,就又请来万密斋。

万密斋觉得奇怪,就问:“我之前留下的养脾丸、肥儿丸都吃完了吗?”

他父亲有点不好意思地说:“哦,那个,没有吃!”

万密斋又问道:“那现在服用的什么药?”

他父亲回答:“是一粒金丹。”

万密斋听后,又恼火又无奈,决定告辞。他说:“您的儿子难以治好了。金丹的药方内有毒性很大的草乌、巴豆等,怎么能服用呢?您儿子脾胃一向虚弱,进食不多,身体瘦小,所以我用肥儿丸给他调理,这是该服的药,您不给他服;一粒金丹毒性重,大犯胃气,是不应该服的药,而您却让他服用。这是一伤再伤,现在已经危在旦夕,我再无良策了!”

后来那小孩果然死了。

这个医案是个非常沉重的教训,明明有可能挽救的机会,病家完全不听万密斋的建议,也不理解万密斋的苦心,直到无可救药,万密斋也只能直言相告,拒绝治疗。

有时病家不太懂病情,又不肯听取正确合理的意见,万密斋本着对病人负责的态度,采用灵活的方式,暂时善意欺骗,使病人得到及时治疗。

罗田训导马顺的一个5岁的孙子出痘,到第八九天脓成将收靥时,忽然腹痛烦哭,大便秘结,马顺十分骇异。

万密斋说:“这是结粪,应当立即下之。”

马顺担心地说:“听说‘痘疮首尾不可下’,现在正是收靥的时候,需要中气充实,敢采用‘下’的办法吗?”

万密斋心想,如果不立即采用下的办法,会腹胀、气喘,再救就来不及了。于是作桂枝汤,在里面悄悄加上酒蒸大黄。结果很快见效,患儿下燥粪后,腹痛立刻止住了,痘疹也收靥,病彻底好了。

事后,万密斋说出自己暗中加入了大黄,训导不但没怨他,反而非常赞赏,他拱手感谢万密斋道:“如果不是先生您的变通,我就会误了孙子的性命啊!”

胡玉峰的儿子出痘繁密,胡玉峰请万密斋前来调治。

万密斋说:“您儿子脾胃一向虚弱,应当用补胃的药剂,气血旺盛后,痘疹容易长成。”但胡玉峰不听,直到痘成脓后过期不靨、遍身溃烂,小儿寒战咬牙加上失声之时,他才预感不祥,三次让人来请万密斋,结果万密斋三次拒绝并赶走来人。

胡玉峰很纳闷,就问其中的缘故。万密斋说:“小儿打战,是因为遍身溃疮,坐卧艰难,并不是因为寒冷;小儿咬牙,是因为嘴里疮痒,不是神昏斗齿;小儿失声不语,是想吃肉而您不给,他日夜啼哭引起失声,不是咽烂呛水之故。您不听我的建议,才到了这种地步。如果肯用补脾的药,就会很快收靨。”

这一番经历之后,胡玉峰终于听从了万密斋的话。万密斋用调元汤加防风、白芷,并悄悄地加入了一片熟附子,让小儿连进三剂药,小儿得以康复。

罗田县张国重的儿子,痘收靨时,面疮溃肿,脓水浸淫,便泄脓血,后病日重,不思饮食。先请闻延南来看,他将之当作噤口痢来治,不起效,又请万密斋来治。

万密斋仔细观察孩子的症状,发现是倒靨,而不是痢疾。在痘科中,痢下脓血、结痂皮的,能生;水谷不化的,则死。《伤寒论》里也说:“热蓄于里,当便脓血,勿治;痢尽脓血,自愈。”这孩子的情况其实是没有危险的,只是需要慢慢治疗。但是,万密斋怕病家不理解,于是就慢条斯理地买药制药,故意延缓时间等待脓血痢尽。几天后,估计脓血将尽,万密斋用四君子汤加白芍药、枳壳、黄连、木香作了一个药方。一服药后痢得以稍稍止住,第二服药后,孩子能进食了,第三服药后痘收靨,小儿痊愈。

万密斋处理与病家的关系时,他本着治病救人的原则,耐心地与病家解释沟通。对于解释不通的病家,他坚持原则,不盲目顺从病家,要么强硬地拒绝治病,不肯让步;要么灵活变通,暗中坚持自己的主张。因为只要对病人有利,他就会无愧良心地去治病。他非常反感那些权贵病家,对医学一知半解,就让医生遵循他们的想法,他说那无异于教玉匠雕琢玉器,是外行教内行;而那些为了获利而顺从权贵病家、放弃治病初心的庸医们,无异于受人役使的奴仆和小厮。

三、同行相处

病人治病心切,有时会请多个医生,导致医生之间可能存在竞争或分歧,所以医生不仅要处理好与患者及其家属的关系,还要处理好与同行的关系。医生水平、德行良莠不齐,有的为了争取患者,有的为了多得钱财,有的为了提高名声,有的为了维持生计,因而医德败坏、骗取财物、不懂装懂,这类庸医大有人在。

1. 良医相遇,商讨交流

病家同时请几个医生来治病,良医相遇,相互尊重,相互理解,就会出现英雄所见略同的情况,万小竹与万密斋的关系就属此类。

嘉靖二十六年(1547 年)六月,胡松山的次子胡龙身体发热,胡家请万密斋和万小竹来共同医治。胡龙发着高烧,大量出汗,口渴异常,喜欢赤裸身体。万密斋替他诊脉,发现他的脉"弦大而虚",于是开一个药方:小柴胡汤除去柴胡、人参,白虎汤除去知母、甘草,栀子豉汤内除去淡豆豉,再加上五味子、淡竹叶,取名叫三合汤。

万小竹看后,发现该方由诸名方组合而成,根据病人情况选择其中对症的药物,安排合理,不由得拍手称赞:"妙啊,妙啊! 此方甚妙!"

果然,吃了一剂药后病人就痊愈了。

还有一次,是万密斋与万小竹为罗田县生员胡应龙治病,他们相互提醒,斟酌治法和药方。嘉靖三十五年(1556 年)五月,胡应龙患上热病,先请万小竹来调理,半个月后没有好转。因为胡应龙是万密斋的业师胡柳溪的后代,万密斋很关心,也来探视。

胡应龙告诉万密斋,他父亲听万小竹所言,责怪自己不注意、不会调理而使病情反复。万密斋仔细观察病人,又为他号脉,发现其脉弦数,知道不是他不顾禁忌而使病情反复,而是病根本没有治好。

病人胁痛,万小竹主张用小柴胡汤加枳壳、桔梗,万密斋提议道:"不如用当归龙荟丸方作汤饮。"

万小竹听了,想了想:"哦,对,对,此法甚妙!"

用了一剂药后，病人的胁痛止住了，身体能转动了。万密斋又为他诊脉，脉象弦去而浮数，万密斋便说：“现在应当用汗解的办法。”

万小竹提醒说：“衄家不可发汗。”意思是说出鼻血的人不能用发汗的方法，对于这一点万密斋没有回应他，因为张仲景《伤寒正理论》中有这个方法。于是以解毒汤、白虎汤相合作汤饮，让病人连服两剂药，病人得以大汗而愈。

万密斋与名医郑斗门也是惺惺相惜，密切配合。

英山县的沈天禄三月份患上了伤寒，先是请来郑斗门，郑医生给他用药下汗后烧略退了一些，但病情没有好转，不太清醒，来看他的人问话，他只会胡乱回答。

万密斋判断说：“按我的看法，这是错语。在汗下之后，元气没有恢复，神志不清，可以用补中益气汤去掉升麻、柴胡，再加上麦门冬、生地黄、熟附子来治。”

结果只用一服药就治愈了。

郑斗门佩服地竖起大拇指说：“名下无虚士，我今天更加相信这句话了！密斋先生真是名副其实啊！”

除了门人之外，与万密斋关系密切、相处融洽的医生不少，除上述我们谈到的万小竹、郑斗门之外，还有万石泉、韩凤岐、张胜霄和另一张姓医生等，他们都有与万密斋一同治病的经历，都很佩服万密斋的高明医术，而万密斋也对他们很尊重，诊治时与他们共同商议，密切配合。

2. 遇到庸医，制止批驳

万密斋的医术医德都很过硬，对病人非常负责，总是替病人着想。但是也会有一些医生，医术不高，还缺乏从医的道德，我们称之为“庸医”也不为过。在晚明时期，由于受到商品经济的影响，有些医生的价值取向出现了偏差，他们不以治病救人为己任，而是更看重牟取财物，图名图利。万密斋批评这样的医生说：“今之业医者，但思医不用药，何以为功而取利也？不论虚实，妄投药饵，幸而中病则大言以彰其功，一有误焉，则掩饰其过而推托于命矣。”这些庸医不是从病人的实际病情出发，而是为了自己多得利润，故滥开医药。病人服药之后，碰巧没事，他们就归功于己；一旦病人出事，则推脱责任说病人命该如此。这样的医治观念相比于万密斋的“无病服药,如壁中安柱”的观点,就相差得太远了。

庸医大致可以分为三类:一类是医术水平有限,能力不济;一类是医术拙劣,又企图掩饰自己的无能,以保有虚名;还有一类是固执己见,缺乏责任心,以致误人性命。最后一类最为可恨,往往造成严重后果,万密斋遇到的万世乔等人即属此类。在对待这些庸医时,万密斋或者否定他们的方案,或者不留情面地及时制止其错误,或者与他们针锋相对,批驳他们的错误行为。

第一类,医术水平有限的医生比比皆是,但他们态度尚好,能认识到自己的错误,有一定的职业道德,不至于害人。

第二类,医术不行,却有行骗的嫌疑。一个叫邓风子的老医生,万密斋诊断说不能治的病,他不知深浅,硬说自己能治。

罗田县有一个姓胡的富贵人家,主人胡黑三一岁的孙子脑后长了一个桃子般大的结核,已经溃烂,白脓不干,请万密斋前去诊视。万密斋根据自己的经验判断说:“这是无辜疳,是九个不治之症中的一种,所以很难治。”

当时有个老医生,人称邓风子,以擅长拿法闻名,人们争相延请。胡黑三请他来为孙子医治,邓医生大言不惭地说:“这个有办法,可以治。”

万密斋看到他这样说,觉得好笑,就顺着他的话说:“久仰先生大名,您能治好这个小儿的病,果然名不虚传呀!”

邓风子还口口声声称:“这不难! 这不难!”

于是他留下来给这个小孩看病。结果,5 天之后小儿死了,邓医生非常惭愧地离开了。

这类庸医不仅医术低劣,还动机不纯。万密斋有个徒弟就是这样的,他在医案记录中不点名地进行了批评。

有个小孩得肿病,他的这个徒弟假冒自己是这方面的专家,不守家传的常规之法,自称得到了异人之术,以牵牛、葶苈为治肿方的神药,给小孩服用,结果致使小儿病情恶化,元气下陷,肚子肿大,阴囊肿大,只能坐不能躺。

万密斋见状,无可奈何地长叹一声说:“小儿脾土已败,肝木独旺,这是贼邪,不可治了!”

万密斋不因为医生是自己的徒弟就帮他掩饰，而是毫不含糊对其做法予以揭示和批评。

前文我们讲到罗田知县张鼎石的儿子啼哭的一则医案，张知县首先请到的医生是甘大用，甘大用是万密斋的妾兄，也是万密斋的徒弟。他通过私下和乳母勾结，钻求进用，而获得召用，被请来给公子看病。

甘大用开始说公子是腹痛，让服用理中丸，没有效果，又说是伤食，又用益黄散，结果公子哭得更厉害。知县急忙派人把万密斋请来。

万密斋到了之后，甘大用给他讲述了自己看病的原委，想让老师赞同他的诊断。万密斋心想：“心本怕热，所用药中又犯干姜、丁香，只会助火让病症更加厉害！”他并不想包庇徒弟，所以给小儿诊断，说公子不是腹痛，也不是伤食，应该是心烦证。甘大用听到老师完全否定了他的诊断，就无趣地走开了。他走后，万密斋用导赤散加黄连、麦门冬、灯芯草，煎成药汤，给小儿进了一服药。

第二天早晨，万密斋来问病情，碰到甘大用从里面出来，兴冲冲地对老师说：“昨夜又哭了一夜，到天明都没停。”他的意思是老师也没有能治好公子的病。万密斋叹了一口气，知道甘大用是为药不中病而高兴，其实他不知道公子的病已经好了。

甘大用医术不够高明，他想方设法得到了给知县公子看病的机会，想让师父帮他说话，但万密斋并不护短，做出了符合事实的诊断，没有给徒弟留一点情面，没帮他掩饰。

第三类庸医最为可恶，万密斋遇到的万世乔等人就属此类，他们医术拙劣又固执己见，置病人性命于不顾。

前文提到过，黄冈人索希文的 13 岁的儿子出现发热、腹痛、烦渴的症状，请万世乔医治，万世乔先作伤食医治，结果小孩热不退，腹痛得更厉害。

索希文又请来万密斋，万密斋看了说：“这是要出痘的症状呀！腹痛是因为毒气内攻，烦渴是因为神不安、津液干。根据痘疹治法应当立即解毒托里，刻不容缓！”

万世乔不听，坚持认为是伤食。结果 5 天后，小孩的痘子一齐涌出，未及起发就干枯内陷,小孩也因此死去。

小孩的母亲悔恨痛哭道:“真后悔没听万密斋先生的话呀!万世乔害了我儿子的性命!”

万密斋在邑丞雷省斋家又和万世乔相遇了。

雷家5岁的小孙子出痘,请万密斋的四儿子邦治去看。这个小孙子曾拜万世乔为干爹,万世乔自以为熟悉病人,专恣无忌,对邦治所用之药,从中阻拦。他让雷家小孙子穿着厚棉衣,盖厚被子,日夜烤火,不到7天,痘疹就收靥了。

万密斋听说后,心想:“不对呀,日期未满,不该这么快呀!不可能收靥这么早吧?”于是亲自前去看,看到孩子身上的痘疮溃烂,没有结痂,便说:“这不是正收,是倒靥,必须马上用托里解毒的药,减去衣被,不再烤火,才能确保平安无事。”

万密斋开出一个解毒的方子,就准备告辞。临行前,还特意大声交代说:“不需要用其他的药,以免再生别的病!”

他这话一方面是对病家说的,一方面是对万世乔说的。

这两个医案中,万密斋与万世乔都为同样的病人治病。前一个医案里,万密斋虽然讲出了自己的判断,但万世乔坚持错误的诊断,继续用药,致人死亡;后一个医案里的病家虽然是万世乔的熟人,请的却是万密斋的儿子,万密斋听说情况异常,亲自前往,纠正了万世乔的处理办法,并力图避免他再节外生枝。二者的关系虽然没有剑拔弩张,但也存在着明争暗斗,万密斋本着对病人高度负责的态度,力求避免悲剧的发生。

上文讲了万密斋在对付庸医时采取的不同的态度和做法。对于只是医术不高的医生,他纠正其治法,讲清道理,帮助他们提高认识;而对于医术不高、固执己见、动机不纯的医生,他则针锋相对,直接回击或反驳,并且制止其错误做法,让他们惭愧和服输,从而将对病患的损害降到最低。

3. 面对巫医,揭底嘲笑

古代民间流行巫医。随着中医药的发展,渐渐请医生的人多了一些,但是人们还是离不开巫医术士,请他们驱鬼祷神、化符治病,或者向术士求仙药奇方。

而这些巫医术士，多是些游走四方、吹嘘哄骗、装神弄鬼的人，他们或许对于病人的精神方面有些安慰，所以一直都有市场，并且得到一部分人的信任。有的病人可能是病急乱投医，还有的病人请不起正规的医生，只好找巫医。

作为医生，万密斋清楚巫医术士的底细，知道他们对医术只是略知皮毛，为了避免巫医延误病情，他对巫医、巫师采取排斥的态度：用医药的疗效作为打击他们的利器，用犀利的言语嘲笑他们，用智慧的计谋驱逐他们。对于病家，万密斋用事实来告诫人们要慎重择医，不要相信巫师巫医。他总结的养生之“五失”的其中一条就是“信巫不信医”。医学是科学，具有严密的体系和丰富的历史见证，因此他呼吁人们不要盲目相信巫医，医药比巫术更可靠、更有效！

下面一例是万密斋与巫师田大师的较量，最后他让巫师黔驴技穷。

蕲水徐桂山 17 岁的儿子徐文祯出痘，神志不清，口发谵语，手舞足蹈，甚至打人骂人，且打骂的都是他平时所怨恨的人，他身上的痘疮也都迸裂了。徐桂山夫妇看到儿子像是妖魔附体，担心他中邪了，急忙延请田大师来帮忙驱逐妖魔。田大师使出了浑身解数，结果徐文祯并没有安静的迹象，还是闹腾不已。徐桂山转而求助于万密斋。

万密斋说：“信巫不信医，等到巫师的办法不灵验了，我才会去！免得说我抢了巫师的风头。”

此时，田大师自己也知道病人并非妖魔附体了，就请求万密斋道：“请您用药吧！不要有所拘束！”

万密斋根据病情，拿出安神丸 100 粒，给病人分两次服下去。过了许久，徐文祯才清醒过来，恢复神志。万密斋见他醒了，也放下心来，笑着询问他这段时间都梦见了什么，有没有见到神仙。

万密斋用行动表明了自己的态度，他不与巫师同时治病，而是等到巫师无计可施时再出手，这样，巫师骗人的真相昭然若揭。万密斋用事实教育了人们，要相信医术，而不要相信巫术。

对于面相，万密斋也不否认其某些说法的合理性，但他是将之作为诊断和预测生死的参考，视为医疗的一种辅助。比如他认可相命书上所说的“山根管命宫,年上管疾厄”,认为山根和年上这两处尤为紧要,可根据这两处所显示的病症来判断病情。

总之,万密斋笃信医术,他说:“能医恶疮是良工,不宜怪异及虚惊,若然乍见成凶兆,枉请师巫祷鬼神。”高明的良医,要胜过巫师。他指出,作法驱鬼对病人不仅不利,而且有害。对于出痘的病人来说,他们需要安静、清洁的环境,巫师作法的吵闹以及乌烟瘴气都不利于病人休息。

晚明时期医患环境复杂,万密斋因为医术高超,医德高尚,艺高人胆大,心底无私天地宽,所以他与病患的关系以及与同行的关系基本上是和谐自然的。同时他坚持作为医生的原则,以治病救人为根本。相对于万密斋所处的时代来说,今天的医患关系则更为复杂,涉及层面更多,不仅仅有病人与医生之间的单线关系,还有病人与医院的管理制度方面、医生之间、医院与医院之间的关系,稍不注意,就容易引起社会上的舆论关注。但是,无论如何,医生的职业道德、医疗水平是最根本的,保证了这两点,医患之间就会少一些不谐和的声音,多一些锦旗和鲜花。我们应从万密斋身上寻找更多闪光点,以借鉴学习。

第三部分:成长篇

学 习 传 承

我们看过电视剧《西游记》,唐僧师徒四人,经历千难万险、重重障碍,去西天取经。那么,他们去取的是什么“经”?他们所取的是佛教经典,是佛教理论中最宝贵、最权威的书籍。任何人的知识和能力都不是天生就有的,而是在老师的教导下、在学习前人和阅读书籍的过程中获得的,从某种程度上说,学习就是取经,是人们掌握知识的最佳途径。即使再聪明的人,也要学习,只有通过学习掌握理论、获取知识,借鉴他人经验,才能在此基础上推陈出新,有所成就。

一、四大经典,系统掌握

像儒家“六经”、道家的《道德经》、佛教的《金刚经》一样,医学也有几部重要的经典,即所谓的“医经”。中医有“四大经典”:《黄帝内经》《难经》《伤寒杂病论》《神农本草经》。医出于儒,儒生出身的万密斋明白经典的重要性,因此,在良好的儒学功底基础上,他系统地学习医学经典,掌握医学理论。

1.《黄帝内经》

《黄帝内经》又称《内经》。它提出了中医学上的阴阳五行、脉象、藏象、经络、病因等学说,是认识人体生理、病理、诊断治疗的基础,是中医学的“始祖”。万密斋对《内经》的理论体系了然于胸,对其中众多学说非常认同,他的许多医学观念都源于《内经》。

《内经》的脏象学说主要包括脏腑、经络和精气神三部分,万密斋对各脏腑的重要性有着深刻的理解,常常根据实践对《内经》中精炼的语句加以阐释,使各脏腑的病理更加清晰。

《内经》指出脾胃摄入五谷营养的重要性,“全谷则昌,绝谷则亡”,万密斋非常赞同这种观点,认为是“医科之龟鉴”,他结合自己诊治儿科的经验,进一步强调:五脏以胃气为本,人依赖胃提供滋养。

《黄帝内经》中“治未病”的思想,“不治已病治未病,不治已乱治未乱”,万密斋深为认同,他的养生思想、广嗣观念等都来源于《内经》中的这一思想,他提出无病预防、有病早治的建议,还用“望闻问切”来判断是否“未病”,从而让人加以重视。《黄帝内经》的养生理论系统而丰富,既有养生的指导原则,又有具体的养生方法。万密斋对散见于《内经》中各篇章的养生观点和思想进行了高度的概括,提出四种养生之法:“寡欲、慎动、法时、却疾。”可以说,“养生四要”是直接来源于《内经》的。

2.《难经》

《难经》是中医现存较早的经典著作。“难”有“问难”和“疑难”之义。全书共八十一“难”,采用问答方式,探讨和论述了中医的一些理论问题,内容包括脉诊、经络、脏腑、阴阳、病因、病机、营卫、腧穴、针刺、病证等方面。

万密斋学习《难经》这部深奥的经典有自己的办法。比如,《难经》提出“五邪”之论:“本脏自病者为正邪,自前来者为实邪,自后来者为虚邪,自所胜来者为微邪,自所不胜来者为贼邪。”宋元的医家钱乙、张元素对这一理论进行了推导和运用,万密斋遵循前辈们的推导方法,“意会而通之”,找到了五脏的各种“邪”病对应的治疗方法。

《难经》中十分重视肾脏的作用,认为“肾主液,液者水所化也”,万密斋继续推导,发现肾为水脏,水入心就是汗,入肝就是泪,入肺就是涕,入脾就是涎。根据这个理论,万密斋为胡三溪的女儿诊治哮病,认为其根源在于肾,于是用六味地黄丸,她服用后病就断根,再也不复发了。

3.《伤寒杂病论》

《伤寒杂病论》由东汉医圣张仲景所著,包括论述外感热病的《伤寒论》和内科杂病的《金匮要略方论》。该书集秦汉以来医药理论之大成,并广泛应用于医疗实践,是我国第一部临床治疗学方面的巨著。

在《伤寒论》中,张仲景以“六经”——太阳、少阳、阳明、太阴、少阴、厥阴来分析归纳疾病的演变和转归,以“八纲”——阴阳、表里、寒热、虚实来辨别疾病的属性、病位、邪正消长和病态表证,这样在治病时就能针对具体情况来辨证施治。

万密斋善于利用张仲景的理论和药方来解决疑难杂症。英山郑斗门的儿子出痘,痘快要成形时突然发痒。这种症状医书中好像没有记载,万密斋在头脑中“翻书”,突然想到《伤寒论》中说:“患太阳经病的病人,身上发痒是因为邪在表面,想出而不能出,应该用一半桂枝一半麻黄煎汤服用;患阳明经病的病人,皮肤中如同有虫在爬行,这是肌肉虚弱,应该服用建中汤。”原来病人身上发痒,是痘想出而不能出,也就是太阳经病而不是阳明经病。于是万密斋根据张仲景的药方,果然将他治好了。郑斗门由衷佩服地说道:“若不是您的医术已经和医圣仲景一样神妙,怎能保全这小儿呢!”

4.《神农本草经》

《神农本草经》是第一部系统整理和总结中药学的著作,起源于传说中的炎帝神农氏,代代口耳相传,由秦汉时期众多医学家整理而成。在李时珍的《本草纲目》之前,该书一直被看作是最权威的药物学著作。

《神农本草经》中载药 365 种,用“三品分类法”将所有药物按性能、功效进行分类,这样不但为行医者提供了现成的药方,而且使后来者能够进一步改善治疗方法,研制出更有效的药方。万密斋利用《神农本草经》创制新药成功,治好蕲水朱三震儿子的喉上结核。针对这个李子般大的结核,万密斋依据《病原式》中说的“结核者,热也”,借鉴《神农本草经》中消除结核的药物,开出一个命名为“神应丸”的药方,顺利消除了那个结核,并且指出类似的结核使用神应丸都很有效。这个神奇的药丸,成了万密斋的家传秘方。

万密斋还十分赞同《神农本草经》中关于治泻药物的使用方法。万密斋的好友兼弟子胡三溪的儿子得了泻病,三溪和万密斋的另一弟子甘大用两人都没能治好,只好请万密斋来。万密斋说:“我曾经教导你们,泻病有热泻、冷泻和积泻三种症状,这小儿粪便酸臭,就是积泻。”于是给孩子服用丁香脾积丸,病就好了。胡三溪不解:“巴豆下积止泻,这是为什么?”万密斋引用《本草经》中的记载解释:“巴豆能让不泻的人泻,已泻的人不泻,积去泻止,这是自然之理。”看来,万密斋这是嫌徒弟不熟悉经典,书上已有的知识都没有掌握。

万密斋医术之所以高人一等,正是因为他熟读四大医学经典,而且我们有确凿的证据证明他的确认真研读过很多医学典籍。万密斋在嘉靖二十八年(1549

年)冬十二月写的《〈痘疹世医心法〉自序》中提到了他自己撰写的6部早期著作:《素问浅解》《本草拾珠》《伤寒蠡测》《脉诀约旨》《医门摘锦》《保婴家秘》(后为《育婴家秘》)。其中前4部是万密斋学习经典著作时的心得体会,"日录所见,积久成帙",他将每天所读的书进行摘录,做成笔记,写下心得,日积月累就成了一本本实用的医书。虽然只是"浅解",只是"蠡测",也没有发表,但通过学习经典,他积累了深厚的医学理论功底。

二、医学前辈,广采博收

万密斋除了系统学习《黄帝内经》等四大中医经典,掌握中医理论体系及治疗法则、中药特性之外,他还熟知宋代以来著名医家的著作,他对宋代的钱乙、陈文中,还有鄂东的前辈——宋代的名医庞安时,"金元四大家"以及自己父亲的医学理论、方法和应用实例都了然于心。也就是说,他不仅掌握了理论,还通晓了中医发展史;不仅了解古代的医圣,也研究了靠近自己时代的名家大师,真正做到了站得高看得远!

1. 宋代儿科医家

钱乙和陈文中是宋代的两大医家。万密斋在《育婴家秘》中讲到,古代的医学分十三科,其他科分门分类的证治很多,但擅小方脉科的,除了钱乙和陈文中两位先生外,实不多见。万密斋擅长儿科,自然对两人特别关注。因此,他对两位医家留下的医书研究得十分透彻,从两人的儿科理论和经验中获得了很大助益。

万密斋在医案中引用前人理论或经验时提到最多的就是钱乙。钱乙是北宋一位杰出的医学家,清代乾隆时期的《四库全书总目提要》评价他说:"钱乙幼科,冠绝一代。"钱乙曾经在宫廷中做御医,治好了不少皇室的贵族子弟。他非常爱护小儿,对他们的痛苦感同身受,对小儿疾病的特性也了解得十分透彻。钱氏专研儿科40年,积有丰富的临床经验,公元1114年,他的学生阎孝忠将老师的理论、医案和验方整理编成了《小儿药证直诀》,这是我国现存最早的以原本流传的一部儿科专著。

擅长幼科的万密斋,必然会受到钱乙的影响。他十分赞同钱乙的医学思想和主张。比如,钱乙提出小儿"五脏六腑成而未全,全而未壮,脏腑柔弱,易虚易实,易寒易热",在用药方面,力戒妄攻、误下及峻补,主张"柔润"的原则,万密斋也和他观点一致,指出"无病吃药,如壁中安柱",即使有病也要谨慎用药,对于庸医用巴豆等猛药而致小儿死亡的事情痛心不已。

钱乙擅长望诊,能通过小儿面部和眼部诊察其五脏疾病,即"面上证"与"目内证"两种观察方法。万密斋掌握了其中的诀窍,也擅长从形色上来判断小儿的情况,甚至有时他看一眼就能判断病人的病势。

对幼儿的护理他引用钱乙的话:"'凡痘疹,当乳母慎口,不可令饥及受风冷',……况小儿当疮痘之际,正欲赖谷气以助其内,避风寒以护其外,苟谷气亏少,风寒侵袭则为患,可胜言哉!"意思是要让患痘疹的儿童吃饱穿暖,以培养正气。

钱乙注重补肾,他发明的六味地黄丸,今天已经成为非常受欢迎的中成药,是补肾滋阴的首选,疗效显著。钱乙当时发明地黄丸,是针对那些肾虚骨弱、体瘦不健的幼儿的。万密斋十分重视钱氏地黄丸,专门详细写明其功能主治、药物成分及服用方法:"钱氏地黄丸,治肝疳、白膜遮睛、泻血失音,身瘦疮疹,又治肾怯不言、解颅,小儿长大不能行者,专服即效;熟地黄、山茱萸、干山药、泽泻、牡丹皮、白茯苓、蜜丸,如梧桐子大,三岁以下儿二丸至三丸,空心温水化下。"

"钱氏立方惟有补",万密斋真切地把握钱氏立方的精神,对钱乙制作地黄丸补肾的原因十分赞同,因为阳常有余、阴常不足,肾阴常虚。钱乙用百祥丸、牛李膏治痘疹中的黑陷,有人提出质疑说"痘疹,肾不可实,当泻之",即应当用泻的办法,万密斋解释说,这个是为泻肾中的邪气,而不是除肾中的真阴,真阴还是需要补养。

对于钱乙的专著《小儿药证直诀》,万密斋仔细研读,烂熟于心,像地黄丸、升麻葛根汤、导赤散、泻肺散、异功散、钱氏安神丸等钱氏名方,在治病时用得恰到好处,并不厌其烦地论述其功效,对合理的观点引述称赞,作为给病家解释的合理依据,对于存在的问题也毫不含糊、明白揭示,指出钱氏书是由其弟子后来整理编纂的,其中错误较多,存在一些不足为据之处。

对于心热病,钱乙主张用导赤散进行治疗,泻小肠的同时用安神丸来补益脏腑。万密斋十分赞同,对于生于体内的心热病,他认为可以完全按照钱氏的方法治疗。针对发于身体表面的热病,如口舌长疮,应主要用“洗心”的方法,心气虚的人应服用钱氏安神丸,虚弱易受惊的人应服用琥珀抱龙丸。在治疗其他病症时,万密斋也多次引用钱乙的这种治疗方法,如面对急惊风时,万密斋就认为应当用泻青丸来泻肝风,用导赤散来泻心火。

南宋著名儿科医家陈文中与钱乙齐名,著有《小儿痘疹方论》,该书是治疗痘疹的专书,陈氏还著有《小儿病证方论》4 卷,论述幼儿的养护和发育、幼儿指纹及面部形色望治,以及惊风、痘疹的证治和方药。今天这两本书被合刻为《陈氏小儿病源痘疹方论》。陈文中的医治特点为重视脾胃、善用温补。

万密斋亦受到陈文中的较大影响。关于幼儿的养护,他详细记述“陈氏养子十法”:“一要背暖,二要肚暖,三要足暖,四要头凉,五要心胸凉,六勿令忽见一非常之人,七脾胃要温,八儿哭未定勿使饮乳,九勿服轻(轻粉)、朱(朱砂),十宜少洗浴。”这十法中,他提出要注意洗浴,指出无论冬夏,幼儿洗浴时间不可过长,否则容易受凉伤热,也不可洗浴过于频繁,不然会导致背冷而发惊。对于幼儿的饮食,万密斋很赞成陈文中的观点,所谓“陈氏曰小儿宜吃七分饱者,谓节之也”。

2. 金元四大家

除了宋代两大儿科医家,万密斋医学知识的重要来源还有“金元四大家”,即刘河间、张子和、朱丹溪、李东垣,其中他对朱丹溪和李东垣尤其重视。可以说,他对这些医家的思想、经验、药方和治法都能透彻理解和合理借鉴。

刘河间,即刘完素,他是“金元四大家”之首,寒凉派的创始人,温病学的奠基人之一。刘河间用药多寒凉,《四库全书总目》评价他“多用凉剂,偏主其说者,不无流弊”。

万密斋提到刘河间的地方不多,但他对刘河间很了解。例如,曾有人问:“刘河间的‘行气则后重除,养血则痢止’,此千古不易之法也。今幼科治痢之方,不用其法,何也?”意思是说刘河间通过行气和养血来治痢的办法,今天人们都不用了，是什么原因呢？万密斋解释道：现在的治法，注重攻积食，注重去热养血，其实，去积食也是为了行气，去热也是为了养血止泻，治法虽有不同，但背后的道理是一样的。他的解释表明他对刘河间治痢法的肯定。

朱丹溪，即朱震亨，元代人，他提出有名的"阳常有余，阴常不足"及"相火论"等学说，对于杂病提出了气、血、痰、郁的辨证治疗方法。当时《太平惠民和剂局方》盛行，世人多以成方应病，不重辨证治疗，他因此提出要重视患者个体差异，因人、因时、因地制宜地辨证治疗。他对医学理论的完善及杂病的治疗做出了贡献，深刻地影响了明清医学的发展，之后其学说被发展成一个学术流派——丹溪学派。

万密斋常常采用朱丹溪的治法，也经常引用朱丹溪所著《格致余论》中的观点。比如对于幼儿的护养和饮食，朱丹溪有言"人生16岁以前，气血俱盛，如日方升，如月将圆，惟阴常不足，故童子裳不裘帛。"万密斋评价道："因为人的下半身主阴，寒易生阴，暖则相反，所以下半身不能穿着太厚，以免使阴气受损，丹溪所言真乃确定不移之论！"

他还对朱丹溪关于婴儿乳母应注意饮食、节制情欲的观点非常赞同，他抄录朱丹溪所言"乳子之母，尤宜谨节"，乳母的饮食直接转化为乳汁，情欲也直接感应到乳脉，病气直接引起乳汁凝滞不通，那么婴儿吸吮乳汁后就会有所反应，会产生吐泻、寒热、惊搐、啼哭等现象，所以，"母安子亦安，可消患于未形也"，乳母一定要保持身体健康、情绪平静。

李东垣，即李杲，金代人，是中医"脾胃学说"的创始人。他探讨脾胃内伤病的病因病机，强调脾胃气虚、元气不足、阴火内盛、升降失常是产生多种内伤病的病机。在治疗时，他将补脾胃、升清阳、泻阴火和调整升降失常作为其治疗大法。补中益气汤是他创立的名方之一，他创立的学派也被称作"补土派"。

万密斋对李东垣的脾胃学说十分认同，对他的诊疗水平也服膺备至。他曾记述李东垣为一对夫妇治病的例子：一个叫李和叔的人问李东垣，自己人到中年得一子，长到1岁多，因身上长红瘤而夭折，后来又生了4个孩子都是如此，这是什么原因呢？李东垣给他分析说，你这是因为肾中有火，精气中多有红丝，气又传给所生之子,所以孩子会得红瘤病。于是,李东垣让他服滋肾丸,泻肾中火、补真阴的不足,并禁酒等辛热食物,让他的妻子服六味地黄丸养阴血。后来,他们所生的孩子,再没有得过红瘤病。万密斋评价说:“东垣先生的这个说法,的确是求子的关键,值得人们世世相传啊!”

关于慢惊风的治疗,因一般脾虚而生风,所以需要补脾。万密斋对李东垣用调元汤加白芍来调理治慢惊风非常赞赏,他说:“此以黄芪、人参补脾之虚,白芍药、甘草以泻肝之实,诚千古不传之秘法也。”万密斋在治疗时又在此方中加上一味桂枝,即成黄芪建中汤。

万密斋对“金元四大家”治病制方的立意和方法理解得十分透彻,他能正确认识到各派的实质和利弊。《保命歌括》卷 2 中,关于伤寒的治疗,他对各家治法进行了分析:张仲景取《内经・热论》中的文字,写成《伤寒论》,是伤寒治疗的始祖;刘河间认为张仲景的方法是用来治冬天的伤寒,于是写了《暑论》,用辛甘寒凉之剂来治热病;李东垣又对热病中用发汗吐下的方法治疗内伤产生疑问,于是发明补中益气汤,专门治疗内伤;朱丹溪认为发热之病,有来自外部的外感病,也有从内部产生的,而后者是由于饮食和疲劳引起的阴虚而发热,于是他提出“阳有余阴不足”的观点,专门以滋阴的方法来治疗。最后,万密斋总结说:“张主风寒,刘主暑热,李主脾胃,朱主肾虚,热病之治无余蕴矣。”万密斋洞察了四位医学大家的治病宗旨,并将之融会贯通。

三、经典药方,实践运用

万密斋既从知名医家那里汲取了丰富的理论知识,又从前人的医学著作和万氏的家传秘方中获得了各种药方和经验。这些药方中,有的是经方,即汉代以前的经典药方,主要是指张仲景的《伤寒杂病论》中的药方,有的是前人或父辈留下的较为有效的药方。这样,在行医过程中,不论什么疑难杂症,他都能联想到相关的病理和类似的药方,做出正确的治疗。

《伤寒杂病论》中提出以整体观念为指导,调整阴阳,扶正驱邪,以及汗、吐、下、和、温、清、消、补诸法,还创立了一系列方剂,这些都是经方。万密斋对《内经》的理论、张仲景的方法和方剂能熟练掌握,并触类旁通。如《内经》中说"面肿为风,足肿为水",凡是身体上部的肿,是"风证",需要治肺,应当用发散的方法,所谓"开鬼门",即打开汗孔发汗,用参苏饮和五皮汤;身体下部的肿,是因为肾虚,应当用渗利的方法来治,所谓"洁净府",是说利小便。万密斋发现张仲景所说的"治湿不利小便,非其治也"和《内经》的理论是一致的,运用这种理论,万密斋开出了几剂药方,如全身都肿的人应当服用胃苓五皮汤,小孩则用胃苓丸煎五皮汤服用,这样"上下分消,以去其湿",使病人最终出汗通便。可以说万密斋深得张仲景"消"法之妙。

万密斋的一则医案记录了他用钱乙的药方为儿子治病的故事。万密斋四子邦治七八岁时有痫病,发病时面色青惨,眼睛直视,口中有痰,像在嚼东西,昏迷一个时辰才会苏醒。万密斋对邦治的母亲说,等到儿子病发时,用鹅翎探喉让他吐出痰来。邦治的母亲依照这个法子去做,他吐下两升多的痰,痫病终于不发作了,又调理了3年才完全痊愈。万密斋总结说:"钱氏方中已经说了,痫病大多是痰引起的,气实的病人要服用控涎丹,气虚的病人要服用断痫丸,病愈后要用琥珀抱龙丸来调养。"

万密斋曾用朱丹溪的药方为母舅治病。他舅舅陈正夫在十月得了伤寒,9天后胸中痞胀,小便少,大便不通。麻城的一位彭医生主张用大柴胡汤。万密斋诊脉过后,认为不能这么用药,病人是内伤病,中气不能运行,因此上下窍不通。他引用朱丹溪的方子:"二陈汤加苍术、白术、升麻、柴胡,则大便润而小便长。"照方用药,他舅舅只服了一剂就痊愈了。

万密斋祖辈传下来的药方中,有很多是十分灵验的。如"万氏祖传秘方"里说,治疗大泻,应不问寒热,先服用理中丸以调理中气,治湿不利小便,先服用五苓散,如果不能止泻,那就是胃气下陷,要服用补中益气汤,清气上升就不泻了。还是不能止泻的话,那就是滑泻,应当服用豆蔻丸。万密斋的父亲又补充说:"这些方法都无效的话,那就是脾胃衰弱不能运转药性。这时应以补脾为主,脾胃恢复,药就能生效了,要多服用白术散。"

万密斋作为医生的可贵之处还在于从前人方法中发现、改良新的用药方法。

对于胎毒这种常见的疾病,前辈医学家如李东垣、朱丹溪都提出非常精要的见解,医书中也有黄连甘草法、育婴解毒延龄丸等药方,而万密斋采用前人经典药方时,又更新了用法:用朱丹溪三补丸的药方,加芩、连、柏,一半生用,一半用酒炒,甘草一半生用,一半用火烤,各等分后研成粉末,用雪水和成麻子大小的药丸,外面包上朱砂、雄黄,这就是生熟解毒丸。幼儿每天服用,解胎毒效果很好。万密斋擅长痘科,同样也总结药方,进行创新。嘉靖十三年(1534 年),罗田痘疹流行,年轻的万密斋尽其所学,寻找、研究、检验古方,在《韩氏医通》中发现五瘟丹效果不错,他依之研制出代天宣化丸,使初染痘毒之人服后症状大大减轻。代天宣化丸又被人们称为神药。

四、拒绝盲从,分析不足

尽管万密斋熟悉医学经典,借鉴前人经验,但因为学习得透彻,故对权威、经典和前代医家并不盲从,认为“尽信书不如无书”,学医“执中无权,犹执一也”,如果只求中庸不知变通,那么也还是偏执在某一点上。

幼科两大家钱乙和陈文中,他们的治法有所不同,钱乙属寒凉派,陈文中属于温阳派,所谓“陈以热,钱以凉,固有火与水喻者”,因此,后世的医家,往往莫知所从,喜欢打官司,或主凉,或主热,偏执一家。而万密斋常常对陈、钱二人的医学理念进行比较,洞悉他们医理的根本,主张不迷信某一家,否则就是不明白二位前辈的用心。他的《〈痘疹世医心法〉自序》中说:“钱氏用凉泻,陈氏用温补,立法不同,执偏门之说者无以白二先生之心。”万密斋的父亲为他剖析了二人的治疗方法,钱氏用凉泻,是因为病人烦躁,大小便不通;陈氏用温补,是因为病人泻渴,手脚冰冷。虚则补之,实则泻之,这就是“无伐天和,无翼其胜”。

关于气虚血虚的问题,万密斋发现,庸医们不懂气虚补气、血虚补血的道理,只要病人得了“损病”就认为是痰火,专门用补血的方法治疗,还说这是朱丹溪的方法,不用人参、黄芪,而喜用寒凉的药,这样反而损伤了胃气,导致许多病人死亡。“损病”是虚上加虚,不仅要补血,也应补气。万密斋分析,庸医们这样做是因为迷信陶节庵的话。陶节庵虽是明代良医,其关于《伤寒论》的观点也仅是一家之言，不可盲从。

万密斋在论述“热有虚实”问题时，提到钱氏的书中有“潮热发搐似惊”这样的说法，他批驳这是附会之说，因为发热就会生风，各种发热不退都会导致抽搐，并不限于潮热。万密斋还写道：“其以十二时分五脏者固是，愚窃有疑焉。”以十二时分五脏，这个是有道理的，但是万密斋质疑钱氏将十二时与潮热、抽风结合起来的看法。他说人身之气，白天行于阳二十五度，因此白天抽搐晚上不抽的人，热在气分，应服用小柴胡汤加白虎汤；气在晚上行于阴二十五度，因此晚上发热白天正常的人，热在血分，应服用四物加桂枝汤；如果是早晚都发热的人，那就是气血都很虚弱，应该像前面的治法一样，分表里虚实四个方面来治。如果日晡时潮热，那就是胃里有昨天吃的东西，应当让病人排泄出来，服用小承气汤和三黄枳术丸。

在行医过程中，万密斋不仅不盲目相信前人的药方，还能发现前人的不足之处并予以改正。一个小孩痰堆积在喉咙中导致身体发搐，一个医生用白饼子来下痰，没有效果，小孩反而越病越重，闭眼昏睡，不哭也不吃奶，喘气急促，还不时要大便。万密斋诊断说：“五脏气绝，已经治不好了，这是因为‘下痰’。”那医生不太相信，争辩说：“我没有用错药，白饼子可是钱氏下痰的神药啊！”万密斋解释道：“尽信书不如无书！钱氏的书中有他的门人附会写成的内容。人有痰就像草木有津液一样，天气炎热时草木流津，痰也是因发热而产生。如今痰和上火一起出现，不知道降火反而下痰，就损害了胃气，胃气受损五脏也一起受损。”果然这孩子没有治好，很快就死了。

明代万历时期的青州人曹璜，在《读〈痘疹心法〉纪事》中感叹“成法之难定”，因为各种情况变化不定，所以用药不能偏执，否则像保和丸这么经典的药，如果不辨别病人情况，用了也会误杀人。但是，曹璜认为万密斋像个神奇的魔术家：“……折节读书，至当食而忘匕，遂能出古人之髓。观其以一白羽指麾十万师，鱼鸟变化，如珠走盘。有钱氏，有陈氏，有魏氏，有河间、东垣、义乌诸氏，又自有万氏，道屡出而不穷，法互变而各中。”万密斋习读医书废寝忘食，学习前人并能掌握他们医理的精髓所在；在治疗过程中，对包括自己父亲在内的前辈医家的理论方法信手拈来，既善于选择，又变化无穷，还恰到好处。这不啻是对万密斋活学致用的极大肯定，也是对他能站在巨人肩膀上看得更远的赞赏！

经验秘方

经验，在哲学上指人们在接触客观事物的过程中，通过感官获得的对事物的现象和外部联系的认识。认识来源于实践，而经验只是认识的初级阶段，还有待于上升到理性认识阶段，再经过人的思维过程和实践检验方能变成真理。

虽然有人认为，中医是一种古老的经验知识体系，远没有甚至是难以升华为一门科学，可是我们不必用现代“科学”的概念去苛责古代的中医。中医的很多方面是有科学道理的，而且经验知识系统也是有其社会功效的，人们在生活中往往大量运用经验知识。在过去几千年里，中医中药拯救了无数人的生命，而且将来还会在一定程度上发挥其效力。

万密斋及其祖父辈善于学习，也善于积累医疗经验。万密斋的众多著述中记载了许多家传的独门秘方，还有自己的行医心得，其中既有自己成功治疗病人的经验，也忠实记录了许多同行误诊、错诊的医案作为教训来警醒后世。

一、良好效验，告之后人

实践出真知，万密斋善于从前人医书中学习治病之法，更将自己祖传的治疗方法用于实践，然后对这些治法的效果进行分析，总结规律，从而积累起丰富的经验，并将之记载在医书中，传给自己的子孙、门徒及后来的医生。

惊风病是一种急性病症，前文我们讲到万密斋让病人起死回生的案例，他先采用穴位按摩法救醒昏死的惊风病人，然后再用药物进行治疗。此时的药物治疗很关键，万密斋在这个方面很有研究，他记录了好几例治疗惊风病疗效显著的医案，包括惊风成痫。

前文曾提到，同县人张月山的长子得了急惊风，昏迷了 17 天，等到请万密斋过来医治时，病人舌头已经发黑了。万密斋想到父亲曾念过《玉函经》中的“伤寒舌黑洗不红，药洗分明见吉凶”两句口诀及用薄荷汤洗舌的方法，于是他赶紧取来薄荷汤为病人洗舌头，发现病人的舌头变成了红色。万密斋安慰病人家人说：“这病可以治好。”他用二钱泻青丸煎汤，病人一饮而尽，不再口渴了。到了晚上，病人抽搐停止，热也退了。万密斋采用父亲的经验，成功地让病人转危为安。

万密斋的家传秘法中，治疗惊风的秘方当属最多，如治疗慢惊风时，要用参苓白术散来补脾，用琥珀抱龙丸去掉枳壳、枳实，加入黄芪来平肝，这样慢惊风就不会复发了；用泻青丸、导赤散可治急惊风；琥珀抱龙丸能治小儿惊风、感冒、中暑等病；凉惊丸能治各种热病，等等。

有一次万密斋治疗一个因发搐而昏死的小孩，看到那个小孩脸色未脱，手脚未凉，知道并不是真死，只是因为呼吸不畅、粘痰堆积而导致闷绝。于是他用艾草做成小炷灸烤小孩双手的中冲穴，一下子小孩就醒过来了。他又根据家传治疗惊风的药方，用雄黄解毒丸以去其粘痰，用凉惊丸以去其热，以薄荷汤煎服之。不一会儿，小孩吐出黄涎，抽搐完全停止了。

惊风病长时间不治疗，就会形成痫病，痫病最为难治。在长年的行医过程中，万密斋积累了自己独特的痫病诊断经验。万密斋认为，万氏祖训中不采纳钱氏所用的五痫丸，他自己也不敢轻易使用，他认为应该先观察病人的气色进行诊断，再选择治疗方法。得了痫病的小孩，仍然聪明伶俐的可以救治；如果已经痴呆，言语错乱，就算强行医治也不会起效。有些仍然聪明伶俐的人，治疗后如果还没有效果，那就不是真痫病，这时应该服用琥珀抱龙丸，或者服用辛香，但它不如琥珀抱龙丸效果稳定。

对痫病的治疗应尤其重视时效性。蕲水县陈宅的一个小孩，两岁的时候得了惊风病，没有及时得到调理治疗，时间长了就变成了痫病，半个月发作一次，他家人来向万密斋求药。万密斋将六一散分成三包，一包以青黛相混合，称为安魂散，清晨时煎竹叶汤服用；一包以朱砂相混合，称为宁神散，晌午时煎灯心汤服下；一包加入少许轻粉，半下午时煎薄荷汤服用。如此调理了半年，病人病情逐渐稳定。通过记录这个医案，万密斋告诫人们：“凡是那些刚得痫病的人，经过治疗大部分都能康复，如果拖延二三年，就没有办法了。最近有的医生用吐法或滚痰丸来治疗,这样做只会损伤胃气,毫无作用;有的医生用寿星丸来治,这就好比用一小杯水去扑灭一场大火,完全不顶用!”

李东垣提出要重视脾胃,很多儿科医生注意此事,提出了调理脾胃的理论和药方。万密斋分析和总结了钱乙和李东垣以及自家祖传之法,得出了具有最佳疗效的方法。钱乙用十二剂益黄散来补脾,而李东垣认为这个方法偏热,用异功散来代替,万氏祖训认为钱乙的药方里除了关于脾胃的部分,其他都可以遵从。分析比较后,万密斋认为,脾热的病人应服用泻黄散;胃热的病人应服用人参白虎汤;脾胃虚寒的病人,应服用理中汤;脾胃虚弱的病人,应服用异功散、调元汤、人参白术散、养脾丸;伤食的人应服用消积丸和保和丸;宿食成积的病人应服用枳朴大黄丸;湿胜的病人应服用胃苓丸;快要成疳的病人应服用肥儿丸,已经成疳的则服用集圣丸。万密斋在这方面总结多人的经验,对症下药,清楚明白。

对于疳病,万密斋认为要慢慢进行调理,否则欲速则不达。他说:“小儿身体易虚易实,常常生病就会导致身体虚弱而形成疳病,此时应当分两方面来治疗:一方面以平肝为主,内含补脾药,来治疗痫病;另一方面以补脾为主,内含平肝的药,以治疗疟病,这样疗效就很好。那些医术低劣的医生就往往求速效而随意用药,导致病人的病情加重。”这都是万密斋的经验之谈。

关于治疗肿病,万密斋严守先训,总结了不同部位肿病的治疗方法。他说:“我遵循父亲的教诲,凡是肿病轻微的人,只用胃苓丸治疗;如果病人脸肿得很严重,就在胃苓丸的药方里加入二钱紫苏叶、一钱苦葶苈,以去除肺经之风;如果病人脚肿得很严重,就在药方里加二钱汉防已、一钱牵牛,合成药丸,煎灯心汤服用。”他同时指出门徒或儿子在给人治病时不守先训而导致恶果,说有个别弟子不遵从祖训,只用葶苈、牵牛来治疗肿病,以致肿才消就复发。

万密斋是治痘专家,但他的专业水平不是凭空就能达到的,而是不断地学习前人,进行经验总结积累而成,他熟谙痘疹的现象和本质,才能在与痘疹病毒作斗争的过程中显得游刃有余。

万氏家传中有一套望诊痘疹的方法,认为在痘疹流行时期,对于那些未出痘的男女老少,观察他们的形色情性能预知痘疹吉凶,其中山根最为重要,山根发红就说明没有问题，山根暗青就危险了。除家传之外，万密斋还能根据自己的行医经历来诊断病情。同乡人林霄 20 多岁时出痘，刚发热时小便出血，万密斋听到后，就叹息说：“已经治不好了啊！”旁人问他原因，他解释说：“乙未年的春天，蕲水桃树塘的徐氏出痘，死了 18 人，都是像这样小便出血。”过了 3 天，林霄果然死去了。

关于痘疹治疗，真可谓实践出真知，万密斋积累了许多经验，这些虽不被现代医学采用，但在那个时代确实适用，许多经验都值得推广。

同乡江我溪的儿子出痘，刚出痘时有的痘变黑了，万密斋就把知县朱云阁公子的病例告诉江我溪，让他把胭脂汁涂在孩子的痘上，他的妻子周氏却不听，万密斋无奈地对江我溪说：“不听我的意见，您小儿的病就会扩散，到时就治不好了！”后来这孩子果然全身痘变黑，痘塌陷后又出一层痘，像这样反复出了 3 次后，孩子死去了。

万密斋的长子万邦忠 3 岁时出痘，到痘脓形成快要收靥时，孩子忽然开始泄泻，痘疮也变成灰白色。万密斋的父亲认为这是虚寒的症状，应当服用木香散，孩子一剂药还没喝完，泄就止住了，痘疮也变得鲜红。这时邻居曾显荣的长子出了很多痘，要收靥时也开始泄泻，痘变得灰白还发痒，赶紧来万家求药，万密斋的父亲就把之前没用完的药给邻居家孩子服用，病人泄就止住了，痘疮变得鲜红，也不痒了。这是同样的病症，有了治愈的经验，能解除不少病人的病痛。

积累了各种经验后，万密斋也有了自己的心得。他认为，出痘最好分成三四次，称为“出匀”；麻疮最好是一起涌出，称为“出尽”。麻子只要涌出，病症就会减轻，用火查看时，如果全身像涂了朱砂一样，这就是快要涌出的症状。如果小孩出痘后发痈，而且痘痈已经溃烂，就应该用十全大补丸加上连翘、金银花治疗，他说自己用这个药方治好了许多小孩的溃痈。

二、神奇药方，公之于世

万密斋在自己的医书中记载了若干立见奇效且屡试不爽的药方，也记载了应用这些药方的医案。这些药方和病例经验成为后人可资借鉴的宝典，有的至今还为医生们所采用。他还从医书或前人的药方中吸取精华,结合自己的祖传秘方,进行药方的重新组合,创制新药。

保和丸有好几种,万密斋根据自己的使用经验,将其不同的类型和功用介绍给医生们,让医生们根据具体情况进行选择。他写道:保和丸有 4 种,其中丹溪保和丸是二陈汤加上消导药,适合气实的人使用;家传保和丸是万密斋家祖传的,是异功散加上消导药,适合气虚的人使用;加减保和丸是丹溪保和丸加平胃散、枳术丸,只适合那些久积有热的人使用;秘传保和丸,是由加减保和丸、家传保和丸组合变化而成,适合久积成疳的人使用,治疗幼儿五疳及痢疾、吐泻、肚大青筋、面黄肌瘦、疳积等非常有效。

1. 前代名医之方

万密斋在使用前人的药方之后,往往有自己的心得体会,他将那些行之有效的药方记录下来,让后来人拨开迷雾,少走弯路。这类药非常多,我们只简介几种万密斋推荐使用的药物,以窥一斑。

钱氏地黄丸,由熟地黄、山茱萸、干山药、泽泻、牡丹皮、白茯苓六味药组成,是钱乙的名方,一直到今天人们都在使用,而且使用的范围由儿童扩展到成人,效果十分显著。万密斋在《肾脏证治》一篇中介绍此方并对其疗效表示认可:治疗肝疳、白膜遮睛、泻血失音、身瘦疮疹,又治肾怯不言、解颅,幼儿个子不小却不能走路的,也可服用该药。因为是针对幼儿的,他还专门告知用法和剂量:制成梧桐子大的蜜丸,3 岁以下幼儿服 2—3 丸,空腹以温水送服。

益黄散,由陈橘皮、青橘皮、诃子肉、甘草、丁香组成,是钱乙用以补脾之方。万密斋在《脾脏证治》一篇中,专门强调使用该药要避免陷入误区。他总结道:益黄散治脾胃寒湿太甚,非常有效,是神品之药,但用它来补脾胃之虚就错了。他采用李东垣的观点,认为病人脾虚的话,就用钱氏异功散取代益黄散,因为异功散温中和气,能治小儿虚冷、吐泻、不思饮食之病。所以,除非是呕吐、腹痛、泻痢青白,否则万万不可服益黄散。

2. 祖传秘方

万家世代为医,万密斋继承了祖传的医学知识,但他认为如果学医只是按图索骥，就会歧路亡羊，于是他根据《黄帝内经》《难经》《脉经》《神农本草经》等医学经典，又参考李东垣、刘河间、朱丹溪等前代名家的理论，总结出新的医学经验。万密斋擅长痘疹一科，其中很多新治法是他根据父亲对前人的分析，融合钱氏、陈氏的治法而创立的。在万密斋的心目中，父亲值得尊崇。他说自己依照父亲的教导救治病人，没有不生效的时候。

万密斋的祖传秘方共有十三个，分别是抱龙丸、凉惊丸、胃苓丸、养脾丸、胡麻丸、神芎丸、玉液丸、一粒丹、茱萸内消丸、香连丸、至圣保命丹、雄黄解毒丸、斩鬼丹。万密斋将自己及父亲使用这些秘方的经验也记录下来，让人们更明白其效用、适用范围和使用技巧。

抱龙丸又名琥珀抱龙丸。幼儿纯阳无阴，用抱龙丸来养阴；肝在青龙位属木，小孩子肝有余而脾不足，因此用这剂药来抑肝扶脾，称为“抱龙”。治幼儿惊风、四时感冒、寒温风暑、瘟疫邪热、烦躁不宁、痰嗽气急，及疮疹欲出发搐。此丸排在家传秘方第一位，是万密斋家传常用之方。该药由牛胆南星、天竺黄辰砂、琥珀、牛黄、麝香、珍珠、白檀香、枳实、枳壳共为末，山药打糊为丸，如黄豆大，金箔为衣制成。如果是幼儿潮热，用灯心汤化下；幼儿惊风，用薄荷汤服下；幼儿咳嗽，就用白开水化下。

凉惊丸又名金花丸，诸热通用，适用范围广。其主要功能有退五脏热，泻心肝火，治急惊，解胎毒，如小便黄、大便秘、丹毒斑疹、衄血、口疮等。凉惊丸由黄连、黄芩、山栀仁、黄柏、大黄、龙胆草、雄黄、辰砂共为末，水糊丸，如粟米大，以竹叶灯心汤服下。如果是急惊风，就用薄荷灯心汤送服；胎热的话，用竹叶灯心汤送服；鼻衄出血，用茅花汤送服；丹毒斑疹，用升麻汤送服；口疮，用水竹叶、薄荷汤送服。

胃苓丸也是小儿常用药，随病更换。主要用于分阴阳，退潮热，止吐泄，消浮肿、黄疸，调脾胃，止便浊。由苍术、陈皮、厚朴、白术、粉草、猪苓、泽泻、白茯苓、草果仁、官桂等共为末，制成粟米大的水糊丸，一般用炒米汤送服。如果是呕吐，煨姜汤送服；如需调胃，用炒米汤下；如治白浊，用盐水下；如治泻泄，用炒米、车前草汤下；如治潮热，用水竹叶、炒米煎汤下；治浮肿，用长流水、灯心、五加皮汤下;治疝气,用茴香汤下;治黄疸,加茵陈五钱,用灯心汤下。万密斋还介绍他父亲常用的治疗方法和技巧:用胃苓丸正方治小儿发肿时,取流水一盏,加灯心,煎汤送下。此外每天午时,用五加皮煎汤,把小儿放在没有风的房内洗浴,洗后上床,盖上薄被,睡一觉,微微出汗为佳,像这样就能很快消肿,没有不见效的。

养脾丸又叫补脾丸,万密斋称该药消宿食、去陈积有神效,是家传补脾之圣方。因为1～7岁的小儿容易得伤食症,养脾丸正好对症,可治小儿脾胃虚弱、不思乳食、伤食癖积、面色发黄、呕吐泄泻、腹痛膨胀。养脾丸由苍术、厚朴、陈皮、砂仁、草果仁、神曲、益智仁、茯苓、麦芽共为末,制成粟米大的酒糊丸,一般用米汤送服。如果有呕吐症状,就煨姜汤送服;如脾胃虚弱,用米汤服下;如食积,用山楂汤服下;如腹痛,用茴香汤服下;如肿胀,用萝卜汤服下;如寒泄,用姜枣汤服下。此外,跟养脾丸同系列的平疟养脾丸和肥儿丸,也是万密斋家传的神方,前者专治疟,后者治幼儿食少瘦弱,气强壮但偶因伤食或大病瘦弱等症。

香连丸治赤白痢相杂,里急后重,由黄连、广木香、石莲肉组成。若是久痢不止,再加肉豆蔻一起碾成末,制成粟米大的醋糊丸,用陈米汤送下。万密斋还介绍了家传和中丸,称该丸专治久痢及疳痢,屡验不爽。和中丸成分中包含香连丸的成分,主要是人参、炙甘草、当归、川芎、车前子、猪苓、泽泻、神曲、麦芽、诃子肉、石莲肉、白术、白茯苓、陈皮、白芍、黄连、木香、干姜、豆肉蔻,共研为细末后,以酒煮面糊丸,成黍米大,用米汤送服。

雄黄解毒丸是至今都还在使用的药方。其主要作用是下痰去热,追虫打积,由雄黄、郁金、巴豆霜一起研为粉末,做成粟米大的米糊丸。如果痰涎壅甚,用竹叶汤送下;如治积痛,用茴香汤送下;如治缠喉风,用滚白水化开;如治虫痛,用苦楝子根白皮汤送下。

此外,十三方中还有治小儿风疮疥癣的胡麻丸,治小儿上焦积热、惊风壅滞、头目赤肿、咽闭、大小便赤涩及痰喘等症的神芎丸,治风壅、化痰利膈、清头目烦热、除咳嗽的玉液丸,治偏坠、膀胱疝气等的茱萸内消丸,治急慢惊风、夜啼的至圣保命丹,治小儿水泄的一粒丹,治小儿大人疟疾的斩鬼丹。

三、深刻教训,谆谆告诫

万密斋以治病救人、帮助病患彻底解决病根为出发点,总结出很多的教训,把一些日常生活或疾病过程中应注意的事项提出来,告诉同行、后人和病患,避免他们走弯路。他希望人们能以预防为主,“治未病为上工”。他为了让天下人顺利得到子嗣,博采诸书,著成《广嗣纪要》,后又编辑《育婴家秘》,不断积累经验和总结,从调理元气、保胎、护产到育婴四方面,尽量将求嗣之道总结得完备无缺。可以想见,他的这些经验心得,对那些急于求子的人来说,或者正在孕育子嗣的年轻父母来说,是多么难得和及时!他说:“二书之论并行而不悖也。有志求嗣者合而观之,笃信而守之,则桂子森森,厥后其昌矣。”

1. 对小儿的养护

小儿的病除了先天性疾患,大多是饮食寒温不当所致,因此父母和看护者在小儿饮食、穿戴方面的照顾十分重要,不能使之过饱或受凉。万密斋援引陈文中的“小儿宜吃七分饱”的说法,告诫父母要注意节制小儿的饮食,因为小儿自己没有判断力,见到东西喜爱,就想要吃,不知道控制,所以只有靠父母来把关。父母如果不知节制,放纵小儿不管,甜腻粑饼、瓜果生冷之类,任他尽兴吃,吃得肚腹饱胀,就可能出现积食、消化不良等疾病。这样的父母,看起来是爱孩子,其实是害孩子。

万密斋还告诫父母要注意不能让幼儿受到惊吓,以免其情绪紊乱。因为幼儿神气衰弱,猛然见到奇异的物件、陌生的人,或者是见到鸡叫狗咬、牛马斗架,或者是嬉闹过度,以及陡然听到有人大喊大叫、打雷放炮,容易受到惊吓,患上客忤惊痫之病。因为心主神,受惊则伤神,肾藏志,惊恐则失志,大人是如此,幼儿更易因此染疾。万密斋还详细地提醒父母一些注意事项:幼儿嬉戏时,不能指着一些绳索或棍条,吓唬孩子说“蛇咬”“虫咬”;幼儿啼哭时,不能让人假扮他害怕的人来吓唬他。现在有些家长,因为孩子怕打针或者怕老师,一旦孩子不听话或者哭闹,便吓唬孩子说“医生来了”“告诉老师”之类的话,以这样的办法来镇住孩子,却不知道这样可能会让孩子神志昏乱、心惊胆颤。

2. 痘疹养护

万密斋从无数个痘疹病患的治疗过程中明白一个道理:痘疹病患能否很快痊愈,人为因素很关键,即小心护理、注意情绪、遵守禁忌,这些都有利于痘疹的顺利消除,恢复健康。他说:“人们知道痘疹的危重,能持有谨慎忧惧之心,保持冷热适度,注意饮食,守住病患的禁忌,合理选择医生,痘疹就容易起发、容易收靥,就能由重变轻了。如此,虽然痘疹很可怕,但如果护理得当,不就是人能胜天吗!”所以人们不应当“谈痘色变”,而是要多加注意,谨慎对待。万密斋的这些告诫,无疑是在为人们战胜痘疹消除恐惧、增强信心。

万密斋还对患痘疹过程中需具体注意的事项进行详述。他提出在痘疹起发之初,应当避风,远离人多嘈杂之地,节制饮食,遵守病患的禁忌;在痘疹收靥前后,也要注意这些问题。万密斋怕人们不明理,掉以轻心,以为已经痊愈便懈怠放松,所以他提醒说:痘疮退下去之后,气血元气尚未恢复,在痘疹没有完全收靥时,还应该加以调护。此时,疹疮结痂,肌肉新长出来很娇嫩,不适宜洗澡,同时注意保暖,不要随意增减衣服,因为寒暑之气容易侵袭,致受外感。因为疮毒曾在体内肆虐,脏器俱有损伤,现在虽然毒已外散,但肠胃很脆弱,所以不宜吃生冷食物,不能过饱过饥,否则体内气虚,容易被饮食再伤。

女性患痘疹又不同于男性,有特殊情况需要考虑。万密斋认为,治痘疹始终要以养护气血为主,一旦气血不足就抵御不住痘疹病毒,所以女性在 14 岁之后出痘疹的,要注意因月经来潮而血走气虚,引起痘疹陷伏。

对于孕妇出痘,万密斋告诫帮助诊治的医生,切记始终要以安胎为主,不可犯动其胎。他专门记载了罗田县文学程文达的 20 岁女儿的惨痛事故,该女子出痘时怀孕 5 个月,因为庸医不明白治疗孕妇的禁忌,用了包含穿山甲、麝香的独圣散,致使程家一下损失了两条生命。万密斋将这个血的教训记载下来,就是为了告诫医生们不可再误人性命!

3. 慎药的告诫

上述关于孕妇治疗的例子,实际上也告诉我们慎药的重要性,一服不当的药下去,可能会丧失两条人命。所以,作为医生,用药一定要注意,尤其是女性、儿童，因为他们都有特殊情况，有需要专门注意之处。不仅在医生对病人开药方时要注意慎药，病人自己也不要乱服药，“是药三分毒”，一般没病的人不要服药，生病的人也不可过量服药，药到病除即可。

具体医案见前文“第二部分：故事篇”里“神奇医术”一节中“对症下药”部分，其中有“不轻妄用药”一项。

万密斋行医 50 多年，不断地为人诊病用药，积累的经验可谓丰富。他学有渊源，医学知识渊博，又有众多祖传的治疗方法和秘方，这些都有待于传给后代。而他又的确是个有心人，刚开始行医时就把祖传的治疗经验和自己的心得编成歌诀，供弟子后人学习；他后来著成众多医书，又将它们公之于世，改变只传给后代的初衷，没有私藏秘方。他的医学经验特别多，想说给世人的话也特别多，我们读他的医案和文章，能感受他谆谆告诫、金针渡人的善意。唯有心里始终装着病人，装着众人的健康，他才能如此赤诚，如此毫无保留！而他留下来的经验无疑是惠泽后世的医药百宝箱！

思考创新

当今是提倡勇于创新、大胆改革的时代，鼓励培养创新型人才，建设创新型社会，只有不断创新，锐意进取，一个人、一个国家、一个民族才能立于不败之地。创新如此重要，那么创新如何产生？其实，创新来源于人的思考和探索。通过开动脑筋，思考问题，想出办法，问题才能迎刃而解。只有思考，才有创新，才有出路。

作为明代鄂东的名医，万密斋高明神奇的医术并不是天生就有的，而是在实践过程中不断培养出来的。他除了善于向前人学习，系统掌握各种理论知识和实践技术之外，还不断积累经验，不断创新，不断思考，这样才练就了敏锐准确的诊断水平和药到病除的用药能力。

万密斋从一个民间医生成长为一代名医并不是一件容易的事，我们在读他的医案时，经常看到他写“吾思之”“静思旬日”“窃怪之”之类，这就是他困惑时苦苦思索、百思求解的表现,是他勇于质疑、善于变通的明证。我们看到,他能解决重大疑难杂症,并得到夸奖和赞美,基本上都是他努力思考的结果。善于思考是万密斋成功的一个重要原因。因此,我们有必要专门对万密斋通过思考而创新的情况进行分析,看他是如何成为一个良医的,从而获得一些启示。

一、积极思考,迎难而上

万密斋在家乡方圆百里渐渐有了名气,当人们遇到疑难杂症或久治不愈的病症,都会翘首盼望他来解决,但他在治病过程中也会遇到许多新问题,或是出现药不对症的现象,或是前代名家的方法没有疗效,这些情况没有现成答案,需要他积极思索、想方设法去战胜困难。万密斋的众多医案显示他的确是一位勤于思考的医生,他之所以被夸赞为"神医",也是因为他不死守教条、按图索骥,而是积极主动地迎难而上。

对"天赦日出生的人不出痘"的说法他就有所怀疑。据说,天赦日出生的人从小到老都不会出痘,很多人都相信这一说法,然而万密斋从一开始就认为该说法可疑,他结合自己的出诊经历,想到自己见过出红斑的人几天后斑就消失了,既不出痘,也没有陷伏,而且从此以后再也没有出过痘,这种现象和人们的说法有些相似。万密斋运用自己的医学知识,解释这种现象说:"痘是胎毒,胎毒在心就是斑,在脾就是疹,在肝就是水痘,在肺就是脓痘,因此斑疹、水痘、脓痘都是同一种类型,但是胎毒重的人,四种痘都会出,胎毒轻的人,只会出一种痘。"这么一来,"天赦日出生的人不出痘"的说法就得到了更合理的解释。

万密斋不仅敢于怀疑被他人普遍接受的说法,而且能够根据实际情况具体分析,不迷信传统药方和医学典籍,从而做出正确的诊断。有一则医案记载了他改变传统治法为罗田知县的女儿治病的故事。

罗田朱知县有一个女儿,还没满周岁就得了惊风病,知县赶紧召万密斋来治疗。万密斋先用治惊风的秘方——泻青丸,然而药不起效,孩子反而抽搐得更厉害了。在这紧要关头,万密斋立刻开始反思:莫非是喉咙里有痰而药末太粗,痰裹着药导致黏滞不能吞下?于是他改煎药为药汤,用薄棉纸过滤掉药渣后给孩子服下,一服药下去立马就见效了。朱知县非常高兴,赠给了万密斋“儒医”的牌匾。

另一则治疗惊风的医案更能体现万密斋的观察之细、思考之精。罗田县的富人胡淑卿的儿子得了惊风病,先请甘医生医治,用了泻青丸而没有效果,于是又请万密斋来治。万密斋暗自思考:泻青丸没有效果,那一定是药不对症。于是他仔细观察这个孩子的发病状况,只见孩子在昏睡,睡醒后就大笑一声,又发出猫叫声并开始抽搐。万密斋说:“难怪泻青丸无效,这不是肝病,而是心病啊。”用了一剂导赤散,孩子的抽搐便停止了。胡淑卿非常高兴,想要问问详细的原因,万密斋就给他解释说:“心属火,笑是火之声。火生在寅,属虎,猫叫是虎之声。心是君主,不可轻犯,小肠是其居所,用导赤散来泻小肠的火,那么心火自然平息了。”

万密斋视人之子为己之子,用深厚的情感去关心病人,不断思考根治病患疾病的方法,为病人除疾解忧。

二、借鉴前人,触类旁通

1. 查找医籍

思考不是无根之木、无水之源,有效的思考往往依赖于前人的经验总结,准确的诊断也往往需要医书经典的佐证。万密斋在教导学生时,都要求他们从《黄帝内经》学起,以打好基础。他自己在行医时,往往借鉴多种医书,反复对照,以准确找出病因。

一则给同乡人治痘的医案表现了万密斋能灵活运用医书。同乡人张国重有个儿子,痘靥时脸上的疮溃烂浮肿,脓水满溢,又便泄脓血,渐渐出现了厌食的症状,家人先请闻延南来,用治噤口痢的方法治疗,没有效果,于是请万密斋来看。万密斋先仔细观察了孩子的症状,发现是倒靥不是痢疾,然后思考,在痘科中,便脓血、结痂皮的人可以治好,喝水吃饭都不能消化的人就治不好了;而《伤寒论》里说,热积蓄在身体里,应当使他出脓血,不要急于医治,等到脓血流尽,病自然就好了。万密斋心想:这个病不会导致死亡,不能急着去医治。几天后,估计这孩子的脓血快要流尽了,万密斋就用四君子汤加白芍药、枳壳、黄连、木香为药方,孩子吃了一剂,后重除,痢稍稍止住,吃了第二剂就能够进食了,第三剂后连痘也收靥了,真可以说是药到病除。

2. 触类旁通

思考,要求我们有举一反三的能力,只有触类旁通,我们的创新之路才能越走越宽,在医学上也是如此。很多病症是前所未见的,需要我们用医书中的理论加以推导,开拓出新的研究方向;相似的病症,则需要我们加以辨别,在原配方的基础上对症改方。万密斋苦读《黄帝内经》《神农本草经》《难经》等医学经典,将理论应用到实际病症之中,又常常将一种治方运用到多种病症中。依靠这样一种积极的尝试方法,万密斋扩大了医学经典的力量,多次改进药方。

《难经》中有五邪之论,认为本脏自病的人是正邪,自前来的人是实邪,自后来的是虚邪,自所胜来的是微邪,自所不胜来的是贼邪,这是用五行生克的理论来解释的。钱氏所说的肝主风、心主惊、脾主困、肺主喘、肾主虚,这些都是本脏自病的情况,称为正邪,因此要用五补六泻的方法来医治。金元的医学大家张元素用《难经》里的这些记述来说明五脏传变的情况,以补充钱氏没有讲到的部分,使之完备。张元素提出了治五脏的方法,认为肝脏自病的人,只治肝,应当用泻青丸;如果是心乘肝的人,应当用导赤散泻心火;肾伤肝的人,要用姜配四逆汤补肾;肺传肝的人,应当用泻白散泻肺、地黄丸补肝,这是先泻后补;脾乘肝的人,应当用调元汤来益脾制肝。万密斋仿照这种方法进行诊断用药,不拘定法,而是以意会通,运用到其他病症上。

为王小亭的儿子医治腹痛的医案体现了万密斋的思考方式。王小亭的儿子是胡二溪的女婿,曾得了腹痛病,委托万密斋为他治疗。万密斋给他服用安虫丸,取出虫子后,用火烧掉。后来病人胃脘当心而痛,又请万密斋来治。万密斋用草豆蔻来治却没有生效,因此心里十分奇怪:“我治了三天都没治好,这是什么问题啊?”于是用手按摸,问病人痛在哪里,可是手一碰他就喊痛,便不敢接近,万密斋顿时醒悟:“我诊断出错了,难怪药没有生效。凡是腹痛手可以按的,都是虚痛;手不能按的,就是实痛。实痛不是积就是痰,因此手不能按。”于是按症取药,以姜汤喂给病人药丸，痛就转移到了脘，继续喂给药丸，痛转移到了小腹，再喂药丸，终于病人痢下黄涎半碗，病也好了。

3. 大胆尝试

万密斋不仅能在思考病症时积极创新，而且能够在行医时小心求证、大胆用药，从而攻克了不少疑难杂症。前文提到的万密斋为庠生胡逸泉治病的医案就充分体现了他的实践精神。胡逸泉周岁时得了水泻病，万密斋见他身形消瘦，面色惨白，时值盛夏身上的汗却凝结了，皮肤干燥，头发结穗，略带后重，就诊断出这是气血虚弱的症状。于是按药方来治，补中气，利小便，升举其阳，固涩其滑，依次进行调理，却一点效果都没有。家人慌忙问：“这该怎么办啊?”万密斋说：“我也快没什么办法了，只有一种疗法还没有用。”于是用治疳泻的方法，把人参、白术、白茯苓、甘草、陈皮、山药、当归、莲肉、砂仁、诃子肉、豆蔻、黄连、木香、干蟾研成粉末，以神曲糊丸，让病人用四君子汤送服。病人服下没两天，皮肤就湿润了，还出了点汗，又过了一天，头上出了红疮，小便也变多了，五天后泻止了。此后再用参苓白术散做成药丸，为病人调理，不久痊愈。

4. 深入钻研

在行医时，万密斋常常会碰上一些医书上没有相关记载又和平常的医理相悖的“怪病”，或者是妇女、婴儿等特殊病人，这时万密斋就会从患者的特殊症状入手，深入分析病症的形成原因，从而做到对症下药。

万密斋分析病因时往往能想同行所未想，这也是他的成就能够超出其他医生的原因。同乡的庠生余光庭 19 岁时出痘，万密斋与韩凤岐一起为他治疗。十天后痘成脓，快要收靥了，病人突然开始咳逆，脉象“促而代”，万密斋对韩凤岐说：“咳逆是恶症，促代是怪脉。痘疮是顺症，痘饱满明润，为什么会出现这种脉象和痘症相反的情况呢?”韩凤岐也十分忧虑。万密斋想：咳逆有 3 个症状，胃寒、水逆、胃败，都和这个病人的症状没什么关系。医书上说“诸气逆冲皆属于火”，那么这可能是火气炎上的症状。万密斋问：“病人这几天有大便吗?”家人说：“从出痘到今天，7 天都没有更衣。”万密斋了解到没有解大便的情况后，分析说：“燥屎壅塞，下窍不通，毒火炎上，从上窍出来，因此会咳逆。促代的脉象，是由于咳逆,气逆脉也逆。”于是他用猪胞作引导,用竹筒做导管,取出燥屎,病人的咳逆就停止了,脉象也平稳了。

古代对女性的医治比男性要复杂许多,因为既要考虑到女性的许多特殊情况,还需要守“男女授受不亲”的传统观念,而万密斋仍能在妇科的诊治上取得突出的成就,这与他深入钻研是分不开的。万密斋长子邦忠的媳妇 18 岁时出痘,到了成脓时经水忽行,排出了很多血块。万密斋的夫人钱氏跟万密斋详细说了儿媳的病况,不到一天,儿媳突然失声,问她话她也只是摇头流泪。家人们都十分担心,只有万密斋还在苦苦思索。他心想:痘疮变黑归肾,确实会有突然失声的症状,如今痘已经成脓,饱满红润,为什么会有这种逆证呢?思考了很久后,万密斋喊来邦忠说:“不要慌乱,我已经明白了!《内经》说‘妇人重身九月而哑者,少阴之脉不荣于舌也’,少阴指的是心,心主生血,疮都归属于心,疮毒的火从心内生出,迫使血下行,因此来了经血。舌头是心之苗,血离开了心就空虚了,无法上荣于舌,因此舌头萎缩而突然失声。”找到了根本原因后,万密斋把生血散去掉五味子,加当归身、生地黄给儿媳服下,不久儿媳情况有所好转,之后又用十全大补汤加麦门冬让儿媳调理身体,儿媳不久痊愈。

第四部分:成就篇

著书立说

万密斋不仅医术高明、医德高尚，还潜心研究医术，不断积累经验，写出了众多著作，因而远近闻名。这些著作是对前人医术的继承和扬弃，也包含自身的创新，在医学发展史上具有重要的地位。在当时万密斋的著作就广泛传播，为医生和病人提供良方，治好了当时的多发病——痘疹，挽救了无数人的生命。清代康熙年间为万密斋刊刻书籍的张坦议评论道：“独万先生密斋全书，凡数十余卷，其类多，其理赅，其辞达，而著之为方者，试无不应，应无不神。余尝逐卷精研，细心体认，历有年所，始能窥探先生之秘蕴于万一。真寿世保元之珍，男女居室之所不可须臾离者。老耆得是以寿终，幼孤得是以遂长，先生之仁及天下后世者，其功为何如!”他充分肯定了万密斋医书的价值，视之若珍宝。

万密斋前后共撰写著作16部，其孙万机补辑1部，共17部。16部之中，包括万密斋在嘉靖二十八年(1549年)以前即他51岁之前所撰写的6部早期著作：《素问浅解》《本草拾珠》《伤寒蠡测》《脉诀约旨》《医门摘锦》《保婴家秘》。根据这6部书的书名及“日录所见，积久成帙”等语推测，前4部书是他学习中国古代四大医学经典时的心得体会，或者是对某些观点的见解。《素问》是医学经典《黄帝内经》的一部分，是万密斋学习医学理论的必读书，他将自己对该书的心得谦虚地称为“浅解”；对于药物学的经典《神农本草经》，他从中获取颗颗有益珍贵的“珍珠”，作有《本草拾珠》；万密斋认真研读中医临床的重要经典、汉代张仲景所著的《伤寒杂病论》后，感觉遨游在浩瀚的大海之中，写成《伤寒蠡测》；对于《脉经》，万密斋选择习读相对浅显易懂的、高阳生所撰写的《脉诀》，写成了《脉诀约旨》。第5部《医门摘锦》是万密斋摘录著名医师诊断、治疗方法和著名医案的合集。第6部《保婴家秘》则是万氏家传幼科经验和万密斋自己的实践总结。这6部著作写成后，万密斋自以为诸书并不成熟，怕自己见识浅薄、坐井观天，“不敢以自售买笑”，所以这6部著述并没流传开来。

而万密斋的医学著作流传至今并经过整理得以出版的有《万密斋医学全

书》,包括《痘疹心法》《养生四要》《万氏妇人科》(也称《万氏女科》)《伤寒摘锦》《育婴家秘》《幼科发挥》《保命歌括》《广嗣纪要》,共 8 部。在清代出版的万氏医书中,一般还包括《片玉心书》《片玉痘疹》,共 10 部。下面我们分类概述。

一、痘疹医书,痘科指南

万氏医学以幼科鸣世,称为“万氏小儿科”,而当时幼科的第一关便是痘疹关,所谓“方脉之中,婴儿最难保,婴孺之疾,痘疹最酷,不敢自用自专”,因此万密斋攻克难关,挑战痘疹病毒,并撰写痘疹医书。他的痘疹医书有《痘疹心法》和《片玉痘疹》两部。

《痘疹心法》是万密斋最主要、影响最大的痘疹著作,它由《痘疹世医心法》和《痘疹格致要论》组成,二书分别于嘉靖二十八年(1549 年)和嘉靖三十一(1552 年)年撰写完成,合称《痘疹心要》。万密斋自序道:“考诸前言往行,广询博访,不拘偏见迂说,务约于中,间亦附己意,著为《痘疹心要》,凡三易稿。”该书有三个版本,即嘉靖年间、隆庆二年(1568 年)和万历七年(1579 年)分别刊刻的嘉靖初本、隆庆改本和万历定本,前两次名为《痘疹心要》,后一次更名为《痘疹心法》。该书由成书到最后刊定,前后经历了整整 30 年。

1. *嘉靖初本《痘疹心要》*

《痘疹世医心法》,由最初的《痘疹骨髓赋》《西江月》和《世医心法歌括》等篇构成,共 10 卷,是万密斋早年的行医著作,在嘉靖二十八年(1549 年)写成。当时,万密斋将实践后的万氏祖传的痘疹治法和前代名医的治痘方法进行总结,采用俚语、俗语或歌括形式来教导儿子们行医实践,“以教诸子”。万密斋在《痘疹世医心法》的自序中写道:“惟痘疹一科,钱氏用凉泻,陈氏用温补,立法不同,执偏门之说者无以白二先生之心,先子为吾剖析发明:‘仲阳之用凉泻,因其烦躁、大小便不通也;文仲之用温补,因其泻渴、手足冷也,虚则补之,实则泻之,所谓无伐天和,无翼其胜也。’吾谨识之,但遇斑疹,如教施治,多所全活,乃叹古人立法之善、先子用法之精,非滞隅之能及。如是搜辑家教,汇成歌括,命曰《世医心法》,用寿诸梓与天下后世共之,庶先子之仁术,与钱陈二家同芳,不徒泯泯已焉耳。"他力图继承前代名医钱乙和陈文中的治痘之法,并宣传家学,传之后世。

《痘疹格致要论》写于嘉靖三十一年(1552年),共11卷。万密斋在《痘疹格致要论》的自序中写道,他家先世以小儿科闻名于世,父亲对他寄予了很大希望,让他从事儒学,以振兴家门。但父亲去世后,他孤立无援,闲暇时就研读父亲的医方和训导,对于残酷的痘疹他最为留心,细心了解古人论治的异同,仔细探寻其中的奥秘,发挥新意,得出痘疹源于胎毒、痘疹与肾的虚弱紧密相关等结论,发前人所未发,"古人论治略相异同,怪其教外有别传也。沉潜秘旨,发挥奥义。如胎毒之论,归肾之辨,皆昔人所未及者。笔而成帙,自愿痘论至药性,凡十一卷。"

万密斋在《痘疹格致要论》的自序中称"胡子三溪、肖子楚梧、万子宾兰,见而说之,强予梓刻,命曰《格致要论》。予不能咈,并《世医心法》付书肆刻之"。有人将《心法》和《要论》两书进行比较,认为二者缺一不可,尤其是《要论》,辨证立论,思想性强,更加重要,所谓"《要论》为本,《心法》为末,辨证立论,钩玄造妙,灿然列参商焉,实痘家之活人手段,而盐梅可玩可味之书也",二者紧密相关,如双璧辉映。

尽管在朋友的劝说下万密斋有意刊刻医作,但最终都没能付梓,只是以抄本的形式,在小范围内传抄流行。但是嘉靖时期,万密斋的痘疹书也有刊本,那就是赣本,在江西赣州刊刻的版本,不过署名不是万密斋,而是黄廉。这是怎么回事呢?原来当时邻县蕲水的医生黄廉,得到万密斋的书稿后,避人耳目,携稿南行,来到赣州,得到当时江西巡抚陆稳的帮助,为他梓刻此书,书名《痘疹全书》。后黄廉随陆稳到湖州,借其威望行医,而万密斋的痘疹和儿科方剂非常有效,让黄廉赢得了当地人的信任。黄廉是如何得到书稿的呢?黄廉的这一剽窃行为,万密斋知道吗?万密斋在《〈痘疹心要〉改刻始末》中进行了揭示:"乃吾长男邦忠私授喻朝宪,宪授于王濂,王濂得之以为己述,刻于赣州军门。"万密斋此处将黄廉名呼为"王濂",大概是谐音"忘廉",忘记廉耻之意吧。不过,万密斋的书没有梓刻,影响有限,黄廉虽然是剽窃,但万密斋的书籍经此传到了江西和江浙一带,让众人受惠。

那么赣本的主要内容是什么呢?当时赣本也很齐全,基本囊括了万密斋早年的著述,包括《痘疹骨髓赋》《西江月》《世医心法歌括》和《痘疹格致要论》。

2. 隆庆改本《痘疹心要》

此本包括《世医心法》12 卷和《格致要论》11 卷,以及由《痘疹骨髓赋》更名的《碎金赋》2 篇,是在嘉靖本的基础上略作修改的万密斋痘疹著作的第二稿。《世医心法》12 卷,其中前 10 卷与嘉靖初本相同,最后 2 卷《古今经验诸方》为方剂,疑为新增加的内容。

该本为抚治郧阳的右佥都御史孙应鳌所刻,故称为郧本。孙应鳌在湖北,初为湖广右布政使,后又巡抚郧阳。万密斋在众医束手无策的情况下救活了他的女儿,孙应鳌与之交谈后发现万密斋不仅医术高超,而且学识渊博,学有本源,于是决定帮他刊刻医书。孙应鳌为《痘疹心要》作序:"隆庆纪元,予辖楚藩。以女病诸医用药皆不效,闻罗田有万生疗小儿有神验,亟延至之。命之诊治,女病果愈。予政暇时与万生卮谈,乃万生非如他医,但了一方一脉自售其术……万生著有《痘疹心要》一书,予为梓之,俾表见于世。"

郧本是万密斋医书的第一个刻本,是万密斋痘疹医书的第二稿。此本的影响较大,孙应鳌的地位、威望及诚恳的褒奖誉词使万密斋的痘疹书插上腾飞的翅膀。此后,"黄州守孙公怀堂又取郧本刻之,载归四明",这是依郧本的重刻,内容没有改动,但是孙怀堂将之携至浙江四明,医书的影响力更为广泛,不仅仅局限于湖北了。

万历时期吴门的陈允升依据郧本校订、重刻了《痘疹心要》,他在序言中高度评价该书:"其辨证最核而参方最精,根极于《素》《难》微旨,而人人可以与知,是痘科指南也。携归四岁,而少女痘发,恶候并见,医莫措手,余但按是书扶起之,则益敬重若神人授矣。"他参照该书治好了当时医生都无能为力的他女儿的痘疹,于是对此书备加珍视,视若神仙所授。

万历时期的赵烨在刊刻该书时作《赵烨校书序》称:从事儿科治疗非常难,痘疹治疗则难上加难,几日之内,则性命攸关,而"痘疹书之传于世者,或略而未详,或偏而执一,倖而成功者固有,拘而夭折者亦多。若夫缘标识本,即始见终,补泻温凉,塞通汗下,随症通变,因时制宜,未有若《痘疹心法》之明且备也。是集也,乃罗田万密斋所著,以通儒而精医,因获效而取刻"。他认为万密斋的痘疹书较之其他医书要实用、简明、完备,按方投剂,疗效明显。

万历时期的曹璜在《读〈痘疹心法〉纪事》中更加肯定该书的价值,夸赞它是"宝谟大训",他写道:"书不数卷,而所载痘变症以数百年,方以千数。其症各为款,款各为歌,断以虚实,折以天道,合以人事,缀以方药。其病无定症,证无定法。其道依于时,变合于俗,法宗于古,方准于旧。其持论简而不繁,变而不执,明而不晦,多而不乱,要而可循。凡痘疹家所不经见之症,无所不收,犁然而可辨。"他指出该书方剂多,应对各种变证,简而不繁,他甚至推崇该书是人们的依靠和必需品,不可或缺,如同衣食须臾不可缺,如同夏天的凉风、冬天的暖阳、大旱的甘霖。

3. 万历定本《痘疹心法》

万历七年(1579 年),万密斋在改本《痘疹心要》的基础上又做了一次修订,仍名为《痘疹心要》,为了不至于与隆庆改本相混,后人称之为《痘疹心法》,这是万密斋在 81 岁高龄时完成的最后定稿。万密斋年逾八十,对自己的著作寄予了传世的希望,力图补足初本"未尽之证、未立之法",再补上行医的医案,使之更加丰富完备。万密斋在《〈痘疹心要〉改刻始末》自述:"今本吾因刻过《世医心法》,尚有未尽之证、未立之法,缺略颇多,未为全书,况吾历年已老,尝事且久,故取其往日所治之证、经验之法,因案以立括,因括以附案,补其阙略,凡百余条,非曰尽之,如有未备者,以俟后之君子。"万密斋在 51 岁写成《痘疹世医心法》,到 81 岁《痘疹心法》万历定本完稿,他集 30 年之心血,给后世留下了一个传世珍品。

万历定本《痘疹心法》由《世医心法》12 卷与《格致要论》11 卷合成,《世医心法》以彭端吾刻本为代表,此书除去赵烨医案,其余文字最接近万密斋原著;《格致要论》以《万密斋医学全书》中的《痘疹心法》(23 卷本)1—11 卷为代表。万历定本汇成歌括"凡百九十四首",比隆庆改本增加了歌括 44 首,又新增万密斋医案 130 则,新增附方 18 方。万历本篇目与隆庆本基本相同,仅有少量增补,此外,某些小节的文字亦有所增减。

此本大受欢迎,后来又经过几次重刻,广泛传播。此后不断有人对《痘疹心法》给予高度评价,并一次次重刻翻印,加以宣传推广。

万历十六年(1588年),丁此吕在《重刻〈痘疹心要〉序》中,称赞该书是"以本源胜,非如世之一方一药为奇者可同日语也"。

该书传到日本,著名的汉方名医名古屋玄医为《痘疹世医心法》作跋:"世称痘疹书者许多,然不若此书之本仲景、河间、东垣、丹溪、钱、陈二氏等,又搜辑群书,痘疹一科无遗,简而要……阅此虽若无所发明,初学者因兹知痘疹之始终、善恶顺逆之名目,而参详审谛,则岂不有一旦豁然哉!然则疮家之一助也,故书与焉。"充分肯定该书渊源有自,内容全面,简要实用。

张鹤鸣《刻〈痘疹心要〉后序》中说,他阅读了该书,感叹这是一本便于治病救人的"仁书",虽然朱丹溪、李东垣等名医的著作俱在,但是痘疹病症千变万化,不能拘泥于一方,而要务神其意,灵活运用;而该书治方完备,简单易行,便于应用,所谓"穷本源之妙,析症候之微,歌章便诵习而不忘,方类易检阅而可据",不仅医生们据此施治,而且爱子心切的父母都可以按方投药,无不奏效。

《痘疹心法》的神奇效果,亦经过多人试验后证实。秦大夔在《重刻〈痘疹心要〉引》中称:在痘疹流行时,众多医生都望而却步,他从侄儿手中得到该书,急忙拿来为诸孙治痘,检方制药,到了预定日期果然病愈,真是神来之药!

万密斋的痘疹著作,除了《痘疹心要》以外,还有《片玉痘疹》,共13卷,在万历七年至十年(1579—1582年)方才成书。该书和《片玉心书》同为万密斋生前定稿的最后两部著作。但此书的前身,却是嘉靖年间万密斋为教导他儿子学医而编写的《痘疹碎金赋》及《痘疹西江月》。万密斋在《痘疹碎金赋》后说:"嘉靖丙午,予尝手作小儿及痘疹赋、西江月,以教豚犬。"这里所说的"小儿及痘疹赋、西江月",就是当年万密斋教诸子学医用的教习本,这些词赋的底稿都是当年撰成的。这两种教习本最初只在诸子和弟子间流传,后逐渐传播到社会上,先后产生了多种内容稍有不同的传抄本。

二、儿科著作,治病指南

1.《广嗣纪要》

该书成书于隆庆六年(1572年),通行本为16卷。现存最早的16卷本,为顺治年间的万达刻本《万氏家传广嗣纪要》。

广嗣，就是繁育后代。在古代中国人的思想观念中，“不孝有三，无后为大”，子嗣不绝、人丁兴旺往往为人所向往。因此，生育后代、繁衍子嗣就成了一个家庭的首要任务。

作为医生，万密斋对子嗣问题非常重视。他先在《万氏女科》中分“种子”“调经”“胎前”“产后”四部分论述妇女怀孕生产的问题，然后撰写《广嗣纪要》，全面论述繁衍后代之事，再作《育婴家秘》一书，讲述如何养育婴幼，促其健康成长。

在优生的问题上，万密斋不仅从个人修养、伦理道德方面论述如何优生，而且从生理、医学方面讲述优生的技巧。万密斋强调：“一曰修德，以积其庆；二曰寡欲，以全其真；三曰择配，以昌其后；四曰调元，以却其疾；五曰协期，以会其神。遵而行之，有子之道也。”既要重视修德寡欲，又要调元协期，这才是“有子之道”。《广嗣纪要》一书 1—3 卷讲伦理问题，即修道、寡欲、择配；4 卷讲调元；5 卷讲协期，论述优生和种子，与《万氏女科》“种子”篇相似；6－14 卷论述胎前诸证，与《万氏女科》“胎前”篇相似；15 卷为育婴方论；16 卷附幼科医案 71 则。

当时黄冈的李之用在《〈广嗣纪要〉序》中高度赞扬此书：“《纪要》者……为愚夫愚妇之知能，又能为贤智者之巧取。详哉乎其言之矣！若乃修德、寡欲诸篇，冠诸卷首，常观德之不修，孔圣犹忧。寡欲、养心七篇攸载，其义正，其说严，其际实，其感疾，盖不徒以方术诱人而使之趋。……为人子者，倘得是说而持之，以此嗣亲，庶几其有永乎？将生生之说长已，是不可以不传也。”《广嗣纪要》因人之理，顺乎造化，辅以人事，顺乎自然规律。所写道理和方法，义正辞严，不以方术诱人趋从，使孝亲不忧，子孙生生不绝。

2.《育婴家秘》

在完成《广嗣纪要》两年之后，即万历二年（1574 年），时年 76 岁的万密斋又完成了关于养育婴幼的《育婴家秘》。两书在逻辑内容上一脉相承。

万密斋也认为这两书关系密切。他在编写《广嗣纪要》时，列例十条：一修德，二寡欲，三择配，四调元，五感孕，六保胎，七护产，八育婴，九风水，十祈祷。这十条可以说将求嗣之道推求得十分完备。现在集《育婴家秘》，又分四目：预养、胎养、蓐养和鞠养。所谓预养就是《广嗣》中的调元之意,胎养即保胎之道,蓐养即护产之法,鞠养即育婴之教。两书内容连贯,并行不悖。《育婴家秘》从育婴的角度出发,总结出“育婴四法”,而这四法也是从《广嗣》中的“广嗣十条”里分类、延伸出来的。广嗣以“生”为主,育婴以“养”为主,“生”必仰赖父母,故《广嗣》中主要论述妇人胎前与临产诸证,以实现优生;“养”则重在小儿,故《育婴家秘》中主要论述小儿从初生到发育成熟间的各种疾病证治,以实现优育。

我们知道,万密斋早年将万氏家传小儿科的经验写进了《保婴家秘》一书,该书是万氏家传小儿科的代表作,凝结了三代人的心血。书成之后,迅速流传,远至闽越等地,在社会上产生了较大影响。但我们现在为什么只见到《育婴家秘》而见不到《保婴家秘》呢?其实,后者的基本内容应该融进万密斋晚年著作《育婴家秘》中了,还有一部分内容则融进了《广嗣纪要》和《片玉心书》之中。

3.《幼科发挥》

万历七年(1579年),万密斋又完成了一部儿科著作——《幼科发挥》。当时《育婴家秘》“已流传荆、襄、闽、洛、吴、越间”,“万氏家传小儿科”名声渐起,影响较大。万密斋本着精益求精、推广运用的责任心,再次将万氏祖传及自己实践得来的治法进行精选,同时阐明医理医意,附以医案方剂,使读者清楚明白,从中受益。他“又著《幼科发挥》以明之者,发明《育婴家秘》之遗意也”,即《幼科发挥》是对《育婴家秘》的补充和发挥。

《幼科发挥》流传至今一共有3个版本:第一是《万密斋医学全书》本,由万达刊刻;第二是日本元禄、宝永刻本;第三是在前两版流传过程中形成的增订本,一般分为4卷,主体内容与前两版一致,只在首尾增加了若干内容。

万达本的《幼科发挥》分上、下两卷。附录主要是医论文章,万密斋提出了很多自己的创见,如《形气发微论》《原病论》和《小儿正诀指南赋》,还有一些诊断歌诀。

万密斋在本书中提出“治未病”的思想,他说:“所谓上工治未病,十得十全也;中工治初病,十全六七。”及早预防,治愈率可增加三四成,强调了预防疾病的重要性。

万密斋在本书中发展了五脏证治学说。脏腑辨证始于钱乙的《小儿药证直诀》，强调“五脏平和则病不生”；《幼科发挥》以钱乙“小儿五脏主病”理论为基础，以五脏为纲，病症为目，用五脏各自主证、兼证、所生病分别统领具体病症。对于小儿常见病、多发病的病因病机，该书提出：急惊风有外、内和不内不外 3 种原因。万密斋还进一步完善了小儿病理生理理论，提出“三有余四不足”之说。

日本的学者市邨专阉在《新刊〈幼科发挥〉跋》中对该书有中肯的评价：“如万氏之《幼科发挥》，举其论也不烦，立其方也不繁，而发前哲之未发，以喻后学之谬迷，且悉其所经验，而始不舐古人之涎者也。溯诸古而无不合者，试诸今而无不效者，实小方脉家之秘宝也。”他认为相比于其他的幼科书，《幼科发挥》简要明白，多有创新，不拾前人牙慧，为后学指点迷津，合乎古代医理，治法又无不效验。

清代康熙年间的郑玫在《〈幼科发挥〉序》中也高度评价该书是“一壶千金”，他呼吁道：“诚得是书而疗人疾，按症检方，观其寒热虚实而施温凉补泻之剂，有不应手而愈者乎？则凡业幼科者，不可不精习此书，以保全赤子。而穷乡僻县，亦宜家藏一卷，以备缓急之用。”

对于万密斋而言，完成《幼科发挥》标志着他的儿科成就达到一个巅峰，因此在完成之后，他不仅总结了自己在儿科方面的三部曲，还总结了万氏儿科的成就和地位。在《叙万氏幼科源流》中，他讲述万氏幼科的源流：他的祖父杏坡翁，在江西以幼科闻名，是万氏儿科的第一世；其父菊轩翁，继承祖志，迁来罗田，娶妻生子，他的医术大行于世，使万氏小儿科远近闻名，是万氏儿科的第二世；父亲去世后，万密斋认为自己有责任光大万氏儿科，使之传之后世，所以，他在有余力之时，搜集、整理、编写和总结父祖相传的经验和秘诀，写成《育婴家秘》，留给子孙，是为万氏儿科第三世。后来万密斋又著《幼科发挥》，以“发明《育婴家秘》之遗意”，进一步补充、完备万氏儿科体系。

4.《片玉心书》

《片玉心书》共 5 卷，成书时间在万历七年至十年（1579 年—1782 年），与《片玉痘疹》一起，是万密斋生前定稿的最后两部著作，均未梓刻。

《片玉心书》主要介绍治疗儿科病的临床经验。卷 1—3 总论儿科病的诊断、治法，较有特色，并附歌赋和望诊图；卷4—5记述胎毒、变蒸、惊风等32类疾病的诊治。该书内容简明，切于实用，现有多种清刻本、《万密斋医书十种》本，1949年后出铅印本。

《片玉心书》的前身是万密斋早年所作的为教导诸子习医的“小儿赋、小儿西江月”，是教习的教材，采用歌赋的形式，便于记诵。早年的教习内容有痘疹部分、儿科部分，后分别编入《片玉痘疹》和《片玉心书》中。今《片玉心书》中还有《活幼指南赋》《慈幼儆心赋》及各门病症的西江月。万密斋在《痘疹碎金赋》的题跋中说：“嘉靖丙午，予尝手作小儿及痘疹赋、西江月，以教豚犬。”

值得注意的是，《片玉心书》与上述儿科诸书的内容有部分重复，因为万密斋在撰写《广嗣纪要》《育婴家秘》和《幼科发挥》时，不同程度地使用了儿科教习本中的相关内容。

5.《幼科指南》

《幼科指南》约成书于万历四十年（1613年）或稍早时候，由万密斋的孙子万机编撰而成。严格说来，《幼科指南》不是万密斋所著，但它包含了万密斋家传的一些儿科内容，从体系上来说，属于万氏儿科体系。

万机是万密斋四子邦治之子，邦治医术在诸子中名列前茅，颇受父亲信赖。万密斋在最后的时光里仍在修改此前的著述，最后的两本是《片玉痘疹》和《片玉心书》，书成后并未梓刻，而是藏于家中，但有抄本在世上流传。万密斋去世后，他的孙子万机继承家绪，重新修订《片玉痘疹》抄本，增补《痘疹始终验方》及《痘疹始终验歌》各一卷，分别编入原抄本的第3卷和第4卷，合为《片玉痘疹》13卷，然后取《片玉心书》，加上自己读书与临证所得，删订后编成《幼科指南》4卷。

万密斋的五世孙万达在顺治年间刊刻《万氏全书》时，将万密斋晚年的“片玉”两书纳入其中，但并未将其祖父万机整理的《幼科指南》编入，可能是因为其内容与前两书有所重复，也可能书稿已经遗失。今可见最早的《幼科指南》的刊本为康熙末年郑翥校梓的《静观堂校正幼科指南家传秘方》，共4卷。

三、内科杂病,亦有涉猎

1.《保命歌括》

《保命歌括》写作时间不早于隆庆四年(1570年),第33卷中记载有万密斋为郧阳府治都宪武公治病的医案,据此推断,《保命歌括》的成书时间必在隆庆四年二月之后。

《保命歌括》共35卷,前33卷分论内科杂病,即中风、中寒、伤寒、中暑、湿病、内伤病、瘟疫、气病、血病、痰病、火病、郁病、虚损、脚气、痿痹、疝气、咳嗽、哮喘、霍乱、呕吐吞酸嘈杂、泄泻、痢疾、疟疾、痞满、胀满、肿病、集聚、膈噎、头痛头风头眩、心痛、腹痛、胁痛、大小二便秘;后2卷为养生方与医案。末卷医案共22则,所记为嘉靖、隆庆年间事,时间最晚者为隆庆二年“蕲水县监生李少华”案和隆庆三年“郧阳府治都宪武公”案。

该书采用歌括的形式,论每一种杂病时都用歌赋的形式将其概括,然后叙述该病病理如何形成,并介绍治疗该病的多种药方,所涉及的病症多,故而该书是万密斋著作中篇幅最长的一部。

2.《伤寒摘锦》

该书写于隆庆三年(1569年),分上、下两卷,是万密斋研究《伤寒杂病论》的著作,也是万密斋研究伤寒学理论的著作,它的主要学术思想有两点。

一是阐述六经形证。宋代朱肱倡言六经即是三阴三阳经脉,自此以来,有关六经名实问题,诸子争鸣,各言其是,或云经界,或谓气化,或言形证,难概其全。而万密斋却以整体分析的方法,融脏腑、经络、气化于一体,从人体统一性来概述六经形证。他吸取了朱氏六经经络学说的精华,摒弃了其伤寒传足不传手之说,并认为脏腑经络为一有机整体,六经形证当以脏腑经络参合而论,其见解确有高人之处。万密斋还继承金元医家刘河间首倡的“六经气化说”,将经络、气化参合而论,复证以三阳关系,别有旨趣。

二是阐释六经传变。六经传变之论,滥觞于《内经》,认为太阳、阳明、少阳、太阴、少阴、厥阴六经依次传递,揭示了外感热病发生、演变的规律。万密斋承秉其旨，大大发挥了六经传变理论，有很多创新点。

四、妇科著作，济阴通玄

中医的妇科从内科中派生，而妇科又派生出儿科。万氏以儿科闻名，那么对于儿科的母科——妇科也相对精通，因此在妇科上多有建树。万氏妇科最重要的著作是《万氏女科》，又名《万氏妇人科》。

《万氏女科》写于隆庆五年(1571 年)，万密斋时年 73 岁。全书共 3 卷：卷 1 开篇有"立科大概"和《济阴通玄赋》，接着是调经和崩漏、种子章，涉及妇科杂病；卷 2 为胎前妊娠诸病；卷 3 为产后诸病，并有附录一章，收录了 18 种方剂，是治疗各种妇科病症的汤剂方药。全书内容比较简要，切合临床实用。

《万氏女科》是在《保命歌括》的基础上"再立以科"撰成的。之所以专立女科，是因为除了男女共同的"外感内伤之证"，女性需要一些特有的"调经、胎前、产后之治"。万密斋总结女性特殊病症的规律时说，大抵"调经专以理气补心脾为主，胎前专以清热补脾为主，产后专以大补气血行滞为主"。《济阴通玄赋》作为女科的概论，共有 8 条，采用歌赋形式，论述女子在胎前胎后的一些症状、原因及治疗原则等。

《万氏女科》有 2 个版本系统，一是《万密斋医学全书》本(3 卷本)，现存最早的是万达刻本；二是在 3 卷本流传过程中形成的一个增订本(4 卷本)，有人在卷首和卷末增加了一些医方，现存最早的是裘琅氏校订重刊本。

《万氏女科》一经刊出，大受欢迎，后来又有几次重刻。清康熙五十三年(1714 年)，刊刻《万氏女科》的西昌裘玉声在《裘氏原叙》中称此书为"寿世之金科"。他说："《万氏妇人科》即楚黄罗邑万密斋先生所著之《济阴编》也。其书于妇人一道，自调经以迄产后，条分缕析，洞悉原委。虽穷乡僻壤，罕遇良医，但能别其句读，明其意义，按方剂药，亦可立起沉疴，真寿世之金科也。"此后，重刻该书的郭梦龄写《郭氏新叙》，讲到万密斋学问淹通，精深医理，所写《万氏女科》脍炙人口，但该书在传抄翻刻过程中失却原貌，他于是将该书重新考订、更正并刊刻，以不负万密斋救世之苦心。

五、养生著作，系统完备

万密斋不仅系统掌握医学理论，而且学识渊博，通晓儒、释、道三家，因此十分明白修身养性的重要性。作为医生，他提出“治未病”的理论，提醒人们注意预防疾病，保养身体。他结合《内经》的理论、儒释道的思想，积极整理和探寻养生方法，写成养生专篇著述——《养生四要》。

《养生四要》一书写于万历四年(1576 年)，万密斋时年 78 岁。该书是很有特色的养生学专著，全书共 5 卷，前 4 卷论述寡欲、慎动、法时、却疾四要，末卷为养生总论。

万密斋在开篇的按语中写道：“养生之法有四，曰寡欲，曰慎动，曰法时，曰却疾。夫寡欲者，谓坚忍其性也；慎动者，谓保定其气也；法时者，谓和于阴阳也；却疾者，谓慎于医药也。坚忍其性则不坏其根矣；保定其气则不疲其枝矣；和于阴阳则不犯其邪矣；慎于医药则不遇其毒矣。养生之要，何以加于此哉！”这段话很好地解释了“四要”，即要清心寡欲，动静有度，顺应四时节气，避免疾病伤害。在最后的“养生总论”篇中万密斋又说：“养生之道，只要不思声色，不思胜负，不思得失，不思荣辱，心无烦恼，形无劳倦，而兼之以导引，助之以服饵，未有不长生者也。”可见，他重视静心恬淡、气功导引和药物补养多重因素的综合作用。

《养生四要》中，首先强调了嫁娶繁衍的重要性，又指出了早婚之害与纵欲之害。该书所记叙的气功养生内容多为实例，不同于一般泛泛之谈，切实可行，难能可贵。书中指出中和平衡既济的制方原则，对药饵养生形成比较完整的体系做出了贡献。万氏认为这种保健方法要从中年开始，未老先防，保健重点在于调补脾肾，并提出了老年用药禁忌等。

万密斋提出的养生四要比较系统，从保护元气到饮食、起居、锻炼，再到防病治病，都是理论论证和实践方法兼备，阐述合理而清楚。在具体的养生方法方面，作为医生，他都开出了具体的药方。李之用在《〈养生四要〉序》中写道：“书之义，屏嗜好，适寒暄，顺翕张，调滋渗，少长贤愚，得要者昌，反之舛也。”这是对万密斋养生四要的肯定和赞同。

《养生四要》成书于《广嗣纪要》之后,两部书中的理念一致。万密斋说:“予尝集《广嗣纪要》,一修德,二寡欲。然则寡欲者,其延龄广嗣之大要乎!”指出了“寡欲”是养生延龄与广嗣二者的共同原则,只不过广嗣的寡欲是对后代而言,为了生养聪明健康的下一代必须保全真气、谨守养生之道;养生的寡欲是对自身而言,自己身心健康无疾,自然有益于延年益寿。

万密斋的10部著作,是他早年习医、教导诸子的教义,是祖、父辈的经验秘方和他自己的实践总结,是他对经典医学著作、众多医家理念的学习领会和思考创见。从不敢刊出早年著述怕受人耻笑到耄耋之年将行医心得公之于众、利济世人,万密斋经历了几十年的实践、积累和写作。随着这些著作的刊刻和流传,万密斋的医术和医德得到了充分展现,万氏儿科的名声得到了极大的传扬,而他作为明代鄂东名医在古代中医学史上的地位也得以确定。

从之前的叙述中我们可以看到,尽管万密斋某些著作的内容有一定的重复,但总体看来,10部著作是按照学科的内在联系,有系统、有次序地排列的。他晚年著书立说的意识以及传之久远的愿望都十分强烈,因此留下了反映万氏医学体系的著作。“日录所见,积久成帙”,书中大量医案的时间、地点、人物、事件都十分详细,反映了作为医家的万密斋严肃认真的科学精神和求实态度。我们看到的是一位德高望重、济世利人的儒医形象!

除了明清时期众多为万氏医学全书作序跋的人们对该书有高度评价外,中外医家对万密斋及其医书均有很高评价,如明代著名医学家王肯堂的《证治准绳》、张景岳的《景岳全书》、武之望的《济阳纲目》均多处摘引万密斋的论点。清代大型类书《古今图书集成》辑录了万密斋全部儿科专著;清代沈金鳌极为推崇万密斋,《沈氏尊生书》和《幼科释谜》均摘引万密斋有关著作;清代陈复正的《幼幼集成》以三分之一的篇幅摘引万密斋的痘疹专论,并指出:“痘科之书,如冯氏、翟氏、陈氏、万氏,虽皆不为无见,而实繁简不侔,又惟万氏明显,可以济急。”在国外,朝鲜许浚的《东医宝鉴》、日本丹波元坚的《杂病广要》、日本汤本求真的《皇汉医学》都以不同篇幅摘引万密斋医书的观点与章节。

万密斋能完成如此多的著作,一是由于他受到了良好的教育,系统地学习了儒家经典,二是由于万密斋系统学习了经典医学著作,博览诸家,深入钻研医学理论,并用之指导临床实践,在实践中发展理论。万密斋晚年时希望能把万氏几代人的行医经验传给后人,造福人类。下面我们来了解万密斋各科的辉煌成就。

儿科专家

罗田万氏以幼科鸣世,所以万密斋有着深厚的家学渊源,自己也以擅长儿科、妇科和痘疹著称于世。万密斋的著述范围很广,其中儿科著述最多,影响也最大。在明代之前,知名的儿科医生不多,我们所知悉的较早的儿科医生是宋代的钱乙,他曾在太医院工作,著有《小儿药证直诀》一书。钱乙是一个同情儿童、热爱儿科事业的医生,他专门总结儿科治疗的经验,留下了很多有价值的医案。万密斋受钱乙影响很大。万密斋熟读钱乙的书籍,既对钱乙的医术和经验有所继承,又在实践中进一步发展,总结了前人的儿科治疗经验。

万密斋被称为治痘专家、儿科里手,他十分熟悉和了解婴幼儿的种种特点,为救患病的婴幼儿苦苦探索,不仅挽救了无数的生命,解除了很多病人的痛苦,还留下了许多有价值的医案,撰有专门的儿科著作《幼科发挥》《育婴家秘》以及由其孙万机所整理补充的《幼科指南》。

清初张坦议在为万密斋《幼科发挥》所作的序中,高度评价说:"万先生育婴书,始以分门心诀,继以各腑发挥,终以痘疹科目,反复论辩,再三开导,可谓无症不备,无法不全,无理不透者。小儿不能言者,言之而已悉其奥;凡医不能治者,治之而已极其神。世之读是书者,初视之未尝不以为不简也,细体之究知其不可简也。先生诚求之心则苦矣,先生保赤子之心不朽矣!"他评价万密斋的儿科著作分类清楚、简明扼要、透彻完备,也称赞了万密斋的一片诚心和爱人之心。著名医生刘弼臣在《万密斋幼科心解》中指出:"其儿科上承钱乙五脏辨证思想,至今对儿科临证仍具有很强烈的指导意义。"这是对万密斋精通儿科的极大肯定。

万密斋的儿科成就巨大,贡献很多,值得好好总结和挖掘,以供今人借鉴。目前,已经有邵金阶先生主编的《万密斋学术研究》和熊传海著的《鄂东四大名医》。在此,笔者将在他们的基础之上,继续总结和综合分析万密斋的儿科成就。

一、小儿五脏,“有余不足”

万密斋继承了朱丹溪的“人之一身,阴不足而阳有余”理论和钱乙所论小儿“易虚易寒”病理特征的说法,根据个人临床实践体会,完善了小儿病理生理学理论,提出“三有余四不足”之说,即肝常有余、心常有余、阳常有余,脾常不足、肺常不足、肾常不足、阴常不足。

万密斋在《育婴家秘》中揭示出为什么“肝常有余”“心常有余”,他说:“肝常有余,肝属木,旺于春,春乃少阳之气,万物之所以发生也。儿之初生,曰芽儿者,谓如草木之芽,受气初生,其气方盛,亦少阳之气,方长而未已,故曰肝常有余。”肝五行属木,时令对应春季,六经属少阳,助人体生长发育,小儿就像春天的树木,不断生发。那么“心常有余”呢?“心亦曰有余者,心属火,旺于夏,所谓壮火之气也。”这两个“有余”,指出小儿好比草木方萌,小儿肝脏娇嫩,形体未充,容易感受病邪而发高烧,邪陷心包,肝风心火交相煽动,在临床上表现出壮热、惊搐、神昏,甚则角弓反张等心火肝风之病。

万密斋解释“脾不足”的道理时说:“脾常不足者,脾属土气,儿之初生,欲食者,乳耳,水谷未入,脾未用事,其气尚弱,故曰不足。”即幼儿脏腑娇嫩,脾胃功能尚未健全。当然,幼儿脾常不足的状态,不是静止地停留在一个水平上,而是随着成长发育不断地健全。在正常情况下,虽然小儿的机体生长发育对水谷精微大量迫切的“需”和小儿脾胃嫩弱、机能尚未健全的“供”处于矛盾状态,但只要调摄适宜,就不会产生疾病。“脾不足”不是病理性的,而是指幼儿这个阶段的一种生理状态。这种对幼儿脾常不足的认识,为幼儿喂养和临床上幼儿脾胃疾病的防治提供了理论依据。

在万密斋医案中可见这方面的临床实践。罗田知县朱云阁 7 岁的儿子脾胃虚弱,吃多了伤食,吃少了就昏睡,身体瘦弱。此前的医生用枳术丸给病人补脾,如果伤食就给病人服保和丸,病人脾胃状态却没改善。万密斋向朱知县解释其中缘由:公子的脾虚弱,容易伤食,伤食之后,用消导的药会导致脾虚更甚,单服枳术丸而不辅以消导之药，又治不了伤食，所以万密斋制一方，七分补养，三分消导，名“养脾消食肥儿丸”，以补脾为主，内兼消导。用药后，公子果然不再伤食，精神状态也好起来。

关于“肺常不足”，万密斋认为：“肺为娇脏，难调而易伤，肺主气而司呼吸，外合皮毛，由于小儿卫外机能未固，外邪每易由表而入，侵袭肺系，故感冒、咳喘等病为儿科所常见。”我们知道小儿着凉容易引起上呼吸道感染的疾病，出现咽痛、咳嗽和发热的症状，严重的还会引起肺炎、咳喘。因为小儿的肺功能还未健全，又要肩负呼吸的使命，一旦天冷，寒气侵入，由表及里，就容易感冒。

关于“肾常不足”，万密斋认为：“肾之虚，此父母有生之后，胎禀不足之谓也。”我们知道，“肾是先天之本”，先天禀受父母的元气体现在肾上，所以肾容易“不足”，“小儿诸虚不足，胎禀质弱，皆肾之本脏病也”。万密斋阐明，肾主虚，胎禀不足容易导致其他部位的虚弱和诸如五软、五迟、头发稀少、解颅等疾病。

县学教谕许厚举的儿子 14 岁了，经常吐血，医生们当作痰火来治，无效。万密斋为他诊脉时发现他不像同龄少年那么气壮，便对许先生提出了自己的看法：“从号脉来看，公子当作胎禀怯弱之病。但是先生您身体强壮，公子却元气不盛，那一定是您夫人有虚病，或者在公子婴儿时乳少导致的。”许先生听说后，告诉万密斋他诊脉判断非常准确，夫人怀身孕时的确多病少乳。判断被证实后，万密斋就用六味地黄丸为病人补肾，治其胎禀怯弱，用参苓白术散为病人补脾，助其生发之气。公子服药一个月后，病就好了。

万密斋将小儿五脏“有余”“不足”学说的原理阐释得清楚透彻，为中医幼儿科的理论发展增添了新的篇章。万密斋在此学说思想的指导下，诊断准确，治好了不少病人，为临床儿科疾病的诊断与治疗提供了有价值的医案。

二、小儿发病，事出“三因”

小儿身体较弱，因此多数情况下很容易生病。针对小儿发病原因，前人多有论述，万密斋也仔细思考和分析了小儿发病的原因。他认为小儿发病，有“气血未定，易寒易热”，“肠胃脆弱，饮食亦伤”，“体性乃纯阳”，身体“易虚易实”，筋骨柔弱,风寒易侵等特点,并首次提出了小儿发病的“三因”说。

这“三因”分别是:第一,冷热等由外入侵,“衣太厚则热,太薄则冷,冷热之伤,其外因也”;第二,饱饥致内伤,“乳多则饱,乳少则饥,饥饱之伤,其内因也”;第三,受到惊吓或者跌打等,“客忤中恶,坠仆折伤,此不内外因也”。

在实际治疗幼儿疾病的过程中,万密斋通过幼儿发病“三因”分析病情,往往能切中要害、判断准确。例如对于惊风病,他认为:“有外因者,如感冒风寒,温湿之气而发热者,苟失而不治者,热甚抽搐,此外因之病也;有内因者,如伤饮食发热者,苟失而不治,此内因之病也;有不内外因者,如有惊热,或客忤中恶得之。”说明外感湿邪、内蕴痰热为惊风的主要发病因素,其中以湿邪为主,其次是惊热或客忤中恶。找到了致病原因,就可针对性地治疗。对于惊风病的治疗,万密斋认为:急惊风是外热化火,热极引动肝风,发为急惊,故急惊宜从肝治;慢惊风主要是脾胃虚损所致,治疗时当补脾健中,用小建中汤、调元汤等方。

知县林乐田 7 岁的独生女病疟就是由外因引起转为内因致病的例子。当时女孩的疟疾三天发作一次,医生用药,并无好转,女孩日渐无精打采,形体消瘦。万密斋看了,认为这是外邪入侵,已经造成女孩脾胃虚弱了,对林知县说需要补脾。林知县感觉不对,便问:“疟病没有好,怎么又补脾呢?”万密斋讲道:“治疟有三种方法。刚得病时,邪气尚浅,正气未伤,应当及时截住邪气;过一段时间后,邪气渐深,正气渐衰,应当先补正气,后再截住邪气,不可采用常用的治疟之法,损害正气;久拖不愈时,正气甚衰,邪气独存,此时就应补其正气,使正气恢复,邪气自退。”万密斋用平疟养脾丸,为女孩调理一个月才使她病愈。

出于对幼儿常见疾病的认识,万密斋提出了以下关于冷热饥饱的原则:“若要小儿安,常受三分饥与寒。”即要使婴幼儿节制饮食,保持几分饥饿的状态,又要使婴幼儿身体保持合适温度,有几分寒意,不能让其太饱太暖。

万密斋的幼儿发病“三因”说,对幼儿保健及疾病的防治有着重要的指导意义。

三、儿科疾病，要在脾胃

小儿“脾常不足”的状态是造成脾胃产生疾病的内在因素，加之小儿自己不会节制饮食，不善调节寒温，因此稍不注意，就容易脾胃损伤，所谓“胃气壮实，四肢安宁，脾胃虚弱，百病蜂起”。而要想治疗疾病，就必须补充营养、调理气血，因此万密斋沿袭《灵枢经・五味》中对于脾胃的认识，进一步在《育婴家秘・调理脾胃》中提出:“万物五行皆借土，人身脾胃是根基，四时调理和为贵，胃气长存怕损亏。”万物生长靠大地，人的脾胃是根基，因此要注意顺应季节，注意调理，保持胃气旺盛。

那么如何调理呢？万密斋提出三条调理之法。一、“不可泛与酸寒之味、生冷肥甘之物食之”，不可让幼儿吃酸寒味重和生冷的食物。二、“慎医药，使脾胃无伤”，用药尤其要慎重，不可轻易用药性猛的药，因“脾喜温而恶寒，胃喜清而恶热”，故用药者，偏寒则伤脾，偏热则伤胃，所以大寒大热之剂都别滥用；攻补不可偏废，攻之太过则易伤脾胃，补之不当亦是如此，即使是温和的药也不能久用，“温平温凉之药，亦不可群聚久服也”。三、“小儿久病，只以补脾胃为重，补其正气，则病自愈”，这是说幼儿久病后，正气不足，因此要先补其脾胃。脾胃为后天之本，气血生化之源，只要脾胃功能恢复正常，五脏及气血得到滋养，正气得以恢复，自然病愈无恙。他在《育婴家秘》一书中，一一指出脾热胃热、脾胃虚寒应分别用什么汤剂和药方，“脾热者泻黄散，胃热者人参白虎汤，脾胃虚寒者理中汤丸，脾胃虚者异功散、调元汤、人参白术散、养脾丸；伤食者消积丸、保和丸；宿食成积者枳朴大黄丸；湿盛者胃苓丸；欲成疳者肥儿丸，已成疳者集圣丸”。外部条件方面，要注意冷暖，“适寒温，以防外邪直中脾胃”，不然容易导致外感、外邪的侵入。

关于幼儿用药，万密斋一再强调要慎重，他反复说:“小儿用药，贵用和平，慎勿犯其胃气”，若不知中和之道，“用药偏寒则伤脾，偏热则伤胃，喜补则脾胃壅滞，饮食难化，好攻则中气耗损”，故万密斋书中所附药方常常喜用茯苓、白术、陈皮、木香等平和健运之品，以顾及脾胃。万密斋还时刻提醒医生和世人，不可滥用药,无病不要服药,“小而无病,不可服药,无病服药,如壁中安柱”,这在其行医时留下的医案上有明明白白的记录。

有一个富人家的儿子天生身体弱,家里和万氏结拜了干亲,小儿也拜万密斋为义父。万密斋很重视义子健康,早晚都叮嘱他的乳母,不可使其乳食太饱,可以适当辅以烂粥喂养,但任何肉果、饼粑、甘肥、生冷的食物都禁绝入口。偶尔有点小病,所开药也专以补脾胃为主。所以,这个义子从小到大并无大病,长大了气实力壮,饮食多而不伤,寒暑不能侵,南北奔走不疲劳。义子感激地说:“生我者父母也,养我者万家公也!”

万密斋在幼儿的养护方面提出节乳食、适寒温,“常带三分饥与寒”,反对过分饱暖和溺爱。他说:“善养子者,似养龙以调护;不善养子者,如舐犊而爱惜。”同时,万密斋还认识到幼儿需要锻炼,不能“深其居,简其出,过于周密”,不能成天关在室内,要多到户外呼吸新鲜空气,锻炼骨骼和肌肉。万密斋这些关于幼儿养护的主张十分在理,至今也很实用。

四、儿科诊断,望诊当先

因幼儿口不能言,不能正确表述自己的病情,所以儿科又被称为“哑科”。加上小儿寸口部位短小,脉法便与成人有所不同,而婴儿就诊时,又往往啼哭叫扰,影响脉象,种种检查也难以配合。对于这一点,万密斋在《广嗣纪要》卷 15 的《育婴方论》提到当时的谚语“宁医十男子,莫医一妇人;宁医十妇人,莫医一小儿。非小儿口不能言,脉无可诊,为哑科欤?传曰:如保赤子,心诚求之”。可以想见为幼儿诊病是何等的困难!但是不论多么困难,万密斋认为只要诚心去做,仔细观察思考就会有办法。

万密斋强调望闻问切的重要性,在《幼科发挥》一书中说“望闻问切,医家之大法也”,为此,他吸取钱乙《小儿药证直诀》中强调的“五脏平和则病不生”的主张,确立了在诊治幼儿的过程中,以五脏证治学说为基础,四诊合参,尤重望诊的诊治方法,即通过观察幼儿的面色、精神状态、动作等来判断其身体状况,“临病之时,观形察色,始知五脏之证治,所以补之泻之,意之所生,有通神之妙也”。万密斋依据前人理论,结合自己的经验,总结了《入门候歌》《观形色西江月》《观面部五脏形歌》《观面部五色歌》等歌诀,高度概括了幼儿得病时的临床表现,为临床诊断提供了可靠依据。

首先可根据小儿面部的颜色来判断其脏腑状况,他说:“肝病则面青,肺病则面白,心病则面赤,脾病则面黄,肾病则面黑。”这些经验总结,有一定的道理,容易运用于实际生活。

其次,可根据五脏与体表组织器官的对应关系来判断病症所在。“脾应乎唇,肺通乎鼻,舌乃心苗,泪为肝液,胃流注于双颐,肾开窍于双耳,爪则筋余,而脾为之运,发则血余,而肾为之主,脾司手足,肾连牙齿,苟本脏之或衰,即所属之先惫。”这种对应,清楚明白,又合情合理。将望色望形结合起来,就能较准确地判断疾病,“方其热甚之时,腮红面赤,两目如怒,直视不转者,此惊风之候也。……当吐泻不止之时,见其手足冷、睡露睛,口鼻气出冷者,此慢惊风欲成之候也”,“肝热则筋驰而长,长则软弱,手足伸而不能屈矣。肝寒则筋缩而短,短则拘挛,手足曲屈不能伸矣”。通过面部形色和一些部位的动作,即能判断是急惊风还是慢惊风,是肝热还是肝寒。万密斋的准确判断,与他深厚的理论基础和丰富的经验是密不可分的。

望诊时还要注意幼儿的行为活动,万密斋在《小儿正诀指南赋》里面进一步指出:“气乏兮囟门成坑,血衰兮头毛作穗。……眉毛频蹙,则肚痛以多啼。……手如数物,肝风将发,面若涂朱,心火以炽。坐卧欲冷兮,烦热之攻;伸缩就暖兮,风寒之畏。肚大脚细,脾欲困而成疳。眼瞪口张,势已危而必毙。弄舌脾热,解颅肾惫。”可以说这一套诊断方法将幼儿患病时可能的各种动作、神情都考虑到了。万密斋通过此法还能对幼儿身体状况进行判断,对幼儿寿夭做出预测。他在《育婴家秘》中指出:“小儿寿夭须观形气,如行实气实,此禀气有余,为寿相,无病易养;如形虚气虚者,此禀气不足,为夭相,多病难养。”万密斋的这些经验之谈,不仅教会医生如何判断,也为父母养护婴幼儿提出有益的建议。

五、小儿情绪,喜怒有常

成人有着七情六欲,常常会因喜怒哀乐等情绪而身患疾病,那么幼儿是不是也如此呢?吴鞠通说“小儿无七情六欲之伤”,万密斋却认为幼儿可能因为情志而患病。万密斋对幼儿情志多有讨论,并提出幼儿教育方面的看法。

首先,万密斋认为先天胎养对小儿的后天精神情志有重要的影响。“儿在母腹中,借母五脏之气以为养也,七情所伤,外感而内应”,万密斋在养胎方面有自己的看法。这与今天关于胎教的说法,如让准妈妈心情愉悦,多听音乐等道理是一致的。

其次,万密斋重视小儿精神方面的调摄,防止情志致病。万密斋在《育婴家秘》中提出:“小儿神气怯弱,忽见非常之物,或见未识之人,或闻鸡鸣犬吠,或见牛马禽兽,嬉戏惊吓,或闻人之叫呼、雷霆铳爆之声,未有不惊动者也,皆成客忤惊痫之病。盖心藏神,惊则伤神;肾藏志,怒则志失。大人皆然,小儿为甚也。凡小儿嬉戏,不可妄指他物作虫作蛇,小儿啼哭,不可令人装扮欺诈以止其啼,使神志昏乱,心小胆怯成客忤也。不可不慎!”万密斋指出了可能让幼儿受到惊吓致病的种种现象,分析了致病的原因,并指出不可故意吓唬幼儿。

另外,有一种情况也与幼儿情志有关,即幼儿的心情、情绪。有些小孩看起来没有任何病症,但是不喜乐、爱啼哭、烦闹,扰得父母心神不宁,担心小孩得了大病。由于心情、情绪所产生的疾病或焦虑,比如相思病、忧虑等,这些问题对于成年人来说容易理解,因为成年人有欲望追求,有工作压力等,但小孩成天无忧无虑,他们也有“相思病”吗?其实,他们还真有!万密斋早就意识到这个问题,而且行医时还遇到不止一次。有一个1岁的小儿,有一天忽然开始哭个不停。万密斋仔细观察小儿,不像是有病。他父母说:“没有病,怎么哭得这般不同寻常?”万密斋就问小儿的乳母:“这小儿平日喜欢玩什么游戏或物件?”那乳母回答这几天小儿都在玩一个“玉印子”。于是,万密斋立即让人把玉印子拿来。小儿见了,高兴地拿起玉印子开始玩起来,再也不哭了。

再次,万密斋提倡适时教育,以促进小儿心理健康。万密斋认为幼儿早期教育是很重要的,他提出"教以诚实,勿使欺妄","遇物则教,使其知之","教以恭敬","教之以正言"。人的习惯、品德就要从小培养,"小时偷针,长大偷金",许多人的不良习惯都是在小时候养成的,同样,良好的文明礼仪、道德习惯等也都是从幼时开始培养的。幼儿教育的重要性在今天不言而喻,每个家长都望子成龙,但是人们往往只注重培养智力方面,想把孩子培养成"神童",其实,孩子的品德、心理甚至性格等,无不与早期父母、老师的教育有关,大人也应该在心理健康方面为孩子做出引导。

万密斋一生行医,取得了不小成就,在儿科方面尤其有创见和经验,他在新生儿断脐、拭口、预防脐风及婴幼儿喂养、疾病的预防以及护理等方面均有精辟论述,这些我们在万密斋的儿科著作中都可读到。所谓"小儿不能言者,言之而已悉其奥;凡医不能治者,治之而已极其神",小儿不能说的,他都说出来了,而且还揭示了其中的道理;其他医生治不好的,他都能治好,可以说已达到极高的水平。张坦议对万密斋的评价体现了万密斋的儿科成就不可小觑。我们都知道养儿辛苦,"天下至亲,莫过父母",然父母之心苦,良医之心亦苦。万密斋作为儿科医生,其对幼儿的了解和探索、对幼儿健康和生命的保全,确可谓用心良苦!

痘疹克星

痘疹又称天花、天疮。每个人的一生中都会发一次痘疹,因为痘疹传染性强,来势凶猛,变化莫测,又因人而异,所以,痘疹成为人生一个潜在的威胁,是人生的一个大难关。如今通过接种疫苗,人们已基本阻断了痘疹的传染和发病,但在古代,父母们常为此忧心不已,直到孩子出痘且安全度过后方能松一口气。清代的康熙大帝 6 岁登基,据说之所以在众皇子中选他做皇帝,一个重要的因素就是他已经出过痘了,不会再因为出痘而危及生命。如果让没有出痘的人做皇帝,人们担心皇帝出痘时的危险会影响国家的命运。

在痘疹被攻克之前,人们可谓"谈痘色变",所谓"医之难莫如小儿,小儿医之难则莫如痘疹"。作为医生,最难治的对象是婴幼儿,而幼儿的病,最难治的是痘疹。当医生难,当儿科医生更难,当治疗痘疹的儿科医生则难上加难!为什么说治痘这么难呢?我们看看赵烨在《〈痘疹心法〉校书序》中所描述的痘疹危害:“至于痘疹,其毒酷烈,数日之间,躯命攸关,医之难而又难者也。”小儿出痘,痘毒酷烈,几天之内,生死攸关,治痘的医生就像上了战场,与凶恶的敌人搏斗,胜负难以预料,相对一般的儿科病来说,真是难上加难啊!万密斋在《痘疹心法》一书中也描述了痘疹对人身心的摧残,称痘疹暗藏杀机,变化莫测,酷恶难当。痘疹病人肌肉溃烂脱皮,就像蛇蜕皮、龙脱骨;病人精神受到折磨,就像蚯蚓在热火灰里、鳝鱼在开水中挣扎一样。可见其病的危重和险恶!

在明代,痘疹对于每个育婴家庭来说都是一劫,是人们所要面对的重大灾难之一,而医治痘疹比其他疾病都要难,这就需要有治痘经验的医生的指导。万密斋作为治痘专家,不仅亲自冲上痘疹战场的第一线,帮助无数病人战胜病魔,还将他的治痘经验进行总结,刊刻出版,供更多的医生和家庭参考施行,救治病人。他关于痘疹的著作主要有《痘疹心要》《痘疹心法》和《片玉痘疹》3 部,其中《痘疹心要》是《痘疹心法》较早的版本,三书在内容上有所重合。

一、万氏医书,治痘指南

1. 完备简要的《痘疹心法》

在万密斋之前,关于痘疹的论著有陈文中的《小儿痘疹方论》、钱乙的《小儿药证直诀》,庞安时、刘河间、李东垣、朱丹溪等也对痘疹有论述。但是,正如赵烨在《痘疹心法》的校书序中所说:“痘疹书之传于世者,或略而未详,或偏而执一,倖而成功者固有,拘而夭札者亦多。若夫缘标识本,即始见终,补泻温凉,塞通汗下,随症通变,因时制宜,未有若《痘疹心法》之明且备也。”之前的痘疹书,要么过于简略,要么观点偏执,令那些依据医书治病的医生很少成功。只有万密斋的痘疹书,将痘疹的症状根源都分析得透彻明白,从痘疹未发直至痘疹收靥的整个过程,将各种治法和随症变化的情况阐述得清楚而完备。

万密斋的医书之所以如此清楚完备,是他在几十年行医实践中认真学习前人、不断探索的结果。他将 18 位医家的关于痘疹的言论进行搜集汇总,包括他父亲万菊轩的。在通晓前人的看法和治法之后,结合自己长期的实践,万密斋形成了自己医治痘疹的方法。他还对当时人们的错误观念进行纠正,一一回答人们关于治痘的疑问。30年的时间内,他将医治痘疹的经验、方剂、医案等逐步记录下来,不断修改并三易其稿。

万密斋的医书不仅仅是对前人经验的总结和吸取,还有他自己行医过程中的实践心得和创新,因为中医讲究辨证论治,治疗要因人而异,一旦医书记述得不够清楚,或者医生不善领会,就难以取得好的治疗效果。明代万历年间的张鹤鸣在读了万密斋的《痘疹心要》后感叹道:“诚仁书也。古方书如丹溪、东垣,诸名家备矣。或且称其各成一家说,善医者务神其意,无执其方也。若痘疹之倏忽异症,至难执矣。其能出此刻之外而有异说,更以意加损其治方者耶?”这本书是仁书啊!此前的痘疹方书,像朱丹溪、李东垣这些名医的著作已写得很完备了,但是他们各有各的说法,后世的医生就必须掌握其著作精髓而灵活运用,不能拘泥于其具体药方,尤其是治疗千变万化的痘疹时,就更不能拘泥一家之言或一方了。但是,有哪本书能在治方的确定无疑上超过这本书的呢?他的意思是说,万密斋对各家名医古方领会透彻,然后将针对各种病症的对症方剂一一写出,完备好用,没有人能再执异说了。

万密斋的痘疹医书传到日本后,也在那里大受崇奉。生活在相当于明末清初时期的日本古方派医家鼻祖名古屋玄医(即丹水子)对万密斋痘疹著作的评价很高,他在为《痘疹世医心法》所写的跋中说:“世称痘疹书者许多,然不若此书之本仲景、河间、东垣、丹溪、钱陈二氏等,又搜辑群书,痘疹一科无遗,简而要。”他肯定万密斋所下的功夫,其著作治法有所本,总结全面,论述简明扼要。

2. 痘疹病人的福音

万密斋的《痘疹心要》一书,自明代隆庆年间经郧阳抚治孙应鳌刊刻之后,广泛传播,大受欢迎。因为该书简明实用,凡使用过的人无不交口称赞,对其挽救了众多生命感激不尽,那些没有机会用到该书的则痛心不已。

明代万历时陈允升在《刻〈痘疹心要〉序》中说,他将万密斋的《痘疹心要》一书带回家4年后,他的小女儿发痘疹了,各种险恶的症状一起出现,请来的医生直摇头,不肯医治,告辞而去。万般无奈之下,他想起了万氏痘疹书,于是,他根据此书的指导,用药治疗,女儿的病竟然神奇般地好了!于是他对此书更加敬重,仿佛它是神仙所授。后来他的大儿子拿着这本书,跟他回忆起小时候自己出痘时的情景:当痘疹瘟疫降临到自己身上时,爷爷因此茶饭不思,父亲也茶饭不思……面对痘疹,为人父母者都是这般焦心,而《痘疹心要》挽救了很多子女的性命。

黄冈的王一鸣在《王一鸣跋》中描写的往昔情景更是历历在目:他赴任途中,停留在南京,当时儿子无辜染痘,咳嗽剧烈,上下牙齿不由自主地撞击。他为此惊恐异常,心急如焚,通宵达旦地坐在火炉前,不知如何是好。偶然从旅店中找到一个医生,约好第二天早晨来诊治。鸡刚叫三遍,他已经急不可耐地派了数拨人前去请医生。医生依旧慢慢洗漱,慢慢前来,直至太阳老高才来到。他为此欣喜若狂。过了许久,儿子的病情稳定了,没有出现意外。但是,没料到第二年,他居住在郧城时,儿子竟然因为痘疹的余毒而送命了。丧子之痛,痛彻心扉,直到现在仍然令他痛心不已!王一鸣记载了儿子患痘疹后自己的真实感受,以及儿子夭折后他的悲痛之情。可怜天下父母心,丧子之痛,怎能忍受!让王一鸣后悔不已的是,他之前曾有万氏痘疹书,因为身在外地,一时没有带在身边。据说在南京时,他为此搜寻藏书,一连三天都没有找到。如果当时有万氏之书在手,何至于此!

万密斋堪称治痘专家,他在治疗痘疹方面的成就和贡献可圈可点,值得好好总结。但是关于万密斋治痘的成就,目前学界讨论甚少,幸而邵金阶和邵迎新两位有阐述,他们在《试论万密斋对温病学说形成与发展的贡献》一文中评价道:“万密斋所著的《痘疹心法》和《片玉痘疹》,是医学界少有的痘疹专著,也是一部论治温热疾病的著作。他对痘疹为热病在病因、诊断、论治、预防及预后等方面均有详细论述,提出了许多独特的见解,已体现出温病学的雏形,为温病学说的形成和发展,起到了承前启后的重要作用。”下面,我们就来具体看看万密斋的痘疹成就。

二、痘疹形成，内外有因

痘疹肆虐，情状惨烈。那么痘疹是因什么而起的呢？为什么每个人的症状千差万别呢？这一问题令不少医家百思求解。宋金元时期，比较流行血秽胎毒论，即认为天花是胎儿食母血秽或新生儿吞下口中血秽所致。真是这样吗？万密斋认为关于痘疹的成因究竟是什么呢？

万密斋在晚年所著的《片玉痘疹》开篇即说：“痘本胎毒，俗曰天疮。”“凡痘疹之病，皆因父母胎毒蓄于命门之中。命门者，右肾相火也，为人身生化之本。或遇冬温阳气暴泄，人则感之，触动相火，是谓天行疫疠也。”从这里可以看出，万密斋认为痘疹的本源是胎毒，但是发痘要遇到冬温的触动，即胎毒是内因，而气候条件引起的导致瘟疫的环境是外因，因此万密斋的观点是痘疹由内外因的结合所致，所谓“痘疹原因胎毒成，发生须是待天行”。

正因为如此，他对秽毒淫火论和流行传染论都有所质疑：“有论秽毒者，有论淫火者，有论时行正病者，靡有定论。将谓秽毒淫火邪？则一岁之中，大而郡县，小而屯落，病者相似，而死相继，比屋哭声，秽毒、淫火未必人人若此之甚也！将谓时行正病耶？何以自少到老，但作一度，厥后再无传染也？”在这里，他质疑说：为什么当痘疹流行时，从村落到郡县，人人得病相似，死者前后相继？不会是每人所受秽毒淫火都这样浓重吧？他又质疑传染流行论的观点：如果说是传染病，为什么人的一生只出一次痘疹，此后再不受传染呢？万密斋当时尚不知有免疫的概念，即人一旦染痘发痘，病愈后便对痘疹产生了抗体，不再惧怕痘疹了。万密斋据自己的观察进行的思考虽然达不到今天医学发展的程度，但已属不易了。

万密斋对作为痘疹成因之一的胎毒说进行了修正。他对陈文中的《小儿痘疹方论》中专责母亲之误的说法予以驳斥：“殊不知人之生，受气于父，成形于母，胞胎之毒父当分任其咎，未可专责母也。”即胎毒并非母亲一方面的问题，父亲也有责任。

在痘疹发出之初病人亦有发热、寒颤等症状，与感冒风寒相似，很多人因此被误诊误治。万密斋在与痘疹等流行疫疠作斗争的过程中认识到，风寒引起的伤寒和感染毒邪所致的痘疹、疫疠，其性质截然不同，为此，他专门进行了辨别。《痘疹心法》中有"痘疹证似伤寒"之论，认为二者在感染途径方面是不同的，伤寒是由皮毛而入，邪袭太阳膀胱经；痘疹、疫疠之毒是从口鼻而入。他还阐明了上受之邪，先犯肺卫、继而心血的传变规律：邪气之中人者，入脑之后，一日在皮毛，则肺受之；二日在血脉，则心受之。肺受之，则洒淅恶寒，心受之，则烦热而渴。

万密斋辨别伤寒与痘疹的区别，以及他对痘疹传染性的看法，为温病体系的形成提供了思路。他关于疫疠之毒侵入人体途径的论述，和清代著名的温病学家叶天士提出的"温邪上受，首先犯肺、逆传心包"的温病发病机理也不谋而合。

三、痘疹诊断，方法众多

鉴于痘疹、疫疠有传染性强、发病快、变化多端的特点，因此正确诊断、把握传变病机，及时治疗尤为重要。万密斋在长期的实践中，掌握了"未病先知"的科学诊断方法，在痘疹发病的各个时期能预知下一阶段的病情发展趋势，甚至能预知是吉是凶、是顺是逆、能治与否，等等。他的《痘疹心法》对痘疮病人的脉象、形色、疏密、顺逆、夹斑等症状和体征进行了辨析。

1. 看面色，知病情

万密斋说："未病先知是上工，能言轻重吉和凶，不离气色分清浊，脏腑精微阿睹中。"作为一个良医，他能察微知著，见一室之冰而知天下之寒。在诊断时他未病先知，判断吉凶，通过查看人的面部和气色，而对其脏腑的情况了然于心。

为什么一定要未病先知呢？仅仅通过观面色就能知道痘疹的情况吗？痘疹多发在幼儿时期，连望、闻、问、切都不可能完全做到，因此只能通过医生自己的观察来预知；而痘疹的起发有一个过程，开始时看不见痘的迹象，等到看见痘发出时，治疗的最好时机就错过了；而且痘疹起发之前的症状又与伤寒等症状相似，容易混淆，所以医生练就未病先知的能力十分必要。医书上说"疮疹之毒，发于五脏而心主之"，各种痛、痒和疮，都属心经，而心的反应表现在面部，因此痘疹的吉凶轻重，可以通过察看面部的情况和气色知道。《湖广通志》上记载了一则万密斋的故事：有两个年纪同是20岁的新媳妇在一起，万密斋看了她们一眼便说,“这两个女子到目前为止都没有出痘,但是她俩不久就会出痘了。一个出痘无碍,可救,一个出痘凶险,不可救。”过了一个月,两个女子果然出痘了,而且结果正如他预料的一样。

万密斋练就了这样的本领,他非常自信地说:“凡天行痘疹之时,传染流布,男女大小有未出痘疹者,视其形色情性,可以预言轻重吉凶也。此吾家传秘诀,贤于命卜远矣。”在痘疹流行时,很多男女老少痘还未起发,他只要看一看他们的面色情性,就能预言其病的轻重吉凶。这是他们万氏家传秘诀,比算命卜卦要管用。

万密斋观察面色、判断吉凶的重要诀窍有三:观面色、看精神、观情性。一是看面色:一般面色红黄明润的为吉,而青黑昏黯的为凶。具体而言,如果面色红白明润,与平时相比没有变化,就是吉;而“额有青纹,目有赤脉,口有黑气,耳有尘痕者,大凶之兆”。二是看其精神状态:精神爽畅、行动便利、言语清亮、无任何病兆的为吉,相反,没精打采、动作迟缓、说话有气无力的则为凶。三是看情绪,忽生喜心、依恋父母、情绪不正常、言语妄诞的为凶。

蕲水县周蕙的大儿媳妇鲁氏刚死了丈夫,一个人带着两男两女 4 个孩子。孩子们都没有出痘,鲁氏很忧虑,请万密斋来看。万密斋前去,看见两个儿子和大女儿都是面色娇红,神光太露,额有青纹,只有小女儿精神健壮,面色明莹。于是告诉鲁氏说:如果将来出痘,只有小女儿没有问题。鲁氏觉得万密斋说话太直,难以接受,不听其言。结果半月后,大女儿和两个儿子都相继因为出痘疹而死,只有小女儿活下来了。

蕲水县徐长溪家有 3 个儿子,其中两个儿子都因痘疹而死,只剩下大儿子还活着。徐长溪因为大儿子没出痘而担忧,生怕他是同样的命运,急忙请万密斋来诊治。万密斋看大儿子当时并没有发热,便宽慰他说:“你儿子正处于出痘的时期,他精神爽健,气色光晶,面部明润,印堂黄光,是天生长寿的相,又呈现出顺痘的症候,他出痘一定很稀少,且不会伴随其他病症。”不久,大儿子果然出痘且稀疏,没有服用任何药就安然痊愈。

2. 识症诊脉,探病虚实

医生一般要通过望、闻、问、切来了解病人情况,以准确判断病人究竟得了什么病,所谓“医贵识症,药要对症”。除了用查看面色的方法诊断外,医生还需要通过号脉和询问病症来分析病出在哪里,程度如何,所谓“凡为医者,要识脉证,审其病症,知其病之所在,诊其脉,知其病之虚实”。

病情需根据气色、脉象和病症来综合判断,并分清标本。万密斋说“治痘之法,色脉为本,病症为标”,这就是说气色、脉象、病症都要清楚掌握。如果从痘疹的表象来看是陷伏之类的逆痘,从病症来看是烦躁闷乱、腹胀足冷之类的逆证,从面色来看是气色昏[illegible]、皮肉黧黑之类的凶兆,从脉搏来看是躁疾鼓搏的阳盛阴虚和沉微濡弱的阴盛阳虚,那这样四逆俱全、标本同病、表里皆伤的情况,就完全不可救药了。如果只是逆痘、逆证,而六脉调匀、脸色明润,那么这种标病本不病的情况,遇到良医尚可能扭转病情。

万密斋在隆庆六年(1572 年)春就遇到一个患逆痘、逆证、逆脉的病人。黄州王蒸湘的儿子出痘,万密斋去时,痘已尽出,却都是重症表现:痘先从额头上出,痘子三五成丛、五心俱有,后项痘多,明显是逆痘;再看症状,腹胀大而紧,说明脾败了,明显是逆证。但是,王蒸湘只有这一个宝贝儿子,求治心切,万密斋也想尽力帮助他保儿命。可是,后来又出现了更坏的情况:该小儿背疮尽成水泡,眼泪直流,两拳紧握。这是肝绝的症状,让万密斋都感到绝望。第五天,小儿又出现唇疮干黑、背疮尽破的症状。万密斋号脉,发现脉象濡弱沉细,呈现出逆脉。第六天,痘痒发作,小儿摇头扭项,又是一逆证表现,而且他急切地想吃粥,大口吞咽,是为除中,又是逆证之象。万密斋急忙让他用保元汤、桂枝汤调独圣散服下,小儿身上开始出现红点,王蒸湘感觉有希望了,说:“这是有活下来的好兆头了!”万密斋知道无济于事,说道:“如果能慢慢出一层小痘就是吉兆,只怕现在是回光返照啊!膏之将灭,必大明而后灭。”果然起来的红点又退下去了,小孩气喘而绝。王蒸湘的儿子是“四逆”,各种“不好”都显现出来了,再好的医生也无能为力!如果只有症逆而脉不逆的话,遇上万密斋这样的良医还有救。

蕲水县罗良制的妻子鲁氏 27 岁出痘,遍身的红斑像蚊子叮咬过的,请来的医生都说治不了,于是他们来请万密斋。万密斋观察发现鲁氏神识清明,语言清亮,号脉时六脉调匀,询问后知道她饮食如常,大小便调,不烦不渴,这些都是向好的征兆,只是遍身红斑,密密麻麻,颜色娇艳。万密斋诊断说:这是夹斑痘症。鲁氏听说后很害怕,哀求万医生一定要救她。万密斋安慰她说:“这个病非我不能治,因斑痘相杂,所以难以识别,斑除去了,痘就会冒出来。有我在,你就不要担心了!”万密斋及时采用荆防败毒散加玄参、升麻作大剂除斑,病人第二天早晨就发现斑迹不见、痘粒清楚可见了,再进一服药,其痘起发。调理半月后,鲁氏就病愈了。

万密斋在察看痘疹时,十分重视察看唇口、牙齿和喉舌的情况,他指出:“痘疹发热之初,口中和,唇色红润者吉。如口唇燥裂,其毒必甚。痘疹发热,其舌红润者吉,舌燥如芒刺者,里热甚也,急解之……热病口干舌黑者死。”上述王蒸湘的儿子就出现唇疮干黑的症状。如果出痘时,病人舌头红润,口舌不干,嘴唇红润的话,那就是向好的征兆。

有的痘疹病人出现咽喉疼痛的现象,万密斋认为咽痛分为两种情况:一种吉,一种凶。英山县马四衢的儿子咽痛就属于吉兆。当时马四衢5岁的儿子有出痘的征兆,却不见痘起发的动静,他感觉有些蹊跷,于是请来万密斋诊治。没想到万密斋看了,轻描淡写地说:“这是顺痘,属于正常现象。”马氏兄弟以为听错了,想到痘疹不起发的危险性,不解地问:“顺痘怎么会不起发呢?”万密斋镇定地说:“如果毒重的话,就会头脸都发肿,毒轻的话则头面不肿,并不是不起发。”此时,他儿子又喊咽喉疼痛难忍,万密斋明白就里,解释说:“咽喉疼是痘家常病,不足为怪。所喜的是喉舌无疮,颈项间痘稀,这都是好兆头,莫急!”于是用甘草桔梗汤加牛蒡子,用水煎药。小儿细细咽服汤药后,咽痛即止,饮食无阻,十三日安。马四衢询问药见效的原因,万密斋告诉他:“痘疹本来是火毒,火气上熏咽喉,咽喉怎能不痛?您儿子痘毒轻,若毒重的话,喉舌有疮、壅滞溃烂,颈项多痘,则咽喉封锁熏炙,必定呛水失声,就没有这么轻松了!”

3. 痘疹与伤寒、伤食的区别

痘疹出之前的发热与伤寒的发热相似,因而难以识别,万密斋在这方面很有经验。他说:若是伤寒,只见某一经的症状;若是痘疹,则五脏的症状都有显示。如呵欠烦闷,是肝症的表现;忽冷忽热、手足稍冷并且好睡,是脾症的表现;脸上干燥、两腮发红、咳嗽喷嚏,是肺症的表现;惊悸是心症的表现;骫凉足凉,是肾的问题。如果上述症状都有,而某一症状尤其明显,就以特别厉害的那一脏毒作为主病。

前述中万密斋为罗田县知县朱云阁的儿子诊断痘疹时就指出痘疹与伤食的区别。当时朱公子身热面黄足凉,万密斋据此判断是痘疹,而朱知县坚决不信,说他儿子曾经出过痘,此次应是伤食。万密斋引经据典,耐心解释:“痘疹发热,与伤寒、伤食相似,伤寒热则面红,手足微温;伤食则面发白,手足壮热。痘疹发热男面黄体凉,女则面赤腮燥,其足俱凉。今公子身热面黄足凉,乃痘疹也。”朱县令又反驳说:“并没有看到五脏的其他症状,只是呕吐足凉,不会是痘疹的。”万密斋说:“这是因为公子的脾胃素弱,痘毒乘虚而入,所以在脾上显示的,目前只呕吐一症,发热才三天,且等到明天再看吧!”第二天用灯火照视,果然看见小儿的皮肤上有隐隐红点,嘴唇边也开始出现痘粒了。事实胜于雄辩,但他之前怎么也说服不了知县,由此可见诊断辨别痘疹的难度之大。

4. 出痘各时期的“生死诀”

万密斋根据痘疹理论、家传经验和自己的临床实践,练就了“火眼金睛”,能很快识别痘疹病人将来是生是死,他总结了痘疹起发各阶段能治与不能治的情况和症状,并编成歌诀,便于同行借鉴使用。万密斋编写的“生死诀”有很多,包括《怪痘诀》《出痘时辨生死诀》《痘疮起发辨生死诀》《痘疮养脓辨生死诀》《痘靥辨生死诀》等。

万密斋编有关于怪痘的“死诀”,怪痘指痘疹中的逆痘,怪痘一出现,人必死无疑,所以只有“死诀”,医生也拿它没办法。其表现为:痘子出现,三两成丛,痘根坚硬成块的叫痘母,不治,六七天便会死人;痘子初出便成血泡或水泡,随即破坏,这是烂痘,不治,三天便会死人;痘子起发时,有像刀剜一样疼的,疼得令人哭喊不停的,这是痘疔,不治,五六天便会死人;还有干痘、湿痘,都属于怪痘之列,也是不治之症,五六天就会致人死亡。

在《出痘时辨生死诀》中,万密斋总结道:若在痘出时心口和肚腹疼痛,痘疮紫黑且颜色黯淡,或者出的是痘白皮光、全无红色的清水痘,或者痘子颜色红艳、皮肤尽红,或者痘出全不起,或者应出不出而只见像蚊子叮咬似的红斑等12种症状,都是必死无疑的。

在《痘疮起发辨生死诀》中,万密斋总结痘在起发时的下列情况属于不治:根窠太红,头脸红肿得像个瓠瓜似的;遍身痘顶都是黑色,其中有像针孔且紫黑的痘眼的;两腮虚肿成块,肩膊腰臀都成坚硬的块状;痘变黑干枯的;先出痘形,却慢慢不见了的,等等。

《痘疮养脓辨生死诀》中,万密斋总结道:养脓时,只是清水,皮像水疱一样薄的,或者干枯无水,只是空壳的,两种情况都会发痒而死;忽然泄泻,用止泻药都止不住的,或者疮色青紫、带有灰白,寒战咬牙且失声的,或者腹胀气喘、足冷闷乱的,都是绝死无疑的。

痘疹变化无穷,令人难以捉摸,即使到了痘靥的阶段,凶险仍然没有解除。在《痘靥辨生死诀》中,万密斋总结道:痘靥时,浑身臭烂得让人不能近身、目光无神的;遍身瘙痒,抓破无水,皮像干豆壳捲起的;痂皮不脱,不思饮食,昏昏欲睡等情况都不用医治了。

一小儿痘收后发热不止,食少喜睡。万密斋看到他疮瘢黑黯,知道是痘毒有陷。就问家长:"这个小儿痘疮脓水是不是很清,痂皮是不是很薄?"他家人回答说:"的确是不成脓、不结痂,只是水出皮变干而已。"万密斋摇摇头说:"大凡痘出,初期壮热昏睡是正常现象,但痘既收后,邪气已尽,正气当复,就应当热渐退,食渐加,精神渐爽。现在小儿痘收,这样的症候却一个都没有,我恐怕无术可用了。"于是辞归。半月后,那小孩果然昏冒而死。

四、治疗痘疹,结合预防

痘疹是具有一定变化的,从痘疹起发到收靥的每一个阶段,人的身体都在与痘毒做斗争。如果身体抵抗力强,则无需用药就可顺利过关。但是,如果身体弱、抵御不了,在身体的很多部位就会显现出病症,如发热、咽痛、便秘、寒战,等等。如果医生不帮助病人及时应对,病人就会成为痘毒的手下败将,甚至丧失生命。那么,如何治疗痘疹呢?痘疹的发作因人而异,其治法自然也要灵活变通。作为治痘行家里手的万密斋指出:一般来说,疫病专属火湿、恶毒之气,所以痘疹、疫疠等病,治法重在解毒祛邪。可以说,解毒祛邪是治痘的关键。万密斋总结治痘的总的方法和大纲说:"大法治痘,不过解表、和中、解毒而已。"

对于治痘的解表、和中、解毒,万密斋阐述三者之间的关系和作用时认为,首先就要"发表"。他说:"发表最先。大凡痘疹只要发出得尽,不使伏于中。发表须兼解毒,非发表自发表,解毒自解毒也。疮疹已出,表里无邪,不须服药。如疮发太甚,里实能食者,解毒之法可单用也。疮出已甚,里气不和,或吐或痢,于和中法内略兼解毒可也。若疮疹无邪,惟里气虚者,只用和中,不必解毒。"第一步解表的工作做好了,就相当于打通了通道,痘毒就会顺利排除,不会藏伏于体内,而且发表本身也伴随着解毒,顺利的话,不须服药问题就解决了。第二个要做的工作是解毒,尤其当毒盛痘密时,要专门采用解毒的药。此时身体虚弱,或者里气不和时,就需要进行"和中",调节虚实,调补气血,使身体气血充实,足以对付痘毒。这三个方法并不能完全分开,有时要交叉并用。

1. 解表

所谓解表,是指解除表证,即疏解肌表,促使发汗。跟表证相对应的就是里证,里证可以理解为内脏疾病。表证就是体表的疾病,比如感冒发烧。通过解表进行治疗,外感风寒就解表散寒,外感风热就解表去热。痘疹在万密斋看来既是胎毒,也受外疫感染,要使邪气尽出于外,不使留伏于中。

解表药大多具有辛味,辛能发散,可促使病人出汗,而达到外邪从汗而外泄,表证得以解除。万密斋形象地形容解表说:"古人谓厨庖人蒸笼之法,欲其松者,此之谓也。"这就是古人所说的用蒸笼的办法,人的身体就像一个大蒸笼,发热使体表疏松,达到毒邪外透的效果。

万密斋列举了两种必须"解表"的情况。一种情况是:发热时,烦渴惊妄,眼红唇干,大便秘、小便不利,此时如果不以轻剂发其表、以凉剂攻其里,反而用人参、白术之类的进补,毒在内出不来,人就会更加烦乱以致发昏发狂。另一种情况是:痘疮出得太多太密,焮肿红艳,心烦口渴,大小便秘结,此时如果不用凉剂解其表、寒剂攻其里,反而进补的话,则会导致痘疮溃烂、痈肿、眼痛甚至失明。

万密斋遇到过需解表时不解表反而进补的病例。胡三溪 12 岁的大女儿出痘甚密,请来的喻南麓医生用人参、黄芪大补之剂。20 天后,过了痘疹收靥期仍不能收靥。万密斋来看时发现:痘疮已经溃烂,幸亏没有倒靥!这是因为用温补的药多,里邪尽出,表毒不解,所以需要立即解表,不使皮肉腐烂。可恨的是那个喻医生仍坚持己见,不采取解表的办法,于是又拖着过了 5 天,仍不收靥。病家着急了,又请万密斋的大儿子邦忠来看。万密斋教邦忠立即为病人解表解毒,采用防风、荆芥、升麻以解表胜湿,白芷以蚀脓逐水,连翘、牛蒡子、甘草以解其毒,用黄芩(酒炒)泻肺火,解夏天之热。这样调理了一个月,小女孩才好了。这个例子可以看到,不及时解表会导致病情延误、痘不收靥,甚至皮肉溃烂。

万密斋教邦忠给小女孩解表所用的药物是防风、荆芥、升麻,他专门总结发表的药物及理由时说:"发表须辛甘清阳之剂,如羌活、防风、升麻、白芷、桂枝之类。盖辛甘发散,清阳发腠理也。"辛甘和阳气上升的药剂都可以起到很好的散发作用。万密斋还认为葛根汤是很好的发表解肌的药剂,而且从发热到收靥的治痘全过程都可以用葛根汤加减其他药物制成方子。

2. 解毒

解毒就是泻火、凉血、清气,使毒邪有制,不为正害。万密斋将痘疮分阶段进行治疗:在发热期应发表,透疹外达;痘见形起发时,当清热解毒;成实期,养脓时,需温补气血,兼以脱毒,使浆易灌;到痘收靥时,以收敛为主,兼清除余毒,使靥易收。从中可以看到,每一个阶段都离不开解毒,起发时要清热解毒,养脓时要脱毒,痘靥时要清除余毒。

万密斋解释了必须解毒的道理:痘疮,一般先从发热开始,因为体内的毒邪在煎熬着气血、熏蒸着脏腑,这样就引起发热。痘疮现形成熟之后,痘毒开始外泄,而发热退去,顺利的话,痘疮出得稀少,症状轻。但是,如果此时热未退,说明毒邪还藏在体内,气焰嚣张,导致痘疮繁密,这时候就必须用连翘升麻汤等帮助解毒。若服汤药后,出现发热立刻减轻的情况,就是体内气和了。因此,一旦解毒不成功,就需要用汤药来帮助解毒。

万密斋提倡治痘疹要有预防,在温和的冬天阳气暴泄,春天就易染痘疫。所以如果觉得冬温,就可以服解毒药预防,如辰砂散、消毒保婴丹、代天宣化丸等,经常服用,使痘疮之毒减轻,自然易出易收。这个原理就像我们今天预防流感先服板蓝根一样。

在治痘方面,万密斋之前有两个专家:钱乙和陈文中。他们所采用的方法乍听起来正好相反——钱乙是寒凉派的代表,陈文中主温补之法。万密斋发现,陈氏之法盛行后,颇受人们的欢迎,但是却出现了偏激的后果,即只重温补,而忽视了解毒,所谓"……而解毒之旨遂隐,故救得一边,又害了一边",得以补虚,却忽视了解毒。万密斋专门阐述解毒与补虚的关系,"痘疮多者,是毒气多,便先宜解毒。然多则恐气血周灌不足,故随后亦兼用补药,以助成脓血。"从中看出,应该一边解毒,一边兼用补药。

解毒非常重要,如果解毒不顺利,耽误了时日,就算是良医也难以挽救。万密斋认为,痘是胎毒,自内出外,三天方能出齐,此时毒气尚在内。如果毒气太盛,不能尽出,超过六天后,毒气就会反向侵入脏腑,那样损伤脏腑,危害就大了。所以必须在第六天之前,及时服用凉血解毒的药来驱除毒气。

如果痘毒出不尽,就容易形成倒陷或倒靥。倒陷,是毒气藏伏于体内,痘疹发不诱反而平塌;倒靥是收靥时,脓溃皮破收不干净。这两种陷伏的症状,都属逆证。到了这种地步,就必须用狠招、下猛药,如立即用夺命丹和神应夺命丹之类的神药,托里发表,解毒和中,才能收到起死回生之效。万密斋形容,当时的医生在这种危急的关头仍不以为然,而用寻常之药,就如同让小鸟雀去与凶狠的鹯鸟搏击,让可怜的羊去与狼搏斗。

万密斋明确指出了解毒药剂的特点和主要药物:解毒必须用苦寒之剂,如牛蒡、连翘、葛根、芩、连、栀、柏之类。因为毒就是火,这些药都是可以泻火的。但解毒药必须用酒炒,免得药性太凉而犯胃气。

解毒药除了要用酒炒外,凡用解毒药都要注意根据脏腑情况对症施治,如黄连解心火、黄芩解肺火、栀子解肝火等。

3. 和中

和中,"和"是调和,"中"指脾胃,和中就是调和脾胃。调和指既不用补药,也不用攻下、发汗药。单纯的补药比如四君子汤,脾胃弱的吃了腹胀,吸收不了;攻下的如大黄,吃了拉肚子,人也受不了;发汗的麻黄更于事无补,所以要用调理脾胃的药方。和中专主脾胃兼助血气,使里气常实,血气不亏,助养痘疮而待其长成,不致痒蹋倒陷。

万密斋一贯强调脾胃的重要性,脾胃是后天之源。他编有"痘疹症候贵和中,胃气之中最要清,弦急浮洪休太过,微迟短涩是虚因"的歌诀,就是强调脾胃的调和。他的父亲菊轩翁也说过:"痘疮不怕稠密,只要能食,无不痊者。但用药不可犯其胃气,盖人以胃气为本。"也强调胃气是根本。

只要病人能饮食如常,脾胃功能正常,问题就不大,因此用药方面要注意以不能损害脾胃为原则。万密斋批评当时一些医生的错误做法,他们治痘疹不以脾胃为主,无论胃气虚实,都用四君子汤,让病人更加烦躁,危害不小。因为能正常进食的人,往往脾胃素强,胃气充实,痘子易出易靥,所以不需要服药。只有不能正常饮食,又常泄泻,痘疮灰白的,属于气虚,才适用四君子汤。还有一种情况,能饮食却大便不通,痘疮焮肿的,属于血热,应该用四物汤加解毒药。

万密斋还总结出一个原则:"凡痘子用药,须分气血虚实、毒气盛微而治。"根据气血虚实的不同情况来治疗,像痘子颜色灰白、不起发、痒蹋,上吐下泻,寒战咬牙,手足冰冷,都是气虚的表现;像痘疮干发、不红活、脓水少,都属于血虚的表现,应该用补血之剂。

万密斋总结:和中须服用甘温浊阴之剂,如人参、当归、甘草、芍药之类。因为脾胃不足,所以用甘性药进补,疏泄肠胃多余的浊气。万密斋的"家传和中丸"就包含上述几种药物,专治休息痢及疳痢,屡试不爽。

4. 注意饮食起居

人生病跟自身的体质有关,也与各人的生活习惯、情绪情感有关。痘疹的治疗效果与病人的体质有关,因为痘疹属于传染病,所以治疗也与隔离和饮食起居有关。所谓"变轻变重转移间,莫道人为不胜天",人为的因素很关键。所以,有医生说,身体健康在很大程度上是依靠各人自己控制的。万密斋强调养生,在痘疹治疗方面也很注重客观因素:环境的清静卫生、饮食的清淡和寒温的保持等。他说:“人知其重,能存忧惧之心,适其温寒,慎其饮食,禁戒必守,医巫必择,自然易发易靥,故能变为轻也,如此者,非人能胜天乎?”

万密斋反复强调应注意几个方面,主要是饮食、寒温、房间环境,而每一方面都要严守禁忌。在痘疮起发之初,“当避风,远人物,节饮食,守禁戒也”,在“痘疮之后,表里俱虚,要避寒暑,戒频洗以养其表;节饮食,远房室以养其里”,等等。

第一,居室环境保持清洁、清静。痘疮起发以后,尽量在室内休息,不要吹风,不要有“异气”。万密斋说:“多烧辟秽香,以避一时不正之气,勿扫房屋,勿动沟渠,勿起溷厕,恐秽臭触疮而增痒痛也,勿烧诸香,恐其动火也。”不能有污秽臭气等,不要有烟灰粉尘等。同时还要注意尽量与人隔绝,“令人谨伺门户,勿使生人辄入,亦忌劳力人、狐臭人,若行房触犯,最为大害。妇人经水适来,尤当回避,床帐左右前后宜挂胡荽,以酒喷之,或烧乳香尤妙。”这就是说要把好门关,避免生人闯入,相当于我们今天所说避免细菌进入;回避一些不干净的人、不吉祥的人;注意室内消毒除菌,用胡荽、酒和乳香等杀菌增香。

第二,注意饮食,保护脾胃。前面讲到要和中,就是要保护脾胃。“病痘之人,肠胃先困”,因此,万密斋告诫痘疹病人要禁口,不要贪享美味和重口味。他说,一切辛酸、炙烤、油腻之物,不知禁口,若贪食之,就会损伤脾胃,还助毒为虐。痘疹病人,最好吃糜粥淡菜,容易消化,但也要保证能量,可以吃点瘦肉,使肠胃常实,血气常充。饮食不要太饱,不要太饥,不要吃得太烫,也不要吃生冷的食物。尤其要避免饮酒,他亲眼见到那些出痘期还饮酒的人,后来经常犯眼疾;那些喜欢吃甜食的人,后来牙齿出问题;那些喜欢酸咸的人,后来常犯咳喘之病。不禁口,真的会贻祸终身!

出痘疹的以幼儿为多,有的甚至是还在吃奶的婴儿,那么,在饮食方面,就需要乳母注意了。万密斋引用钱乙的话说:“凡痘疹,当乳母慎口,不可令饥及受风冷。”乳母自己不可吃辛辣生冷等刺激之物,也不能让小儿忍饥挨饿,此时的小儿需要借助饮食养脾胃、增能量。

第三,注意保暖,避免风寒。出痘时需要解表解毒,需要身体保持适当的热度,而出痘又容易发烧,身体也容易怕冷畏寒,因此保暖很重要。万密斋指出,在寒冷的天气里,要注意穿衣盖被,保持融融暖意,切勿受寒,否则血气凝滞,毒气会因为寒气而散发不出,痘疮就难以起发;在大热天里,不能衣被太厚,要保持凉爽,太热则热气容易增火,助长毒素,让人烦躁,而使痘疮溃烂;另外,还要谨防灾害性天气,如遇风雷暴雨的侵袭,要关好门窗,放下帷帐,为病人营造一个避风港,保障病人的安全和安静环境,避免其受惊吓。

总之,万密斋在痘疹治疗方面确实是行家。他既有进步的痘疹理论,对前人的治法学说了如指掌,也有丰富的实践经验,还著有《痘疹心法》《片玉痘疹》等痘疹专著。我们今天讨论万密斋在痘疹方面的成就时,不能仅仅看他对我们今天的实践有无价值,因为目前人类已经基本战胜了痘疹,万密斋的治痘成就和经验似乎失去了实用价值。实际上,我们要看到他治好了无数的痘疹病人,他的痘疹书成为痘疹病人的福音,指导医生和识字的人,挽救了无数病人的生命。当瘟疫流行时,他的书是人们的依靠。有人形象地描述道:"我们这里的人都依赖这本书而活下来,就像受冻的人依赖衣服、饥饿的人依赖食物。这本书对于痘疹病人来说,恰如盛夏的凉风、冬日的暖阳和久旱的甘霖,实在是太宝贵了,太有价值了!"可以说,这就是万密斋在痘疹方面有巨大贡献的明证!

另外,万密斋吸取先哲精华并结合自己的临床经验,总结了痘疹病人的症状、体征,为后世温病学的诊断提供了理论和实践依据。他的痘疹书虽然算不上专业的温病专著,但他对温病已有较深刻的认识,特别对痘疹的原因、诊断、治疗以及预防等论述,已体现出温病学的雏形,对温病学说的形成发展起到了承前启后的重要作用。

妇科福音

中国古代儒家礼法强调"男女授受不亲",而医生以男性居多,所以女性生病或妊娠,需要得到治疗时,往往不如男性方便,而中医妇科的发展也相对滞后。

中国古代的医疗条件会因生活环境的不同而不同,有时一些妇女因小病得不到及时治疗而转变为大病以至于丧命。况且男女有别,不是所有得妇科疾病的病人都会让男医生检查的,这会导致医生对有些病症认识不清,而使病人接受错误的治疗。明代鄂东著名的医生万密斋一生行医,临床经验丰富,在妇科方面也有着极大的成就。他的著作《万氏女科》和《广嗣纪要》,详细论述了妇科疾病的辨证施治及优生优育等内容。万密斋医学全书被辑入《明清名医全书大成》系列丛书,该书在前言中提及明清妇科发展时写道:"妇产科在明清时期发展很快,成就比较显著。如万密斋的《广嗣纪要》对影响生育的男女生殖器畸形、损伤,以及妊娠等做了记述。"以上可见万密斋在妇科取得的成就不仅得到了当时人们的肯定,也得到了当今医学界的肯定。在此,本节将介绍万密斋的妇科成就。

一、月经不调,原因有三

古代称女子的月经为"月信",即按月而来。女子月经是否正常和规律,是身体健康与否的标志,与女子的怀胎生育关系重大,所以妇科的一个重要内容就是调经。万密斋很重视女子调经,他根据月经失常的不同原因采取不同的调经办法。在《万氏女科·调经章》中,他指出,导致月经不调的原因有三:"一曰脾虚,二曰冲任损伤,三曰脂痰凝塞。"

第一,脾胃虚弱。万密斋根据《内经》所述"二阳之病发心脾,女子不月"进一步提出自己的观点:"夫二阳者,阳明胃也。胃主受纳五谷,长养血气,灌溉脏腑,流行经隧;乃水谷之海,血气之母也。惟忧愁思虑则伤心,心气受伤,脾气失养,郁结不通,腐化不行,胃虽能受,而所谓长养灌溉流行者,皆失其令矣。"脾胃是气血之本,妇女以血用事,倘若罹患经带胎产诸症,必然败伤气血阴津;如脾虚、饮食减少,气血生化不及,而易血枯、血闭及血少色淡,将导致月经不能如期而至,甚至数月一次的不正常现象。因此对于妇女来说,补脾胃非常重要。万密斋曾经说过,调经专以理气补心脾为主,胎产专以清热补脾为主,产后、带下补脾胃自不待言。他把调补脾胃作为治疗妇科疾病的根本,而具体调理方法,则针对具体情况,所选之方灵活多变。

第二,冲任损伤。万密斋认为肝为血海,冲任之系。冲任损伤与肝脏的关系甚大,肝脏是藏血养血之所,而女子性情多执拗偏激,性情、心情不好容易造成肝郁,所谓“忿怒妒忌,日久肝气郁结,郁而化火,内扰血室,冲任失守,气血妄行”。另外冲任二脉与天生之本——肾脏关系甚大,它起于胞中,根于肾,胞脉系于肾,肾气盛则冲任通盛,月经按时而下、依期而行;女子年未满 14 岁不到天癸之期或者在月经期间,因男子强行要求性生活、纵欲不加节制的,会造成冲任内伤、血海不固,导致崩漏、月经提前,或者一月几次等病症。

第三,脂痰凝塞。万密斋认为,肥胖的人属于痰湿素盛的体质,痰多湿大,容易痰涎壅滞,造成玄室之户不开,血流运行不畅,于是产生月经过期而行、数月一次、经闭和白浊带下及不孕等病。他这里指的多是肥胖的女性,因为不爱活动和锻炼,身体湿气大,所以气血瘀滞,造成月经、白带不正常。

鉴于上述的认识,万密斋在治疗妇人的病症时十分注重辨证。如对月经先期,其根据病机,或滋阴、或理气、或清热、或消痰、或益肾、或补气血,就有七八种治法。

二、有孕在身,责任重大

1. 倡导优生,种子有法

万密斋结合自己长期行医经验,对于优生优育提出了不少看法。他专门著有《广嗣纪要》一书,谈人类之大德——生育所应注意的问题,以达到能生、优生的目的。万氏认为,男女双方均需有健康的身体条件和生殖功能,再把握适宜的性交频度和受孕良机即可受孕成胎。他提出:“一曰修德,以积其庆;二曰寡欲,以全其真;三曰择配,以昌其后;四曰调元,以却其疾;五曰协期,以会其神。”按照万氏的说法,加强德行修养,清心寡欲,使精气充沛,配以佳偶,慎用药物,再加以“交会应期”,就是“有子之道”。

在婚姻年龄上,万密斋认为“男子三十而后娶,女子二十而后嫁”。这是因为男子虽然到 16 岁而精通,女子 14 岁而天癸至,但是那时精血并未充盛,男子直到 30 岁,女子直到 20 岁才精血旺盛,此期交合,则交而有孕,并且其后代坚壮强寿。

对于择偶,万密斋提出近亲不能婚配。他说:“男女配匹,所以广嗣,厥系匪轻,勿谓无预于人事。”中国古代的男女成家,一个重要任务是繁衍子嗣,延续家族,所以其关系匪浅,不能草率从事。所以,万密斋告诫“勿择族类”,否则如芝草之无根,醴泉之无源。不要选择同族尤其是五服之内的人结婚,这与现代医学强调反对近亲结婚、进行婚前检查,以便婚前及早发现疾病或避免不当的婚配,从而为优生创造条件的思想是完全一致的。

2. 清心寡欲,注重保养

“寡欲”思想可以说是万密斋养生学的核心。养生需要清静淡雅的环境,少欲寡求,这样利于长寿,而寡欲与优生优育也有着极为密切的关系。第一,“寡欲”就是让人要懂得节欲,以利于身心健康。只有父母身体健康,后代才会健康,因此打算生育的夫妇,须保持和培育身体的精力和气血,为生育打下良好的身体基础。“种子者,男则清心寡欲以养其精,女则平心定气以养其血;男当益其精而节其欲,使阳道常健,女当养其血而平其气,使月事以时下。所以交相培育,有子之道也。”第二,“寡欲”思想不仅仅是对性欲而发的,也是对人的食欲而发的。万密斋认为:“五谷为养,五畜为助,五菜为充,五果为益,不可过也,过则成病矣。”人的后天之本——脾胃就是靠这些食物提供营养的。但他又强调要饮食有度,膳食均衡,不可偏食,也不可胡喝海吃,“凡有喜嗜之物,不可纵口,常念病从口入,惕然自省。苟不知节,必餍足而后止,则气味之偏,害其中和之气”。第三,交会应期。时间、环境及心情好坏,也关系到能否优生。遇到恶劣环境、情感不畅、劳倦过度等情况,则不利于优生。万密斋强调四忌,包括环境恶劣、大醉、大饱和劳倦等情况。现代医学证实,大量饮酒使细胞受损,孩子出生后反应迟钝;另外环境恶劣、不良刺激,均会影响孩子的发育。

3. 注重胎养,有节有戒

注重胎养,是指妇人在怀孕期,注意自身保养,注意某些禁忌,以对腹内胎儿起到养护作用。历代妇科医家都很重视胎养,而万密斋的胎教主张,内容较系统、完善,有现实意义。

万密斋提出，胎养时应当注意六个方面:“妇人受胎之后，所当戒者:曰房事、曰饮食、曰七情、曰起居、曰禁忌、曰医药。”首先，在孕期，要“节房事”。古代妇人有孕，就另居一室，以保证产育无难，生子多贤，亦少疾病。其次，要“节饮食”。“妇人受胎以后，最宜调饮食、淡滋味。……如喜啖辛酸煎炒、肥甘生冷之物，不知禁口，所以脾胃受伤，胎则宜堕，寒热交杂，子亦多疾”。相当于我们今天所说的注意饮食清淡，不要吃辛辣油腻、生冷味重的食物。第三，要“调七情”，指孕期注意调神养心，避免情绪波动。万密斋认为人的精神情志与脏腑功能关系密切，孕期情志变化更易造成脏腑功能失常，气血紊乱，不利于养胎。“过喜则伤心而气散，怒则伤肝而气上，思则伤脾而气郁，忧则伤肺而气结，恐则伤肾而气下。母气既伤，子气应之，未有不伤者也，其母伤则胎堕，其子伤则胎气不完，病斯多矣。”孕母的身体和心情都与胎儿息息相关。他还告诫人们，不可因盼子心切而盲目迷信，问命卜，妄谈祸福或祷鬼神，使孕妇常怀惊恐，心绪不宁，丧神丧气，否则有损胎儿;要“闻正言，见善事”，使孕妇心情舒畅，情绪安宁。第四，在孕期要注意起居有常、劳逸适度、生活规律。要进行适当的活动锻炼，保持气血通畅，这利于分娩。“妇人受胎之后，应经常活动，使气血流通，百脉和畅，自无难产，若好逸恶劳，好静恶动，贪卧养娇，则气停血滞，临产多难。”但孕妇从事体力劳动也不可过重，不能过于劳累，“勿登高，勿临深，勿越险，无负重”，以免动胎和堕胎。第五，孕妇要注意生活中的禁忌，遵守医嘱。第六，要慎医药。孕期生病，医生用药时一定以保胎为重。“孕妇有疾，必择其专门平日无失者用之，若未试之，医有毒之药，不可轻用，以贻后悔，又不可轻用针灸，以致堕胎。”用药要选择药性温和、没有副作用的，确保万无一失，避免遗恨终身。

此外，万氏还将前代医家的十二经脉分属十月养胎的理论用于临床实践，形成自己独特的临证经验。如在治疗“妊娠子烦”一症(孕妇在怀孕三四个月时，心胸烦闷、燥扰不安和夜卧不宁的症状)时，他说:“子烦之症，皆属于热，有虚有实，更宜分十二经养胎之月，各随其脏气治之。”又说这是万氏家传之秘，前贤未有记载。

4. 孕妇疾患,注重护胎

妇女在怀孕期间可能不会一直安然无恙,疾病也时有发生。现代医学对孕期用药问题极为重视,也观察到某些药物的使用会引起堕胎和胎儿的畸形。万密斋在行医时十分注意这一问题,在诊治孕妇病症时强调重本轻末,即“只以护胎为本,所感外伤内伤之症,以末治之”,注重安胎驱邪,调理脾胃。万氏安胎重在清热养血,专门指出:“黄芩为安胎圣药,清热故也。谓温经之药可养胎气,误人多矣。”如妊娠期伤寒,“专以清热和胎为主,各随六经所见表里之证治之”,或“汗”或“下”。病因在表则“发汗”,以香苏散为主方;病因在半表半里,以黄龙汤为主方;病因在里则“下之”,以三黄解毒汤为主方,一切务宜谨慎,不能像对待一般的伤寒病人一样,否则可能导致损胎,误母子性命。对妊娠期泄泻,以补中安胎为主,用四君子汤加白芍一钱,更分寒热治之。对妊娠期痢疾,以清热和胎、行气养血为主,当归黄芩汤主之。妊娠期漏胎,属正虚夹有胎热,用增损八物汤,以补益气血,保胎祛邪。

对于妊娠期间的外感,万密斋强调安胎、祛邪并重,首先重视安胎。但是如果一味强调安胎,而外邪不去,则容易伤及胎儿,所以万密斋将安胎、祛邪两法并举。他专门列出孕期疾病所用的具体药方:妊娠时感受暑毒,发热而渴,自汗,精神昏愦、倦怠少气,就用清暑和胎饮,清暑热、益气阴,安胎固本;遇霍乱而吐泻腹痛,常用四味紫苏和胎饮,化浊、和中、安胎。他选用的这些药物都是他的家传秘方,比古方都要切当。总之,万密斋治疗妊娠疾患,组方用药十分讲究,选用性味平和之品,从而使邪去胎不伤。安胎以白术、黄芩、苏叶、砂仁、杜仲、续断等药作为首选,祛邪则视病因之不同选用一些性味比较平和的药物。

妊娠晚期孕妇可能会得一种叫“妊娠子痫”的疾病,发病时孕妇忽然“眩晕卒倒,口噤不能言,状如中风,须臾即醒,醒而复发”,如此频频发作可导致孕妇和胎儿死亡。金元以前,众医家多从阴虚肝旺、脾虚肝旺立论,主张以育阴潜阳或健脾利湿法治之,这对于子痫初期不失为一种有效良方,但对子痫频发重症则无济于事。万密斋径直指出,“此乃气虚挟痰挟火症也”,需用清神汤合琥珀寿星丸,可益气、安神、定志,去风化痰。万密斋所用的人参、黄芪、茯苓、白术、南星、琥珀、朱砂等药,具有强心、扩管、降压,利尿排钠,镇静抗惊厥和祛痰等作用,这些药物在妊娠子痫危险重症的治疗上,能起到益气安胎、安神定志和豁痰息风的作用。

三、产前产后,正确应对

1. 难产的原因及应对

"只愁生,不愁长",见到小孩茁壮成长时,人们往往会不自觉地这样说。的确如此,女性生产一直是一个大难题,当今尚可以通过剖腹产解决生产困难的问题,但在中国古代,妇女生产是一个难过的鬼门关,难产发生的概率很高,所以生产对于妇女来说真可谓是性命攸关的事。那么,为什么有人顺产,有人难产呢?导致难产的原因是什么呢?如何避免呢?万密斋在长期行医经验的基础上总结出难产的七大原因,并逐条提出应对办法。

一是因为安逸。他说:"今富贵之家,爱惜妊娠唯恐劳役,使其安逸,久坐久卧,以致气滞而血郁,血滞而不流,胎亦沉滞而不转动,故延弥厥月而难产矣。"这一点主要是针对富贵人家说的,他们养尊处优,不用劳动,但是久坐久卧,身体不活动,反而不利生育。贫苦人家的孕妇则不辍劳作,勤动不倦,反而生育甚易。万密斋提出要适度运动以保持气血通畅,气行则血行,气滞则血滞。

二是因奉养。万密斋指出,孕妇要注意饮食清淡,而不要过多摄入大鱼大肉,"故怀胎之妇,宜节饮食,淡滋味,一切肥甘之味皆当远之,不惟母产无厄,子亦少病矣。"为此,他批评当时一些错误的观点,说什么非辛热则胎不暖、非肥浓则胎不长,一味享受肥厚美味而不知节制,这样只能导致胎儿过于肥大而出现难产。

三是因淫欲。万密斋认为"欲不可纵,纵欲成灾,乐不可极,极则生衰",他指出那些怀胎月份长的孕妇不节欲的危害犹大,《广嗣纪要》卷 14 中有"亦有八九个月内不能谨欲者"。所以,怀孕六七个月后不应交合,避免败精淤血聚于胎中,造成危险。

四是因忧疑。孕妇要保持心情平静,对自己分娩充满信心。一些孕妇因为担心生产困难,而去祈求鬼神、算命占卜,反而平添烦恼,心怀疑惧,致使生产艰难。因此,孕妇应保持平静安宁,不要求神拜佛,增加心理负担;临产之时,不要慌乱,不要交头接耳,以免影响情绪。

五是因软弱。软弱即产妇信心不足,怕吃苦,怕疼痛,不够坚强。生头胎的少妇,往往胆怯害怕,当羊水已破,胎儿欲出,产妇却宫门紧窄,腰弯不直,两脚伸直而不开,又受不了阵痛的折磨,胎儿就不易生下,应加强指导;中年妇女主要是因为生育既多,气血不盛,生产之时,气虚血少,子宫干涩,生理不滑,导致生产不顺,这种情况十分危险,应早加预防。

六是因仓惶。产妇临产时紧张害怕,或者产婆没有把握好时机,过早或过晚让产妇用力,而出现难产现象。为此,万密斋奉劝接生婆(产婆)对产妇进行正确指导:羊水未破时,有胎儿"弄产"的现象,此时不能用力过猛,以免精疲力竭;到羊水将破,儿身既转,再着力一送,胎儿就可生下;羊水虽破,而胎儿身体未转,或没有转顺,也不要着急用力,否则,接生婆用力过度,就可能出现逆产、横产或侧产的危险情况。

七是因虚乏。因为阵痛或者急躁而用力太早,致使产妇气力耗尽,等到胎儿欲出时,反而疲乏无力,使胎儿留在产户之间,津液干涩,产育艰难。万密斋提出"蓄势待产"的办法,即羊水已破,应当用力而力已尽时,可以用催生汤丸救治。民间常有"娘奔死,儿奔生"的说法,只要把握时机,配合胎儿的求生欲,或急或缓,顺势而为,生产便会顺利无虞。

万密斋针对之前的医家论点及医方,提出了难产的另一种情况。《广嗣纪要》卷14中,万密斋提到朱丹溪的观点"世上难产,多是富贵家的安逸之人,贫贱的人几乎没有",正因为如此,关于预防难产的药方,就只有为胖人所用的瘦胎饮,此药专为湖阳公主所设。万密斋认为朱丹溪的说法有点极端,而只有瘦胎饮这一种药方也不足以预防难产。万密斋举出一个反例:他的堂妹的情况与湖阳公主相反,奉养不厚,但是勤于针线活,久坐致气血不畅,也出现了难产。遇到这种紧急情况,怎么办?鉴此经验教训,万密斋专制了一种药,让像堂妹这种家庭贫困而可能出现难产的孕妇在怀孕五六个月时,服用大全方紫苏饮加补气药,服药十多帖后,就会生产顺畅。当然服药要根据孕妇的具体情况,“形色性禀,参以时令加减”。万密斋称这种药为“达生散”。这不啻为贫家孕妇带来了天大的福音。

上述万密斋分析的难产原因,有助于提醒产妇注意避免,或采取预防措施。他同时又制定临产须知:注意前兆,备用药物;保持产房安静;喝蜜水;夏日降温防暑;冬天烧火取暖;准备好接生用品。这些产前准备和预防工作,直到今天也不算过时。

2. 产后病证治

产后病一般是多虚、多瘀引起的。万密斋分析:虚证多因生产之时失血过多,冲任受损,气血亏少,脏腑虚损而致病。如产后腰疼,是因为“女人之肾,胞脉所系,产后下血过多则胞脉虚、肾气不足,故令腰疼”。

万密斋还明确指出,产时、产后废血未能及时排出,瘀滞脏腑经络也易致病。他分析道:“女人之血,未有胎时则为经水,经水不行则病;产时则为恶露,恶露不来则病。产妇中气多虚,不能行血,血斯凝滞,或闭而不来,或来而不尽。败血入腹,故为腹痛,乍作乍止,其痛如刺,手不可近。”也就是说,废血是产妇中气虚弱,不能行血,血液凝滞的产物。因此产妇在产后会产生一系列疾病:若恶露上攻肺经,则发为咳嗽;恶露未尽,败血瘀滞肝经,因肝开窍于目,故导致眼花;败血不尽,流入经络,与气相杂,凝滞不行,腐化为水,则导致四肢浮肿等。

关于产后病的治疗,万密斋针对虚证、实证提出了不同的方案。对虚证,以补气血为主。如气血大亏的血晕,用清魂散;乍见鬼神之证,用茯神散;喘促者,用夺命丹;腰痛者,用补肾丸。对实证则以行滞为主。如腹痛,用黑神散;尿血,用小蓟汤;腰痛者,用加味复元通气散等;若是虚中夹瘀之证,以大补气血兼以行滞为主。产后补虚扶正多用十全大补汤、八珍汤、地黄丸等,行气活血多用当归、赤芍、川芎、香附、五灵脂、蒲黄、益母草等,尤其常用四物汤。在治疗产后恶露不止时,他分析道:“产后冲任损伤,气血虚惫,旧血未尽,新血不敛,相关而下,大补气血,十全大补汤主之。”若瘀血明显者,用四物汤加延胡、蒲黄、干姜以补血活血,温经行滞。

3. 险恶重症,有效制止

妇女产后可能会出现一些危险情况,因而要及时采取措施,否则产妇可能有性命之忧。如产后血晕、不省人事、口噤气冷,对这类出血太多、气血大伤的情况,万密斋提出,要紧急用陈醋熏鼻,使产妇闻醋气后神志清醒,然后再使其服清魂散,以益气、养血、止血,兼化瘀滞。针对产后大出血,万密斋的办法是紧急给产妇服下大剂的人参四物汤,以益气、摄血、养血,或立即使其服用参附汤。如果崩中暴下、出血不止,万密斋指出:先治标,用四物汤调十灰散服之,控制出血,等到出血有所缓解后,再针对病机调治,达到治本的目的。对于产后中风、产后变热等急症,亦要随机应变,灵活选方治疗。这些紧急措施若实施及时,定能挽救生命。

上述我们总结了万密斋在妇科方面的成就,可以看出万密斋的确有他的伟大之处,在男女授受不亲的传统社会,他能够对女性的情况如此了解,对妇科的种种病症及其原因分析得如此透彻,可见他用心良苦、用功至深!他关于妇科的论述以及众多的药方,都见于其著作《万氏女科》中,我们以清康熙时期的裘玉声为该书所作的序言来总结万密斋的妇科成就:“其书于妇人一道,自调经以迄产后,条分缕析,洞悉源委。虽穷乡僻壤,罕遇良医,但能别其句读,明其意义,按方剂药,亦可立起沉疴,真寿世之金科也!”

养生四要

一、养生观念,古今相似

提到养生,我们头脑中的印象便是养生保健食物、药物,各种健身器具和理疗按摩等,花样层出不穷,让人眼花缭乱。近几年,由于人们意识到生命的可贵、健康长寿的重要性,所以开始注重养生。人们主要从饮食、锻炼、心态等方面来调节身体和心理,使之趋于健康协调。这些养生的观念跟人们物质和文化生活质量的提高、医学技术的发展等相关。其实,在很大程度上,现代养生观念是上承传统儒家思想和传统医学的,尤其从传统的养生观念中吸取了很多养分。

中国的养生思想和具体措施很早就有,到明代中后期社会经济进一步发展,儒释道三教思想合一,医药体系有较整体的发展,加之人们开始注重生活的享乐,于是众多医生、文人编写了关于养生的著作,或在文集、笔记中谈到了养生的经验,使得明代的养生学说有了充分的发展。

万密斋就是生活在这种环境中的医生,他从保持人们的健康、减少疾病的角度来谈养生。他吸取了《黄帝内经》的理论、指导原则和养生方法,又熟谙《易经》、佛、道各家学说的养生精髓,将之融会,形成自己的养生学说,写成《养生四要》。

二、养生四要,有利身心

万密斋所著的《养生四要》,体现了他个人的养生经验和实践。他提出养生的四个方法,“寡欲”“慎动”“法时”“却疾”。“寡欲”就是要求人们节制食欲和性欲;“慎动”则是要求人们的身心活动应适度,不可过极;“法时”是指调摄人体阴阳之气,以顺应天地四时的变化,从而达到却病延年的目的;“却疾”就是指防治疾病的方法。他强调这四法的作用,说再也没有比这四法更好的养生法了。他解释道:“夫寡欲者,谓坚忍其性也;慎动者,谓保定其气也;法时者,谓和于阴阳也;却疾者,谓慎于医药也。坚忍其性则不坏其根矣;保定其气则不疲其枝矣;和于阴阳则不犯其邪矣,慎于医药则不遇其毒矣。”他的主要措施是:心性修养相结合、保护脾肾、注重身体元气的保养、动静适度、调节情志、顺应天时达到阴阳平衡、及早防病治病。

1.“寡欲”

万密斋认为人生活于复杂纷繁的社会中,有耳目口鼻之欲、行住坐卧之劳、喜怒忧思之情时刻干扰身心,如果不懂得节制,则会使身心疲惫,暗耗阴精阳气,影响人体健康。

“寡欲”即节制欲望,包括食欲和色欲两个方面。他认同孔子提出的“食色,性也”,将饮食、男女看作是人的两大欲望,主张从节制欲望入手来保养身体。

"佳丽之色,利于刃也;膏粱之味,毒于鸠也。"面对美色的诱惑,如果不克制欲望,它就比杀人的刀更厉害;饮食如果不加以节制,美味膏腴则比毒药还害人。

万密斋了解身体的机能,知道生命的维持需要食物的滋养。"五谷为养,五畜为助,五菜为充,五果为益,不可过也,过则成病矣 。"人以粮食、肉类、蔬菜、水果作为生命能量的来源,不可须臾缺少,所谓"人是铁,饭是钢,一顿不吃饿得慌",这些食物本身对人体是有益的,是人们健康长寿的保障。但是,饮食也要适度。孙真人即唐代的孙思邈说:"早晨一碗粥,饭莫教人足,恐其过饱,伤脾胃也。"

在节制食欲方面,首先,不可多食。万密斋认识到,食物并不是多多益善,人并不是吃得越多越好,"五味养人,多食亦反伤人",营养过剩,也会打破身体的平衡,给五脏的运行增加额外负担,可能伤及脾胃。"饮食自倍,脾胃乃伤","饮食多少,当有分数",他主张以一日三餐为宜,"三餐之外不多食也"。

他这个观点在今天非常有价值,因为当今人们生活在一个物质十分丰富的时代,不再缺衣少食,反而出现吃得过多的问题。肉、奶、蛋的摄入量充足,零食也很丰富,造成了许多儿童肥胖,而中老年人则因摄入的动物类食品较多,血压、血脂、血糖"三高"普遍发生,出现高血压、糖尿病、心脑血管疾病等,还有蛋白质摄入过多,引起肾脏的损伤,导致尿酸增高,出现痛风等。

其次,不可偏食。他提醒:"凡有喜嗜之物,不可纵口,常念病从口入,惕然自省……苟不知节,必餍足而后止,则气味之偏,害其中和之气。"如果过分偏爱某种食物,造成挑食、偏食,也容易使体内营养不均衡,不符合中医"和"的特点,所谓"五味调和",就是强调各种食物、各种调味达到中和、平衡。

再者,饮酒不可过度。万密斋说:"酒虽可以陶情、通血脉,然耗气乱神,烂肠胃、腐胁,莫有甚于此者。"万密斋的观点非常中肯,酒可以"通血脉",即可以增进血液循环,对身体有一定好处,但是过度饮酒又会损害人的神智、肠胃、肝肾等。

他还引用《诗经》中的"为此春酒,以介眉寿"来说明酒的作用和危害:酒,可以制成药酒,和血热血,延长寿命,是养生不可或缺之物;另一方面,酒如同水一样,可以载舟亦可覆舟,如果放纵豪饮,就是不知节制了。大量饮酒容易醉酒,

“醉则肺先受伤,肺主气,肺受伤则气上逆而病吐衄也”,因此他感叹:“这岂不是太危险了吗！这岂不是太伤身体了吗!”

万密斋论述道:孔子很注意养生和却疾,注意节制饮食,“肉虽多,不使胜食气,尚淡泊也;不为酒困,慎礼节也;不多食,示俭约也。平日之养生者,无所不慎如此。”看来,注意饮食的适度,无论从养生还是从修身养性方面来说都是有好处的。

除了节制食欲,还要节制性欲。肾脏是人的先天之本,是人的元气、精气所驻之地,因此应该保护,不可损耗。万密斋论述道:“心,神之主也;肾者,精之府也;脾者,谷气之本也。三者交养,可以长生。苟神太烦则困,精太用则竭,谷太伤则减,虽有补益之功,不能胜其旦暮之牿矣。”如果精气损耗太过,用五谷、药物也难以补足,所以,他很赞成“服药千朝,不如独宿一宵”这句话。有人言“欲不可纵,纵欲成灾,乐不可极,极则生衰”,对此他特别赞成,评价这个人:“可谓知养生矣!”

男子如果不能清心寡欲,后果非常严重。他说:男子“未及二八而御女,则精未满而先泻,他日有难形状之疾”。就是说男子在16岁之前行男女之事危害较大。万密斋从保养身体、补充精血的角度开出了药方,“故治女子者,当耗其气以调其血,男子当补其气以固其精,一损之,一益之,制之于中,使气血和平也。八益丸,男子常服,补气固精。七损丸,女子宜服,抑气调血。”女子要注意养血调血,男子要补气固精,依据“女七男八”之数的观点,让女子服七损丸,男子服八益丸。

万密斋引用亚圣孟子的话:“养心莫善于寡欲”,“构精者,所以续纲常也,寡欲者,所以养性命也”。万密斋认为,寡欲是节制、控制之意,有利于修身养性,因而要加强德性修养,磨炼意志。

2.“慎动”

万密斋所说的“慎动”,就是儒家的“主敬”,即内心不妄动,君子慎独,顺应天地四时,达到喜、怒、哀、乐皆中节的“和”。这些说起来抽象,实际上就是要注意养心养性,使此心常清常静,不生妄念,不惹是非。

万密斋深受当时儒释道“三教合一”思潮的影响,他的修养心性的观念综合吸取了三家的心性思想,在儒家是“存心养性”,在道家是“修心炼性”,在佛家是“明心见性”,都主张修炼心性,不要妄动,心无二念。万密斋还受《内经》的影响,所谓“成败倚伏生乎动”,在养生上主张动静结合,防止形精过劳或过用,从而达到健身益寿的目的。万密斋对此养生理论进一步发挥,强调养生在“动”的基础上,还应该注意“和”的作用。

万密斋认为:心是一身之主,人的视听言动都听心的指挥。此处的“心”,指人的思虑、头脑,他说:“心常清静则神安,神安则七神皆安,以此养生则寿,殁世不殆。”相反,心劳则神不安,心神不宁,则身体疲惫,心力交瘁,如何长寿?他将“心”与人的感觉器官耳目口鼻联系起来,认为应通过“俭视”养神、“俭听”养虚、“俭言”养气、“俭欲”养精,即通过少看、少听、少说、少欲来排除外界对耳目口鼻的诱惑和干扰,使人的精、气、神得到保养凝聚,而不是虚损亏耗。我们都知道《老子》中有“五色令人目盲,五音令人耳聋,五味令人口爽……”,这些美色、美味诱惑人,让人的身体和精神在不知不觉中受到过分损耗。万密斋所言“久视伤血,久卧伤气,久坐伤肉,久立伤骨,久行伤筋,谓之五劳所伤”,就是对上述所说的虚损亏耗作了一个具体的解释。也就是说,我们不可过于劳累身体的某一部分,正如今天用眼过度造成近视,用耳机听久了会使听力下降,在电脑前坐久了会损伤颈椎和腰椎,酒喝多了会伤肝,烟抽多了会伤肺,晚睡使身体得不到恢复、处于超负荷运行的状态,等等。因此我们要注意劳逸结合,保证身体功能的正常发挥。

“慎动”还包括勿过度动情,喜、怒、恐、哀、思五情过强会导致“五伤”:“暴喜伤心,暴怒伤肝,暴恐伤肾,过哀伤肺,过思伤脾。”有些人得相思病,往往茶饭不思,脾胃就不能正常吸收、消化食物;有人突然得到一个好消息,如范进中举,会喜极发狂。心脏不好的老年人往往要避免受刺激,不然受到惊吓,可能会引起心脏病突发,造成严重后果。

作为医生,万密斋从治疗的角度讲述了身体受到劳累损伤后的康复措施。他说,耳目口鼻之欲所造成的劳伤“可治”,而“五志”“七情”之发是神思之病,需要自己释怀，学会乐天知命，将成败得失置之度外。他采用《内经》“五行相胜”的理论，即“悲可以治怒，以怆恻苦楚之言感之；喜可以治悲，以虐浪亵狎之言娱之；恐可以治喜，以迫蹙死亡之言怖之；怒可以治思，以污辱欺罔之言触之；思可以治恐，以虑彼思此之言夺之”。

此外，万密斋还分别为“五志”“七情”之伤开了药方，如治怒用四物平肝汤主之，治喜用黄连安神丸主之，治思用加减二陈汤主之，治悲用加味四君子汤主之，治恐用定志丸主之。这些药方配合上述五行相胜的办法，可从身体和心理两方面对情绪激动之人进行治疗。

万密斋提出的“慎动”，除了需要管理情绪外，更重要的是要除去妄念，排除干扰。

那么如何除去妄念，排除干扰呢？需要进行修炼、修养，要“静”。所以，在某种程度上，“慎动”即静。万密斋的办法是通过打坐、调息练就静的功夫。他说：“养生者，养其性情也，打坐者，收敛此心，不使放去也，岂是呆坐？”可见他用打坐来收敛心思。

关于打坐，他有自身的体会和经验。他认为打坐不仅限于静坐，也不是死寂枯坐，而是“将一件事，或解悟精义，或思索某首诗文”，以此排除杂念，使心静下来。打坐时要关上门窗，放下窗帘，微闭双眼，用鼻子均匀呼吸，不要说话。这样长期打坐成习惯后，即使不打坐时也能心静如水。打坐要避免两种错误，一是坐上瞑目闭口，坐下妄视妄语，也就是打坐时眼口闭合，不打坐时依旧妄视妄语，无所顾忌，并未收敛心思；二是坐上心猿意马，心里七上八下，心思跑了八千里，只留下个肉体在这里坐着。这两类人都不能达到清静，当然也就达不到打坐修养身心的目的了。

那么调息是什么呢？调息是调胎息，呼吸绵绵，如同胎儿在母腹中，无吸无呼，气自运转，气在身体中充盈、流动。万密斋说：“人能忘嗜欲，定喜怒，一念不动，如在母腹之时，凝神以养其气，闭气以固其精，使精气自结，名曰圣胎。”调息即通过调节呼吸来保养身体。养生即养气、调气，善于养气者可以长生。养气包括顺气、服气、纳气、闭气，通过呼吸让气息在身体里顺畅自如。万密斋吸收了道士和方士等人调息的经验,他在《养生四要》的"慎动"一卷中,记录了当时方士的一些正确做法,也批驳其错误做法,在此不一一列举。

调息也是一门很重要的学问,气息的顺畅充盈非常重要,中国古代的人们很重视调息的作用。明代嘉靖时期蕲州的理学名家顾阙,他通晓道教的养生之道,平时练习辟谷。他的孙子记述他的故事说,当他遇到饥荒时,因为曾练习辟谷而能不吃不喝渡过难关。万密斋生活的时代是明代嘉万时期,他显然受到道教养生的影响。

3. "法时"

"法时"就是顺应季节变化来安排饮食起居。万密斋秉承《内经》的四时调摄之法,强调应按春、夏、秋、冬的四时之气,调摄起居生活,即饮食、起居、治病都应根据季节的不同而相应地调整变化。

因为人生活在大自然之中,所以中医非常注意"法时",依据春生、夏长、秋收、冬藏的特点来教人养生和给人治病。万密斋说:"而四时之气,如春风、夏暑、秋温、冬寒,皆能伤人成病,不但八风也。君子慎之,起居有节,食色不伤,虽有贼风苛毒,不能伤也。"做到顺应天时变化,调节饮食起居,就可以少受自然的伤害。万密斋还丰富了《内经》顺应天地四时以养脏腑形体的养生理论,提出"阴阳和则气平,乖则生病",并提出了具体的养生之法。

衣食方面,万密斋提出要顺应天时,使阴阳调和。他说:"春温夏热,秋凉冬寒,此四时之气也。春虽温多风,棉衣不可太薄。秋虽凉而寒将至,衣褐宜早渐加也。"

饮食方面,万密斋依据四时寒热,针对五脏的属性喜恶,提出了具体的食疗措施:"春食麦与羊,夏食菽与鸡,秋食麻与犬,冬食黍与彘。"这些具体措施虽然不一定适用于今天,但他依据四时和五脏的特点而食用不同食物的做法还是有价值的。今天我们依据中医理论,提倡冬天宜吃羊肉等热性食物以增强免疫力和御寒,夏天则宜吃绿豆、西瓜等凉性食物以解暑降温。

万密斋很注意阴阳的调和,认为在调节寒热方面不可过度。他说:"春夏养阳,济之以阴,使阳气不至于偏胜也;秋冬养阴也,济之以阳,使阴气不至于偏胜也。"所以,针对人们的"夏月宜食寒,冬月宜食热"的观念,他辩证地讲道:"殊不知太热则伤胃,太寒则伤脾。夏月伏阴在内,如瓜、桃、冰之类,不可多食,恐秋生疟痢之疾;冬月伏阳在内,如辛燥炙煿之物,不可多食,恐春目痛,秋生热厥。所以古人四时节气饮食,适其寒温,热无灼灼,寒无沧沧也。"正如今天我们在夏天吹空调、大量喝冷饮、吃冰冻食品以降暑,反而造成肚子疼,损伤肠胃;冬天一味地吃辛辣食物和大补的食物,造成身体的不适。因此寒热调节应适度。

人的起居也要顺应时节。人生活在自然界中,要顺应四时变化,避其寒暑,保护身体。万密斋说:"凡大寒大热,大风大雾,皆宜避之,不可恃其强健而不畏也。"我们不能一味地逞强,不能无畏,而是要小心谨慎,避开恶劣天气,使我们的身体得到应有的保护。

万密斋还提醒人们注意天气的反常现象:"如春应温而反寒,夏应热而反凉,秋应凉而反热,冬应寒而反温,此天地杀气,非正令也。尤宜慎之,以免温疫之病。"比如春天的倒春寒或者乍暖还寒,夏天的冰雹,进入秋天后持续的高温,冬天无雪的暖冬气候,这些反常的自然现象人们应该特别加以注意,避免瘟疫的发生。

在起居方面,万密斋把古人顺应春、夏、秋、冬四时的起居情况一一罗列出来,他写道:"所以古先哲王,立四时调神之法,春则夜卧早起,广步于庭,披发缓形,以顺其发陈之气,逆则伤脾矣;夏则夜卧早起,无厌于日,使气得泄,以顺其蕃秀之气,逆则伤心矣;秋则早起,与鸡俱兴,收敛神气,以顺其容平之气,逆则伤肺矣;冬则早卧晏起,必待日光,无泄皮肤,以顺其闭藏之气,逆则伤肾矣。"这个关于起居养生的措施,与对五脏的养护是一致的。春养脾、夏养心、秋养肺、冬养肾,使人体气的运行顺应四季,形成良性循环。

万密斋还提出,在运动方面也要顺应天时。春夏养阳,通过运动来旺其血脉,"春生夏长,乃阳气发泄之时,教以礼乐者,歌咏以养其性情,舞蹈以养其血脉,亦养阳之道也。"

人生病后,在治疗时也要法时。针对季节性的疾病,医生要酌情提出治疗之方。万密斋说,春、夏、秋、冬各种易得之病,皆要仔细辨别,分析原因,对症用药。

比如,人到春天,多生疮疥,这是由于冬天不能固密皮肤,寒气浸入,营血凝滞,到春天发起,变生疮疥,应用加减升麻和气饮治疗。

根据一般的法则,“春宜吐,夏宜发汗,秋冬宜下”,他说这是不可犯的时禁,即不能违背的自然规律。他批评一些医生的错误做法,说:“今人春月喜服过药利数行,谓之春宣。若无寒折之变,则宣剂亦不必服也。岂可下之以犯养生之禁,以逆上升之气也?此春行秋令,肝必受伤,至秋乃发病也。”春行秋令,是违背时禁的做法。

同样的病,在不同的季节发生,采用的治疗方法也不同。

万密斋分析春天的发热与冬天的伤寒时说:“春月无暴寒冰雪,人有病热者,勿误作伤寒治之。”此因冬伤于寒,至春发为温病也。他引用张仲景所言“太阳病,发热而渴,不恶寒者为温病”,可见温病者不恶寒而渴,伤寒则不渴而恶寒也,两者的区别在此。

不仅仅是顺应四时,还应顺应昼夜的变化。万密斋引用春秋时晋国大夫子产论晋侯的疾病的话:“君子有四时之调摄,朝以听政,昼以访问,夕则静坐,夜则安身,于是乎节宣其气,勿使壅闭湫底,以露其体。”一天之中昼作夜息,才是合乎昼夜的自然规律,所以我们不能熬夜,应早睡早起。

4.“却疾”

万密斋的理念是病起早治,无病慎药,治病有法。

“却疾”就是指防治疾病的方法。万密斋提倡“治未病”的理念,强调要人们保养好身体,使身体保持正气,充满能量,抵御邪气的入侵,远离疾病,将疾病消灭于萌芽之际。疾病的入侵是由外向内、由弱及强的。他说:“善治者治皮毛,不善治者治骨髓”,因为病在皮毛时,邪毒尚浅,还未伤及正气,所以可以用针用药;如果病情发展至深入骨髓时,邪气压正气,针药就都无用了。

他还提出,父母生子强健,精气元气充足,即父母为孩子先天打下了良好的底子,不需用或少用医药,这是上策,是“上药”;而精气不足,用食物来补养身体,即“五谷为养,五畜为助,五菜为充,五果为益”,这是“中药”;身体虚弱,疾病缠身,不得不用金石草木、昆虫之药以攻风邪,恢复正气,这是“下药”。

他总结养生之"五失",即养生的五个重大失误:"不知保身,病不早治,治不择医,喜峻药攻,信巫不信医。"他批驳当时人们迷信巫医的做法,宣传有疾病时要及时就医。

人体正气是根本,万密斋治病是非常谨慎的,注意保存人体的正气。"治病之法,虚则补之,实则泄之……攻其邪气者,使邪气退而正气不伤,此攻中有补也;补其正气者,使正气复而邪气不入,此补中有攻也"。"攻"所采用的是汗、吐、下、针、灸五种办法,使外感风寒、内伤食积等的邪气立即被驱除;但虚怯之病,则要注意不能采用"攻"的办法,而要先补足正气,否则邪气虽然驱除而正气不复,也是枉然。

有病要早治。"夫病已成而后药之,乱已成而后治之,譬犹渴而穿井,乱而铸兵,不亦晚乎?"已经病很重了,再治可能就来不及了,所以应该及早就医。万密斋批评有人病了不求医,而是一味地忍,直到病的程度很深了,还在讳疾忌医,一旦病重,再来求医,医生也难以施救。

万密斋有句名言:"无病服药,如壁中安柱。"他引用孙思邈的话"药势有所偏助,则脏气不平"。针对人们相信道士们炼制丹药以求长生不老的现象,他引用唐朝裴济谏唐宪宗的话,"药是用来治病的,不是朝夕常用之物,何况金石酷烈有毒,又加炼有火气,不是人的脏腑所能经受的。"

万密斋还指出,即使生病了,用药也不要过度,以免产生治寒生热、治热生寒的弊端。根据阴阳消长、阴阳互用的理论,他说:"治寒以热,治热以寒,中病即止,勿过其剂也。"若用药过度,会适得其反。他引《内经》的话说:"大毒治病,十去其三,小毒治病,十去其五,无毒治病,十去其七。"治病的药物都是有毒的,所以要制为定数,不能伤了正气。"谷肉菜果以食养尽之者,谓谷肉菜果去其未尽之邪也",可以谷肉菜果作食养,慢慢去除药物治病后身体内未去尽的那部分邪气。

人们对于养生往往相信补品。万密斋也相信药补和食补,但是补有讲究。比如,对于肾这个先天之本,应该有补无泻,用滋阴大补丸最佳,同时,他又开出两样药并用,"早服滋阴大补丸,昼服参苓白术散,夜服天王补心丹最妙,此三方延年之要也。”腰是肾之府,是人身的大关节。人在40岁以后,肾气始衰,宜常服煨肾散、青蛾丸两个药方,可以避免腰痛的问题。针对后天之本——脾胃,应用补中益气方,治脾胃正气不足诸病;用导滞消积方治水谷之邪气有余诸病。人年纪大了,往往气血不足,万密斋开具十珍丸、补髓丹,认为无疾之人也可以常服,以免因血枯气少、髓干精竭而生病。

针对当时人们多喜服酒药以去风湿的现象,万密斋说,人的阳常有余,阴常不足,酒是辛燥之物,助阳耗阴,再加上辛燥之药,不就太过了吗?

三、密斋养生,宜于借鉴

1. 养生四要,系统全面

明代中医养生专著大量出现,人们重视颐养天年,促进了养生学的普及和深入,丰富了此前的养生理论。万密斋重视养生,他结合《内经》的理论、儒道佛的思想,积极整理和探讨养生方法,加上自己的亲身实践,推出实用有效的养生专篇,其《养生四要》在明代养生著作中占有一席之地。他提出的养生四法系统而全面,从保护元气到饮食起居,从锻炼到防病治病,都是理论论证和实践方法兼备,阐述合理而清楚。在具体的养生方法方面,他也开出了药方,以祛病延年。万密斋的养生思想是一个综合的养生学体系。

2. 简单实用,易于理解

万密斋来自民间,他的养生措施也是为广大民众服务的。他驳斥了一些当时流行的养生方面的错误观念和做法,例如他利用医药知识驳斥巫医贻误病人,驳斥炼秋石的长生作用,使人们能正确判断和正确理解养生观念。他的许多养生理论、具体措施和药方,都是经验的总结,有他自己的亲身感受,因而易为人们接受。

在表达方式上,万密斋一贯利用歌括、西江月等形式,结合俗语、俚语,结合圣人、名人的生活例子,将养生道理讲得通俗易懂,将养生之法编得朗朗上口,易于记诵。如他以七言诗说明摄养的具体措施:“惜气存精更养神,少思寡欲勿劳心。食唯半饱无兼味,酒至三分莫过频,每把戏言多取笑,常含乐意莫生嗔。炎热变诈都休问,任我逍遥过百春。”

3. 注重脾肾,保养元气

万密斋从《黄帝内经》构建的“藏象”学说的基本体系中体会到命门、脾胃、肾脏的重要性,并提出后天养脾胃和保护先天的肾脏不受损伤,以保存元气的观点。万密斋认为,五脏调养当以脾肾为中心,然补肾又分水火,补脾又分饮食劳倦。其《养生四要·却疾》中言“肾为元气之根,脾胃为谷气之主……无元气则化灭,无谷气则神亡,二者当相交养也”,就是在强调补肾、补脾胃,二者缺一不可。

万密斋的这一观点与明代这一领域的代表人物张景岳的观点十分契合。张景岳属于擅长甘温补益的温补学派,其理论突出脾胃、肾与命门的主题,强调三者对生命的主宰作用。他以命门为先天“性命门户”,认为脏腑之精归之于肾,而肾又藏精于命门。万密斋提出顺应天地四时,以养脏腑形体,这是对养生理论的极大丰富。

万密斋在《养生四要》的总论中说:“养生之道,只要不思声色,不思胜负,不思得失,不思荣辱,心无烦恼,形无劳倦,而兼之以导引,助之以服饵,未有不长生者也。”从中我们可以看出,他注意心理和情绪的问题,也就是今天所说的心态平衡问题;注意清心寡欲、淡泊无忧;注意利用药物来养生,培植元气、防病祛病,并将药饵与饮食养生结合起来。

总之,万密斋的养生之法具有实用有效的特点,不仅为当时的人们减少疾病、延年益寿提出了具体办法,而且也为现代人的健康长寿提供了重要的启示。对于今天的养生事业,他的养生观具有重要的借鉴意义。

第五部分:成名篇

万密斋因为弃举从医,一生没有中举,也没有做官,只是作为一个民间医生,行走在地处一隅的罗田县,埋头为百姓治病。因为治疗效果好,他的声名渐起,他逐渐行走到更远的地方,到罗田的邻县、黄州,受到一些官员的召唤,为他们的家属治病,并得到他们的信任和赞赏,从而得到一定的荣誉,开始名噪一方。在黄州,万密斋的名声好比一块石子在湖中激起的波澜,随着他医治病人的数量增加和诊治效果显著而逐步扩大。

万密斋在50岁以后,将祖传的医术、自己的经验进行总结,形成著作并刊刻。此后,他的医书和名声,就不再只是循着常规路线一步步扩大了,而是插上翅膀,以无法预料的方式和速度,广泛地传播开去。在湖北黄州和荆、襄、郧阳地区都有万密斋的医书,甚至在今天的江西、江苏、安徽、福建、山东、河南、浙江、广东、湖南、陕西、四川等省份,远至日本、朝鲜,都有万密斋的医学著作流传,为当地的医生所借鉴和参考,从而为众多病人减轻了病痛,挽救了他们的生命。民国时罗田著名史家王葆心在《虞初支志》中记述了万密斋的若干医案,他描述了万氏医书受欢迎的程度:"世人爱其浅近简切,类以为研心斯道者导之。初桄甚至有井水饮处家挟是编,若兔园册者,但曰万氏万氏云耳,并不晓其名籍。"人们喜爱万密斋医书的浅近简切,每家都珍藏一本,以至于凡是有村落有人家的地方都有该书,人皆知"万氏"之名。

古今中外的医学家对万密斋及其医书有着较高的评价,这些都是有据可查的。如明代著名医学家王肯堂的《证治准绳》、张景岳的《景岳全书》、武之望的《济阳纲目》均多处引用了万密斋的论点;清代的《古今图书集成医部全录·医术名流列传》,此书收载万全列传;清代沈金鳌极其赞许万密斋,其《沈氏尊生书》引用了万密斋相关著作;清代陈复正的《幼幼集成》以1/3的篇幅引用了万密斋的痘疹专论,并指出:"痘科之书,如冯氏、翟氏、陈氏、万氏,又以万氏明显,可以济急。"在国外,朝鲜许濬的《东医宝鉴》、日本丹波元坚的《杂病广要》和汤本求真的《皇汉医学》都以不同篇幅摘引万密斋医书中的观点与章节。

万密斋的医书以何种途径保留下来?万密斋的名声如何得到了如此广泛的传播?在万密斋悬壶济世和医书流传的过程中,得到了哪些人物的提携和扶助呢?受到了哪些因素的影响呢?我们进行初步的总结,认为除了自身的努力外,他得到官员的奖励、友朋的感激、同行的服膺和子孙门人的继承。从明嘉靖年间开始,其著作不断被刊刻,更使他的名声得到传扬,以至远近闻名,素不相识的人也开始知道湖北有个罗田,罗田有个万氏家族,万氏家族有个名医,名医就是万密斋。

万密斋在学习儒家思想的同时,也能把儒家思想的精髓带到习医之中,这为他以后的行医之路打下了坚实的基础。万密斋行医,以病人为重,不断探索,尽心尽力,为病人解除痛苦,所以他不断得到人们的敬佩和夸赞,从左邻右舍到同里的百姓,再到县学师生,再到同学朋友,再到同行,再到当地各级官员,凡是经过他治疗的人,没有不满意、不心服的。通过这些赞许的言辞,万密斋的名声和影响范围在一步步扩大。万密斋在为官员及其家属治病的过程之中,得到了他们的赞许,湖广右布政使孙应鳌和黄州知府张三守为万密斋刊刻医书,极大地提升了万密斋的名声;万密斋诸子及门人在他的悉心教导和熏陶之下,都在当地行医治病,小有名气,这对万密斋名声的传播起到了积极的作用;而万密斋第四子邦治的儿子万机,以及其他万氏后世子孙用秘藏法保存了万密斋的著作,在清顺治年间得到地方官员的资助刊刻,使万氏祖传医术得以薪火相传,也为清代以降万密斋名声的传播大添助力。

有口皆碑

一、友人赞许,信任升级

万密斋的医术逐渐为人所知,人们一传十、十传百,先在罗田县境内相传,后来逐渐扩散到邻县。而他的几个重要的好友,不仅承认他的医术水平,更佩服他的为人和他的医德。这些朋友,大多是他县学的同学,是当地有一定名望的士绅,他们能言会道、能写善画,他们不仅用口碑来传播万密斋的名气,而且将他推荐给地方官员,并且建议和帮助他整理医书。他们的由衷赞许对万密斋名声的传播作用较大,为他日后成为名医奠定了良好的基础。万密斋在给同学汪大川、胡明睿和蔡惟忠之家属治病的过程中,不仅治好了病人的病症,还化解了之前与他们的矛盾,展现了万密斋仁义为怀、宽厚仁慈的心胸,让他们心悦诚服地赞许万密斋的医术和医德。

1. 胡三溪的赞许

胡三溪是万密斋的至交好友,后来任无锡县的县丞。万密斋说"三溪尝学医于我",也就是说胡三溪曾跟他学习过医术。但胡三溪进入国子监并任职后,尽管平时偶尔为人治病,但没有把医生当作是自己的职业。胡三溪特别信任万密斋,十分佩服他的医学造诣,请万密斋为他的女儿、儿子、女婿等多人诊视,"三溪之子多疾,托我调理","三溪初生二子,丁酉年入监,乃以长子托予,次子托万绍",当他不在家时就将孩子托付给万密斋。有一段时间,万密斋还在三溪家"坐馆",遇有高兴的事两人就在一起把酒言欢。三溪常常称赞他医术高超,尤其是在他给自己的儿女治病时,充满了对万密斋的感谢之情。

万密斋记述了他为三溪多病的儿子治病泻的事。胡三溪的儿子多病,3 岁时得了泻病,因此时万密斋在英山教书,三溪就和甘大用商议自己诊治,但都不奏效。这时三溪的哥哥胡元溪提醒说:"今有璞玉在此,虽万镒,必使玉人雕琢之。汝一子,不请密斋治之可乎?"他的意思是说,你就这一个儿子,像块宝玉似的,病了不请万密斋来看,行吗?三溪猛然醒悟,连忙派人去英山请万密斋。万密斋义不容辞,星夜赶来,发现孩子是伤食泻。三溪请教他说:"我和甘大用所用治泻的药方,都是您教给我们的,不敢自作主张,是不是症状有所不同呢?"万密斋说,泻有三种,你儿子属于积泻,用丁香脾积丸,一服药就能好。治好了儿子的病,三溪佩服万密斋用药有据。

胡三溪的女儿平时就有哮病,遇见下雨天就发作,发作的时候痰多,服用五虎汤、九宝汤虽然可以止住痰,但是不能医治病根。因为与胡三溪是好朋友,万密斋就思考如何去除她的病根。他在众多医书中搜寻,终于找到了《难经》中类似的记载:"肾主液,液者水所化也。肾为水脏,入心为汗,入肝为泪,入肺为涕,入脾为涎。"据此,他明白小女孩是属于肾喘,就用六味地黄丸为她医治,结果哮喘真的不复发了。

胡三溪对万密斋非常信任,他入国子监时就把两个儿子分别托付给万密斋和万绍。两个孩子出痘时,万密斋奋力医治,保住了其大儿子性命。但医治二儿子的万绍自以为是,万密斋出于好意,专门前去探视,并提出建议,结果被拒绝,孩子遗憾地丢命了。

还有一次七夕之夜,万密斋来到三溪家,两人在院中喝酒,结果三溪的儿子不明原因地一直哭喊。万密斋仔细查看了几次,发现孩子没病,后来想到了孩子是想要白天玩的马鞭子。就在拿来马鞭子,孩子看见的瞬间,他就破涕为笑了。胡三溪赞叹道:"如保赤子,心诚求之,善哉!"诚心尽力,才能摸透孩子的心思。当晚二人畅饮半夜,尽兴而归。

胡三溪对万密斋的信任和赞叹,是对万密斋的最大鼓励和肯定,而万密斋这几次神奇的治病经历,也随着三溪的赞扬而传遍三溪的朋友圈。

2. 同学汪大川的赞许

汪大川是万密斋在县学时的同学,在上学的时候,他曾和胡明睿他们一起排挤万密斋,说过万密斋的不是,对他的医术不以为意。

当时,学校的儒学教官陶先生 8 个月大的小儿子得了吐乳病,请了几位医生包括万密斋的同学前去治疗,他们用"理中汤",结果没有效。有人向陶先生推荐了万密斋,万密斋用的是同样的药——“理中汤”,却将孩子治好了,这令在场的汪大川和蔡惟忠等十分诧异,不过他们心里可能还有几分不服气。

因为之前的过节,汪大川的弟弟汪大宾(已去世)的儿子生病时,他也没敢请万密斋来治疗,导致两个孩子相继发搐而死。不幸的是,大宾所剩下的二儿子汪汝愚也染上了痘疹,症状与哥哥弟弟一样,大宾之妻不知所措,汪大川也感到了问题的严重性。面对弟媳的哭泣,想到不能让弟弟大宾绝后,大川硬着头皮来请万密斋,担心万密斋不肯出手相救。结果万密斋问了孩子的情况,说:“还等什么,快领我去,救孩子要紧!”

接着,万密斋为汪汝愚开出一方,将苦参酒浸过的牛蒡子、白蒺藜、何首乌、荆芥穗各等分,为细末,酒糊为丸,让病人用淡竹叶煎汤后服下。调理了一个月,汪汝愚的病好了。

自始至终,万密斋没有提及过去的事,这令汪大川从内心里佩服万密斋的医术,更感慨于他的医德——不计前嫌,以病人为重。从此汪大川知道万密斋是大仁大量的好医生。汪大川对万密斋看法的转变也影响到其他与万密斋有过节的同学。

3. 胡元溪的叹服

胡元溪是万密斋在县学时的同学,他家在县里有一定的势力,因补廪生一事,同万密斋结怨,曾拉拢其他同学一起排挤万密斋。

胡元溪39岁才得一子,因此对这个儿子极为疼爱,护理仔细,但在嘉靖二十年(1541年)春,孩子患上了咳嗽,日夜不停,也就是今天所说的“百日咳”。他之前与万密斋有过节,不敢请万密斋,怕他借机报复,但他请的张鹏、甘大用诸名医,疗效不佳,孩子病势危急。到了万不得已的时刻,胡元溪才不得不请万密斋前来医治。万密斋不计宿怨,随即前往,施药用方极为得当,立见疗效,“咳止二三十声,口鼻血止”。但胡元溪仍心怀疑虑,又另请万绍来看,并不再采纳万密斋的方案,致使孩子病势再次加重、连连叫痛。胡元溪只得硬着头皮再次来请万密斋,他恳求道:“明书不是,愿勿峻拒。”是我的不对,请先生不要拒绝!虽然这次万密斋说了几句奚落他的话,还是答应了他的请求。随着他的用药,孩子病情一日好过一日,调理17天后终于痊愈。

面对万密斋此举,胡元溪的反应是两个字——"叹服"。一个举人,曾与万密斋有不小的隔阂,中间结怨长达10年时间,却能对万密斋深为叹服,这多么不容易!这"叹服"中包含着自己的惭愧、对万密斋的感激和佩服。元溪的叹服,代表着他俩"化干戈为玉帛"。在众多同学中,诸如胡明睿、蔡惟忠等,都扭转和改变了对万密斋的印象和态度,加之胡元溪在罗田的声望,定会让万密斋的医术和医德在罗田县得到交口称赞,使其名声得到一次较大的飞跃。

二、同行服膺,相处和谐

万密斋在行医治病的过程中,不仅得到朋友们的由衷感激和赞叹,也以其高明的医术和高尚的医德,赢得了同行的认可,甚至是佩服,如万小竹、万朴、万黄崖、万石泉、韩雨峰、郑斗门、甘大文等医生就十分服膺万密斋。

我们很难想象明代的医疗环境和医生的处境,医生在当时是非常艰难的。穷人病了无钱医治,就求神拜佛,或请巫医术士聊以慰藉;富人病了,要么相信鬼神,要么请来一大堆医生,会出现众多医生围绕一个病人,彼此争执的状况。医生为了求生存,为了自己的利益和名声,也是各尽其力、无所不用其极,真正肯钻研医术、以病人为重的医生凤毛麟角。医生之间,互相竞争、尔虞我诈的情况比比皆是。因此,想要在同行中得到真心的赞许,的确不容易!万密斋就是通过自己积极探索治病之法以及高尚的医德和为人原则,而得到同行的认可的,有些医生对他由不以为意到刮目相看,再到虚心请教,甚至拜他为师。

前文中已经有不少同行共治的例子,但分散在其他各主题内容下。下面我们按人名分类,再简单地回顾一下这些和万密斋同时代的医生的故事。

1. 万小竹的称赞

万小竹,罗田县医生,万密斋称之为"良医"。他和万密斋有几次同为病人诊治的经历。

嘉靖二十一年(1542年),胡三溪的父亲胡晏患伤寒,过了16天症状都没有缓解。病人忽冷忽热,一天一夜要冷热循环十多次,请来的万小竹、张胜霄两位医生都不知这是什么病症,三溪自己懂医,也不能判断。三人无奈,商议请万密斋来看看。万密斋来后说,不用诊脉,这个道理很简单呀! 这个病既不在表,也不在里,而是在半表半里,阴阳混乱。胡三溪看着张、万二位医生说:“万先生这番理论有道理呀!”二位医生也伸出大拇指,啧啧称赞。用药后当天病人就不再寒热交替发作了。

嘉靖二十六年(1547 年)六月,罗田县胡松山的二儿子胡龙发热病,胡家请万密斋和万小竹两个医生同治。当时,病人“身壮热,自汗出,大渴,喜裸体。诊其脉,弦大而虚”。万密斋创制出一个方子,即小柴胡汤内摘柴胡、人参,白虎汤内摘知母、甘草,栀子豉汤内摘淡豆豉,共五味子、淡竹叶,称之为三合汤。万小竹看后,连连赞叹说:“此方甚妙!”果然,一剂三合汤服下去,病人就好了。

嘉靖三十五年(1556 年)五月,罗田生员胡应龙发热病。他们家先请万小竹来治,但是治半月未愈。万密斋来后,看到胡应龙身体向左侧卧不能动,知道是病情一直没有好转,而不是像应龙父亲所说的病治好了后因不注意而复发的情况。当时病人的鼻子还在出血,万小竹便想用“熨法”来治鼻子出血的问题,万密斋建议说:“不如用当归龙荟丸方熬汤饮用。”万小竹若有所悟,赞同道:“这个方子,甚妙!”胡应龙服用了一剂,胁部便不疼了,身体可以转动了。万密斋再看他的脉,发现“弦去而浮数”,便说:“这个应当用汗解的办法。”万小竹说:“可是,常理是‘衄家不可发汗’啊! 鼻出血怎么能用汗解法呢?”万密斋没有跟万小竹争辩,他知道张仲景的《伤寒正理论》中有这方面的记载,于是给病人连进二剂汗解的药,病人果然病愈。

从这几次万密斋与万小竹等医生共同诊治的过程中,可以看出万密斋在医术上确实是高人一筹,他熟悉医理和医书,能正确判断病症,并对症下药。同行万小竹虽有些疑惑,但面对万密斋对他的纠正和点拨,也立即表示赞同。从“用药甚妙”一句话中,我们可以体会到他对万密斋的服膺;再从他看到万密斋创制的药方后呈现出的“喜”色,我们可以看出他的苦苦思索和对万密斋高明医术的由衷赞叹。

2. 万石泉、万朴的“心服”

万石泉是罗田县庠生，万密斋称他“善医”，他也懂医术，有时行医治病。

万密斋还是罗田县学生时，当时县学教谕曾加一的儿子病惊风，先请万石泉诊治，万密斋听说后就跑到老师家探视，曾老师知道万密斋懂医，就让他俩一同诊治。万石泉打算用小续命汤，万密斋认为不可。因为肝主风心主惊，风火相煽，引起发搐，而小续命汤里多辛燥之药，用后会反助火邪，不如用通圣散。万石泉听了，觉得有道理，表示完全赞同，后来药还没用到量，孩子的病就好了。万密斋在医案中记载说“石泉心服”，万密斋若没有一定的能力，没有超越石泉的医术，石泉怎么会对一个县学生随便表示“心服”呢！

万密斋在为万石泉之子治病时，更是赢得了他的佩服。

万石泉得子很晚，对儿子宾兰爱如珠玉。宾兰在周岁时得了水泻，一昼夜拉10多次。石泉善医，就自己开药方给儿子治病，他用理中汤加诃子肉、豆蔻，结果无效。见情形不对，他急忙请万密斋来补救。他给万密斋述说自己用药无效的详情，请万密斋帮忙分析。万密斋引用《正理论》上的理论说：“理中者，理中气也。治泻不利小便，非其治也。”于是用五苓散去桂加甘草，只一服药而使病人泻止。伤寒 3 天后，孩子遍身发红斑，石泉十分恐惧。石泉读过《伤寒活人书》，知道发斑的原因，但对用化斑汤有疑虑，担心地问：“石膏性寒，非泻所宜吧？”万密斋解释道：“那怕什么，有这个病则用这个药，在夏天也能用白虎。”只一服药，小宾兰斑消热退。

万石泉早就对万密斋的医术心服了，涉及自己的宝贝儿子时，虽然他顾虑很多，对万密斋的疑惑也多，但万密斋讲得在理，他也甘心地接受，而疗效则无疑加深了他对万密斋的信任。

李天泉县丞在嘉靖三十一年(1552 年)的六月中暑，头昏、腹痛，医生给他服了理中汤后发汗热退，自认为病愈。结果万密斋见到李县丞时觉得他的病痛不久将发作，果然不久后，病真的发作了，他满腹极痛，状如奔豚。此时，万密斋再次给他诊脉，认为无大碍，给他服了一剂建中汤，疼痛便止住了。

第二天万朴来问安。万朴，是罗田县的省祭官，他也懂医，是个医生。万密斋在给县丞治病时,他前来问候,顺便给县丞诊一下脉,结果诊脉时露出惊慌的神情,万密斋知道他看出县丞的心跳急促,就给他解释说,心跳急促是因为李大人心慌忧愁。万密斋专门开一方为县丞解决心跳急促的问题。李县丞见万密斋用药如此神效,对他充满了敬佩,而此时,"朴亦心服",同行的医生万朴也表示心服。

3. 张姓李姓等同行医生的佩服

万密斋行医时的高超医术,让许多同行受到启示,心服口服。在万密斋的医书里,记载着一些不知名的医生,其中有"张医""洪医""王医"等,同样,万密斋为他们排疑解惑,让他们心生敬意。

张医是蕲水县的一位医生。蕲水县的庠生徐淑道的儿子患惊风病,刚开始请了张医治疗,没有治愈,徐淑道非常着急,便派人去请万密斋。万密斋发现孩子痰喘正急,还不停地抽搐,样子很吓人。他先治其痰,再治抽搐,逐渐见效,孩子平静下来,但是身体发热还是很厉害。面对这种情形,张医先后提出用解毒汤、竹叶汤和小柴胡汤,都被万密斋一一给否定了。

他对张医解释说:"小儿肝常有余,脾常不足。病发于肝,风木太旺,脾土受伤,这只是虚热,不能用这些寒凉性重的药物,否则会导致孩子中气损伤。"

于是,他用四君子汤,加黄芪、炒黑干姜。结果,只一服药,孩子的热就退了。

张医亲眼见到万密斋的治病效果后,非常佩服,决定让自己的儿子跟随万先生学习幼科。自己的儿子不跟随自己学习、传承家法,反而向其他医生学习,张医的这一做法,恰恰用行动证明了他对万密斋的佩服之至、信任之至,而且从今天来看,他这也是极聪明的做法。

蕲水县的致仕知县李桂西,万密斋称其"素习陶节庵书,与王医、洪医同治病者",即他读了一些医书,也懂医术。他的侄子李养晦在嘉靖三十二年(1553 年)二月患伤寒,他和王医、洪医就给侄子服用小柴胡汤加枳壳、桔梗,结果没有效果,侄子仍然右胁疼痛,病情一直持续了 17 天。

他们请来万密斋,万密斋看了之后说:"这是蓄水证。曾给他服用了什么药?"

了解用药情况后，他肯定他们的用药，说：“只用此方，再加牡蛎，以泄其蓄水。”

结果，只一服药而病情好转。“桂西叹服，洪、王二医曰：诚不及也。”李桂西对万密斋药到病除的神奇医术心悦诚服，洪医和王医则拱手称自己无法企及，是真正地心服口服。

在万密斋治病过程中，面对众多医生不知所措、莫衷一是的难题，他往往能迎难而上，化解难题，获得众医生心里的赞许或口头的肯定。

一个女子瞌睡嗜卧，身体发热，脖子软弱无力，不能支撑头部。来察看的医生都怀疑是风证而持疑不决，按风证治又不见疗效。万密斋来了，见此情形，对众位医生说：“这是阳虚病呀！这个女子必定是乳食伤胃，胃气不足，致清阳不升，所以脖子软弱无力，服调元汤就能解决问题。”他的话如醍醐灌顶，让人豁然开朗，而结果也真的如他所言，调元汤服下，“一剂而安，人皆叹服。”可以想象，叹服者中一定包括了此前感到无能为力的几位医生。

三、官员奖励，名声大振

万密斋出身民间，是一位草根医生。最初他给百姓治病，渐渐地，朋友的认可、同行的服膺，让他在罗田和邻县闯下了一片天地，为他之后行医奠定了坚实的基础。随着名气逐渐增大，他常常有机会被荐举给县、府、布政使司的地方官员，为他们的亲属治病，治愈后便得到他们的肯定和奖励。

夸奖万密斋的官员，主要有湖广右布政使孙应鳌、黄州知府张三守和罗田知县朱云阁，他们对万密斋都予以高度的赞赏，使万密斋的名声得到了较大的传扬。湖广右布政使孙应鳌更是因为万密斋的医术高超，为万密斋刊刻医学著作《痘疹心要》，使万氏医书得以流传至今。万密斋还曾两次获得罗田知县朱云阁赠予的“儒医”匾，同时也受到了一些官员的高度赞许。总之，从县学教谕、县丞、知县、知府到布政使等，无不见证了万密斋的高超医术。官员们适时地夸奖，使万密斋的名声愈来愈响。

1. 罗田县县丞李天泉称之为“儒医”

罗田县丞李天泉在嘉靖三十一年(1552 年)六月中暑了,腹痛厉害,后又发热,全身骨头疼,他请来的医生给他服用十神汤,他身体发汗后热退了。万密斋前来问安,又请求给他诊脉,发现“其脉洪滑而数”,是大病即将来临的脉相,但因为李县丞自以为病愈,所以不好多说什么。没多久,李天泉的病真的发作了,肚子疼痛难忍,疼得左右打滚,他紧急召来万密斋,大声嚷嚷道:“你先前诊脉,知道我有病,二话没说就走了。现在我的命掌握在你手上,你快救我!”万密斋诊脉后认为无大碍,给他服了一剂建中汤,疼痛立刻止住。县丞酣然入睡,到第二天才醒。他一醒,就呼叫“密斋”,说要留下他在此调理,不要急着回家。万密斋为县丞又开了一个方子,结果只一服而心不跳、促脉不现。

李县丞问:这药怎么这么神?站在一旁的医生万朴也对万密斋表示心服。李县丞十分感激万密斋,特地写了谢帖:“我病正亟,烦你调治,病就像燎原之火,而你用清冷之泉将之浇灭。千真万确,医比于儒,先生就是儒医,令人敬服啊!”

李天泉亲身体会了万密斋高明的医术,专门写了谢帖,情真意切地感激万密斋救治的及时和神速,也敬佩其医术手段的高妙,将他与当时社会地位极高的儒者相提并论,对他进行了高度赞扬。

2. 罗田县知县朱云阁的两次赐匾

朱云阁任罗田知县 3 年来,万密斋曾经 4 次为他儿子治病,包括腹泻、脾弱、痘疹和卵肿等急性和慢性疾病,并为其女儿治愈惊风,几乎成了朱知县家人健康的守护神。朱知县十分信任万密斋,对他高度赞扬、多次奖励,并两次赐匾,给予他极高的荣誉。

嘉靖三十七年(1558 年)六月,朱知县年满 7 岁的儿子口渴腹泻,请了几个医生来治都没有效,拖了一个月,依然渴泻不止,于是请万密斋前来诊治。万密斋查看了病情,说:“公子渴得厉害,当先止渴。”朱知县不以为然,认为泻的问题更严重,“当先止泻!”万密斋说:“先止其渴,渴止泻亦止。”并决定用“白术散”。朱知县说:“这药已经服过多剂了,不管用!”万密斋胸有成竹地说道:“我的用法不一样。”耐心解释后,他将葛根用量加倍,而不像一般的医生将之与人参、白术、茯苓、甘草、藿香、木香六味同等分，且作大剂煎汤，让病人以药汤代水饮之，只喝药汤不喝水。

知县听了这一席话，终于“闻而是之”，表示首肯。结果证明，万密斋果然用药精准，只一剂就治愈了。朱知县不禁感叹道:“不论是泄泻还是痢疾，都可以服用此药，多多益善。不仅泄泻可止，也不会脾虚生风，真是神妙之方啊！一定要把这个医案详细记载下来!”

朱知县的儿子由于脾胃素弱，常常伤食，长得又瘦又黑。朱知县曾请韩姓医生治疗，他用枳术丸为公子补脾，公子伤食后就让他服保和丸，结果无效。知县又去请教万密斋，万密斋分析说:“这个办法固然不错……但应当七分补养，三分消导，则脾胃自强，不至于用药而伤中气。”

知县听后，觉得颇为有理，忙夸道:“甚善！甚善！先生赶紧开一个方子我看看。”于是万密斋就开了“养脾消食肥儿丸”。公子服后，神采顿异，饮食无伤。自此之后，公子不再伤食，也渐渐长得白胖起来。知县更加高兴，记录下这个方子，并亲自提笔书写“儒医”二字作匾，奖励给万密斋。

朱云阁还有一个女儿，未满周岁得了惊风症，万密斋一开始用治疗惊风的秘方——泻青丸，却不见效。一番思考之后，万密斋煎药作汤，以薄棉纸滤去渣滓。药汤给小千金服下，只一服就起效了。朱知县大喜过望，佩服万密斋的聪明妙手，并赐给他“儒医”的匾额。

朱云阁因为万密斋多次治愈其儿女的疾病，佩服其神奇医术和根治疾病的决心，对他充满了感激，也为本县有如此高明的医生而骄傲。他两次赐给万密斋“儒医”之匾，以表彰他的功绩，鼓励他再接再厉，为本县人民造福;宣传万氏的祖传，使其门楣光大。可以想见赐匾仪式的隆重:县太爷朱云阁一定是坐着轿子，派一行人敲锣打鼓，抬着儒医之匾，送到万密斋府上，并将之悬挂在万家的门楣上。从此，罗田万氏的门楣开始光大，万氏医术在罗田县名声大噪，无人不知无人不晓了。

朱云阁后来又将万密斋推荐给黄州知府张三守，这些都表明了他对万密斋的认可，万密斋不再只是一个草根郎中，而是备受尊敬、致力于医道的儒医，他的社会地位得到了显著提升。

3. 英山县太守吴公称其为“良医”

嘉靖四十二年(1563年)二月,英山县吴太守的一个儿子突然得了发搐之症,当地的医生用二陈汤、竹沥治疗,依然抽搐。由于吴太守去英山县上任时经过罗田,认识了万密斋,就差人去请来万密斋。万密斋来后,观察到小儿的脸色发青、两颊发红、目光直视,便说:“公子是外感而致发热,热未发散而抽搐。根据症状,有可能会发展成惊风。”于是用泻青丸以泻肝热,用导赤散以泻心火,只一服药,抽搐就停止了。

如此奇效,令吴太守十分开心,他喜不自禁,夸赞万密斋道:“你诊断精准,对症下药,见识超群,真是一个不可多得的良医啊!你一来到,我就感觉有了主心骨,现在果然不用忧心了!”

吴太守见识了万密斋卓尔不凡的医术,感激他治好了儿子的病,发自肺腑地夸赞他,称他为“良医”,这样自然提高了万密斋在英山县的声望。

4. 黄州府知府张三守的赏赐

黄州知府张三守的儿子生病了,整个黄州府所属州县举荐来的医生都没能将其治好,只有万密斋药到病除,这让张知府对他另眼相看,大加夸赞。

嘉靖三十八年(1559年)十月的一天,万密斋收到朱云阁知县差人送来的一封信,上面写着:“本府张三守的公子患风疾,苦于没有良医,听说你懂医善医,让我召唤你,你当火速赶来,这是济世之事,也是功名之会。”万密斋一看,原来是黄州府知府张三守的公子病了。

万密斋奉命迅速赶到黄州,当时已是十月二十七日,距张公子发病已有20多天了,当时的医生都按惊风病进行治疗,用抱龙丸、牛黄丸、苏合香丸,均不见效。万密斋了解病症后对张知府说:“公子所得的不是风证,而是肺虚证,应用小阿胶散治疗。”这让在场医生们哑然失笑,都想阻止他用药。幸亏张知府坚持让儿子服了一剂,结果当晚就效果显现——公子喘止热退,开始要求进食。

十月二十八日一早,张公斥责那些医生道:“诸位杏林高手,把犬子的病当作风证,完全诊断错误。如果昨天我听了众位的劝阻不让服药,哪有如此奇效?早请万先生来，犬子就不至于一直受病痛煎熬了！”一番话说得众位医生面红耳赤，灰溜溜地退场了。

在十月二十九日那天，他又对万密斋进行了赏赐，给了他一些黄金，并命令用官驿送他回罗田。这对于万密斋来说真是莫大的荣耀！黄金有价，但是来自知府亲自赏赐的黄金是无价的，这不仅表示了知府对万密斋的感激和信任，也表示了他对万密斋医术的肯定。用官驿送他回家，更是无比风光的事，是对他医学地位以及社会地位的提升。万密斋弃举从医，一辈子不可能做官，但现在他凭借自己的医术，享受到了官员才能享受的待遇。可想而知，万密斋在黄州医界、鄂东地区，可以说都大有名气了！

5. 湖广右布政使孙应鳌的相知与奖励

孙应鳌隆庆元年(1567 年)至隆庆三年(1569 年)在湖广担任右布政使、郧阳巡抚。其间，孙应鳌结识并多次邀请万密斋为其家人治病，并且在隆庆二年刊刻万氏《痘疹心要》一书。孙应鳌对万密斋有知遇之恩，是万密斋一生中的贵人，让他的人生轨迹发生了极大的转变。让我们看看二人相交的过程。

隆庆元年(1567 年)五月，孙应鳌 5 岁的女儿病泻，过了两个月，未见好转，越来越瘦弱。孙应鳌只有这一个女儿，为此非常着急。黄冈的吏员王滨江将万密斋推荐给了孙应鳌，七月十三日万密斋奉命来到，他用补脾的方法为孙小姐止渴止泻，不到 10 天，身体就大安了。此时孙应鳌非常高兴，“公喜”，他把万密斋留住在书馆中，以便他为孙小姐随时调理。万密斋用白术散给孙小姐服药 20 天，最后彻底根治孙小姐的泻病。听万密斋讲医理如此透彻，用药疗效又如此之好，此时“公大喜”，孙应鳌更加高兴，对他产生了好奇，询问万密斋是否读过书。万密斋讲述了自己的经历，“公因此加敬，赐之坐”，与之推心置腹地交谈，畅谈经书子史、律历之学，完全将他当作一个朋友了。

当万密斋请求归家时，孙应鳌挽留说：“我即将代巡今年的秋闱场屋，我入场后，不放心小女，想留先生在此，为她调理到八月，以宽慰我的爱子之心。”万密斋回禀道：“大人知遇之恩，小民敢不奉命！”

在孙应鳌入考场之前，他对万密斋讲：“本人在陕西阅卷甚多，得了目疾，看卷用眼持续时间稍长,就会眼珠胀痛,让我十分苦恼。如今我马上又要入场,又要面临看卷的问题,先生给我开个方子吧!"

万密斋于是开始着手思考对症的药方。他将以八珍汤为主的方子呈上,孙公看了竟皱起眉头,疑惑地问:"治目疾而不用菊花、蔓荆子,这是何道理?"

万密斋解释说:"先生果然见识广博、深通医药啊。大凡目疾,有内因和外因,您所说用菊花、蔓荆子和防风之类,所谓'火郁则发之',是用来治疗外因引起的目疾;而您用眼过度伤血,属于内因,应当以养血为主,所谓'目得血而能视'!"

孙应鳌听到这一番分析,觉得非常在理,对万密斋诊病细致、用药对症的治法非常心服。等到阅卷结束回来,他欣喜地对万密斋说:"先生真有他医所不及之处,所开的药方甚妙,我在考场中,日服一剂,虽然昼夜看卷,眼睛却不胀痛,也没有流泪。"于是,孙应鳌专门记下了该药方,以备将来之用。

孙应鳌于八月七日入场屋中,让他的义男、曾学过医的孙还陪伴万密斋。结果,在八月十三日,孙小姐因为菱角吃多了,伤了脾胃,开始发喘,面目浮肿。孙夫人大惊失色,请万密斋及时医治,希望尽量不让老爷知道此事。万密斋以钱氏异功散为主方,加藿香叶以去脾经之湿,紫苏叶以去肺经之风,只一服药,孙小姐就肿去喘止,身体舒适了。孙还记录下这个方子,待八月二十九日孙应鳌出场后,看到孙还所记录的方子,高兴地对万密斋说:"药方经典!这可以记录下来作一个医案。"他对万密斋一留再留,直到九月初十,才准许他回去,并赏赐给他"冠带"。

因万密斋治愈了自己及女儿的病症,孙应鳌对万密斋已是充分了解并心怀敬服。九月送归万密斋时,在罗田知县唐肖峰的见证之下,他赐了劄、冠带、"儒医"匾、白金10两共4样东西给万密斋。这样的赏赐对于万密斋来说,具有重大的意义。劄是古代的一种文书,也指布政使司下发给罗田县的一种公文,并不是一般的信札;冠带则是发给万密斋的象征儒学生员的衣帽;所赐的"儒医"匾,则比罗田知县朱云阁的"儒医"匾级别高很多。儒生身份的失而复得,是万密斋梦寐以求的事情,让他的社会地位顿时提升。经历了半生蹉跎,行医实践、拯救无数生命的万密斋,此时受到了应得的、足以让他荣耀后半生的待遇!

隆庆二年（1568年），孙应鳌巡按郧阳。不料他的女儿患上痢疾，从五月到七月，在荆州、襄阳、德安、郧阳四府医官都医治无效的情况下，只好舍近求远，派人接万密斋来。万密斋奉命而往，不敢耽搁，五个昼夜马不停蹄地赶到郧阳。孙应鳌听说他到后，十分高兴，急忙召见他，讲述病情，研究治疗方案。万密斋用河间黄芩汤加入人参，小姐服后五日而安。万密斋又应孙公的要求，解决小姐每年五月非泻即痢的问题。万密斋分析，小姐脾虚，饮食易伤脾，就针对性地制一药方。孙小姐服后大安，泻痢再也不复发了。孙抚台感慨地说：“小女去年在湖广病泻，今年在此病痢，皆五六月间，幸遇汝之良而安。然小女之遇汝，尔之遇我，非偶然。”孙家小姐遇到万密斋是她的幸运，这是救命之恩，而万密斋遇到孙公也是他三生有幸，这是知遇之恩。

在郧阳这一年，万密斋还为孙应鳌医治怔忡膜胀的毛病。万密斋考证经文，参以脉候立方，为孙公补肺阳、养心阴，收怔忡、滋肾阴，孙抚台看了药方，“览之大悦”，非常满意，立即取药制丸。

鉴于万密斋的医术高明，良医难得，在该年九月，孙应鳌决定为万密斋刊刻医著《痘疹心要》一书，使之为医家所借鉴，推广流布。隆庆三年（1569年），孙应鳌的女儿患了痘疹，症状特别罕见，孙抚台以为是不治之症，陷入绝望，万密斋安慰开导，给他立下保证，并用药调理，使孙小姐得以痊愈。对此，孙抚台无比感激，拱手对万密斋说道：“先生神妙，真的不枉我为你刊行痘疹书啊！”

孙应鳌在该书序言中写道：“隆庆纪元，予辖楚藩。以女病诸医用药皆不效，闻罗田有万生疗小儿有神验，亟延至之。命之诊治，女病果愈。予政暇时时与万生卮谈，乃万生非如他医但了一方一脉自售其术。其为业，自《素》《难》下及近代医书，靡不究悉原委，剖别是非，又能溯诸六经性理，根于吾儒之道，信有本矣。盖万生少尝从事科举，以不得志，遂隐于医，宜其世之为医者不能望而及者。万生著有《痘疹心要》一书，予为梓之，俾表见于世。”从中看出，孙应鳌认为万密斋医术高人一等，为他医所望尘莫及，儒学根底深厚，熟悉医书，不只是卖弄一方一剂。他世代为医，青出于蓝，但因科举不得志而业医。这是对万密斋推心置腹的心里话，是真正理解万密斋境遇和追求的知己之言，是对万密斋行医事业的肯定,也是对他高超医术的极大赞许!他出资出力帮助万密斋刊刻医书,就是为了让万氏医学公之于世,为人所知,并福泽世人!

在孙应鳌的赏识和推动下,此后万密斋开始不断著述,积累医案,并将之前整理的家传医书都刊刻出版,留给世人宝贵的医学著作。从万密斋生活的明代,再到清代,万密斋的贡献和名声就不仅仅局限于鄂东、湖北的范围了,而是广泛传播,传到广东、江苏、四川、河南等地,甚至日本。

四、子孙门人,后继有人

郑翥校订本《幼科指南》的首页有《密斋戒子赞》,万密斋这样告诫子孙:“披肝露胆,竭尽衷肠,精修此秘,非子不宣。吾儿知此,恪守家传,静观吾意,细味吾言,勿忘吾戒,勿忘吾传,叮咛及此,则当蹄筌,苟一泄者,天监神电。”

古人为了将自己的家训、家风、祖传秘方、人生经验教训等传给子孙后代,使家族永远传续,家业永远传承,往往写有戒子书,用心良苦地教导儿孙。从上述万密斋的戒子书中可以看到,他将家传秘方传给子孙时,说“非子不宣”,不是自己的儿子就不传,希望儿子们恪守家传,体会父亲的用心,不要忘记父亲的告诫。如果有谁泄露,将会遭到上天的监督和惩罚。接着,万密斋又讲明为什么要作此戒子之书,“此戒语之作,盖因此科上承宗祖之秘传,下为儿孙之精产,吾十子之众……”万密斋认为自己是上承祖宗的秘方,对上要负责往下传,而对下呢,十个儿子,靠什么生存,自己要为他们谋出路、谋生计,为子孙奠定基业。万氏秘传的医术和药方,只要他们掌握领会,足以支撑他们的生计。但是秘方不能轻易泄露,在那个没有专利申请的时代,泄露了就意味着饭碗被别人抢夺,自己失去保障。所以,万密斋对子孙千叮咛万嘱咐,仿佛是天机不可泄露。我们很清楚,尽管后来万密斋将万氏秘方刊刻出来公之于众了,但中国古代的传统传承路径——家传,即父传子、师传徒,这条路他已经在走。他让儿子们学医,精心地教导他们,使之掌握万氏秘方精髓。即使他将秘方公之于众,也不妨碍儿子们学医,继续走治病救人的道路。

在万密斋的著作之中,明确记载跟着他学医的儿子有长子邦忠、次子邦孝、三子邦正、四子邦治与八子邦靖。其余的儿子,没有资料显示他们有治疗病人的经历。门人徒弟,则有甘大文、甘大用、郑斗门、蔡朝扆、卢半默和不知其名的张医之子。万密斋的儿子和徒弟们大多能继承万密斋的医术和医德,使万氏秘方不至于失传,并在当地承担救死扶伤的使命,在一定程度上延长了万氏行医的时间,扩大了他行医的范围,自然也提高了万密斋的医学声望。

《万氏宗谱》中记载,万密斋的十个儿子都跟着他学医行医,而在万密斋医书中有明确记载的是长子邦忠、次子邦孝、三子邦正、四子邦治、八子邦靖。我们没有找到万密斋儿子留下的亲笔信息和资料,所以只能根据万密斋教导儿子的记载和他们随父行医或独自行医的故事,来推断他们的学有所承,以及对传播万氏名声所产生的影响。

1. 长子万邦忠

嘉靖五年(1526 年),万密斋的第一个儿子万邦忠出世了,祖父特别疼爱他。邦忠 21 岁时开始跟着父亲学医。在万密斋的著作里面,关于邦忠学医行医的记录不少。

嘉靖二十八年(1549 年),邦忠 24 岁,他 18 岁的妻子李氏患了严重的痘疹,他为此十分着急。万密斋了解了李氏病情后,劝邦忠不要心慌,根据《黄帝内经》是可以找到办法的。他叫邦忠用生血散去五味子,加当归身、生地黄,煎药给李氏服用。李氏的病情逐渐好转,月经也恢复正常,再用十全大补汤加麦门冬慢慢地调理身体,就痊愈了。

这是邦忠向父亲学习行医的一次良好实践,通过这件事情,他不仅学到了医学知识,知道同样的药方不同的医生用法不一样,而且知道学习医学理论很重要。所以,他决心要勤奋学习医术,灵活地运用医学知识去给病人治疗,达到融会贯通。他除了学习《黄帝内经》以外,还学习《伤寒杂病论》《脉经》和父亲的医学经验。

吴若泉有一个儿子在 3 岁时患了痘疹,请邦忠前去医治,万密斋也跟随邦忠前往。邦忠来到病人家里,看到这个小孩一点精神也没有,感到自己没有把握,就看着父亲,希望父亲能医治这个可爱的孩子。

父亲对邦忠说:“这个小儿,身体里面有毒气,平时饭量也小,所以看上去病怏怏的。”一会儿,父亲又说,“这个病已经无药可治了,要看这个小孩是否能吃,能吃才有救。”

第二天,这个小孩突然吃了很多东西,邦忠想到父亲昨天所说的“能食则救”,很高兴,以为看到了希望,没想到父亲说这个小儿不行了。邦忠不解其故,“现在能吃东西,怎么还是不行呢?”父亲解释道:“一般能吃的人,很久不吃东西就会想吃东西,如果慢慢地、循序渐进地进食,胃才能接受;现在突然想吃,且吃得多,说明胃气败绝了,就像膏火将灭,定会大亮一阵然后突然熄灭,所以这个小儿命在旦夕了。”

邦忠想起自己读过《伤寒杂病论》,其中讲到胃气败绝的恶候,那是寒气内盛所致,而由于热证导致除中的现象,书里并没有写过呀!父亲看到邦忠能结合书籍提出自己的疑惑,非常欣慰他的进步,便帮助他分析其中的道理,邦忠获益匪浅。

邦忠通过父亲的言传身教,进行理论分析,在行医过程之中不断总结经验,提高自己的医术。

胡三溪12岁的大女儿,在嘉靖三十九年(1560年)患了痘疹,先请了喻南麓医治。喻南麓认为有钱人家会出手大方,便用了参芪大补的方剂,过了20天,到了痘疹收靥的期限,仍没有收靥的迹象。因与三溪是好朋友,万密斋便前去探视。他发现,因为用温补药过多,病人里邪尽出而表毒不解,现在当务之急是立即解表,不使皮肉腐烂,但喻南麓坚持己见,自以为是,以致又过了5天痘疹仍不收靥。

三溪着急了,一是着急女儿的病,二是为难万密斋与喻南麓之间的分歧,他相信万密斋的分析有道理,但又不好请他,只好请邦忠来。邦忠在父亲的间接指导下,为病人解表、清毒、泻火,经过一个月的调理,病人终于病愈了。

显然,通过这次行医实践,邦忠又一次明白不可滥用补药,不该用的时候用了只会适得其反,需根据实际情况对症用药。

蕲水萧家有一个小孩3岁时患了痘疹,家人便派人请邦忠前往治疗。但他治疗没有效果，邦忠便请了父亲万密斋前往。

邦忠问父亲：“为什么痘快好的时候，这个小儿却不能说话了？”万密斋列举了4个医案给邦忠解释，说这是肺发热的症状。之后，又教邦忠用柑桔清金散给小儿服用，不久小儿便痊愈。

可以看出，治病过程中常常会遇到怪异的、似是而非的症状，这就需要进一步钻研。万邦忠能独立行医了，但是仍难免遇到疑难杂症与困惑，此时经过父亲的启发和指导，他能猛然醒悟、豁然开朗。经父亲一次次答疑解惑之后，邦忠自然能够从中获益，不断思索，从而逐步向高明的父亲靠近，将难题一个个地解决。一个家庭中的长子，其责任是重大的，他必须为后面的弟弟做好表率。邦忠勤学好问，逐渐独立行医，他的弟弟们也一个一个地走上行医的道路，万密斋的医术与名声也随之“一传十，十传百”地传开了，范围越来越广。

2. 次子万邦孝

万密斋的次子万邦孝于嘉靖七年（1528年）出生，从懂事起也开始跟随父亲学习医术，这在万密斋的著作中也有资料证明。以下两个医案都可以证明邦孝是跟随过父亲医病的，虽然只是辅诊，但确实参与了行医。

一次是邦孝为自己的儿子治病。邦孝的儿子在2岁时患了痘疹，并且发热，在三日之内，又突然感到寒冷，这样的病症像是疟病。他向父亲哭诉儿子的病情说：“我的小儿怕是要小命难保了。”

万密斋说：“救死扶伤，就像蒿工撑船，也会常常遇到风浪，你作为一名医生，一定要沉着应对，稳住阵脚，才能战胜风浪。你现在怎么能如此手忙脚乱呢？以后又怎么救人呢？”针对小孙儿的情况，万密斋又说，“只要把寒气退掉，便能痊愈。”果真最后孙儿的痘越来越少，病情好转了。

邦孝这时刚刚开始行医，因为是自己的孩子，干系重大，所以很慌张，辨析不了儿子的病情。万密斋用激励的方法鼓励他，使得邦孝明白医生的责任和使命，一是要学精医术，才能沉着应战；二是今后要视人子为己子，别人的孩子病了就像自己孩子病了一样，要尽全力医治。

另一次是邦孝陪同父亲给汪白石家的婢女治病。邻近的蕲水县汪白石家一个2岁的小婢女出痘,痘疹密密麻麻,而且还是夹斑、夹疹、夹痘症,非常棘手。万密斋让邦孝用升麻葛根汤加防风、荆芥、玄参、连翘、牛蒡子、淡竹叶、木通制成一个方子。结果,只喝了一服药,神奇的一幕就显现了,小婢女身上夹杂的斑、疹不断减少,后来只剩痘子了,渐渐化险为夷。

邦孝亲眼看到药到病除,对父亲由衷地佩服。尽管他不是独立出诊而是在父亲的指导下,但这说明其医术定是得到了父亲的认可,才能同行,在父亲的指导下用药,并积累临床经验。强将手下无弱兵,邦孝遇到这么难治的夹斑痘疹,也长了见识,从而学到了父亲的真经。

3. 三子万邦正

万邦正是万密斋的第三个儿子,生于嘉靖十年(1531年)。邦正小的时候患了病,甘大用医治无效,还是父亲治愈的。在万密斋的著作中,也有两则医案显示邦正行医的情形。

罗田县庠生胡凤原有一个儿子得了泻病,他自认为精通医术,便以理中汤治疗,并没有效果,又来请教邦正。邦正用理中丸给小孩服用,还是没有效果,便来请教父亲。父亲以五苓散作为主药,给小孩服用,小孩便痊愈了。

黄冈陶前墩的儿子在痘快好的时候,咳嗽得厉害,呼吸急促,家人派人来请邦正。邦正用柑桔汤加牛蒡子、麦门冬,却并没有什么效果。于是又请来了父亲,结果父亲用柑桔汤加牛蒡子、紫苏、地骨皮,小孩服用一剂便痊愈。

这两次,邦正虽然没能凭一己之力治愈病人,但父亲有效的治疗方案,他一定会铭刻在心。医案说明邦正已经开始独立行医了,在罗田当地甚至在黄冈都有一定的名气,到后来邦正在黄冈的名气就更大了。黄冈的进士王一鸣,为万密斋的医书写跋,其中提到邦正与他的父亲是好友,且邦正与王一鸣兄弟非常投缘,交往密切,40年来邦正一直为他们家治疗保健,因此王一鸣非常感激,"不独不谷借手布万君父子之显谥,且以报叔子四十年之谊",他说自己刊刻万氏医书,是为了感谢邦正40年的恩情,也是为了宣扬万氏父子的名声。不言而喻,邦正有效地在罗田本地以及黄冈传播了父亲万密斋的名声。

4. 四子万邦治

万邦治在小时候患过痫证,万密斋用了 3 年的时间给他治愈了。邦治长大了以后,也跟随父亲行医。

本县人徐少柳的儿子得了痘疹,两只眼睛都睁不开,先请万邦治来,他把该小儿的症状当做痘翳来治,没有奏效,于是又请万密斋来。万密斋看后说:"眼睛肿得厉害,又不流泪,这不是痘翳,而是脾经湿热。"万密斋开了一个药方:苍术、黄连、防风、升麻、生甘草为末,用蜂蜜水调服。孩子服后便痊愈了。

汪怀江的次子在 5 岁的时候患了痘疹,痘出得又多又密,颜色发红。汪怀江害怕痘疹扩散,就请万密斋、邦治父子一起前来医治。父亲对邦治说"这个痘很危险,不过还有救",就教他开了药方。小孩吃了三剂药之后,身上红色慢慢退去;父亲又教邦治用了一些药,给小孩调理了 15 日,小孩慢慢好了。

万密斋七儿子的媳妇徐氏患了痘疹,眼睛红,嘴唇干裂,全身红斑,情况特别危险。万密斋与邦治商量说:"徐氏的病症,需要开大剂药方才可以救其性命。"万密斋开了通圣散全料大剂,徐氏用药后便痊愈了。

邦治治病虽有一定的经验,但还很不足,不过他已经得到了独自行医的机会,父亲也常与他商量。尽管有时到了最后还是要父亲前去救场,但总的来说,他还是得到了父亲的信任,这说明邦治是可造之材,也说明万密斋后继有人。

5. 八子万邦靖

万邦靖是万密斋的第八个儿子,万密斋的医著中,有两次关于他跟随父亲行医的记录。

知县唐肖峰 12 岁的儿子于正月患上了痘疹,因万密斋同知县一起去京城了,所以其家人请的是邦治、邦靖与韩凤岐。他们将痘治好以后,孩子右肩膀有一个地方变得又红又肿,但不是脓疮。韩凤岐用针治疗,致使该小儿的手臂都不能抬起。三月底,唐肖峰从北京回来,到达上蔡就听闻儿子的病情,甚是担忧。万密斋便安慰他。一回到罗田,万密斋便进行诊治,发现小儿的手不痛,只是软弱无力。他给唐知县分析说:"这是肝热气虚,宜补气血。"于是开了一剂药方,混合成药丸,小儿服用半月后痊愈。

本县人胡近城的小儿子患痘,痘还没有完全发出,其家人便请万邦靖前往医治。万密斋也一起前往,发现孩子面呈红色,于是对邦靖说:"《伤寒论》有云,面呈红色,如果不散热,痘出之时,便会痘多且颜色发红,将十分难治。"随后,万密斋教邦靖用升麻葛根汤加防风、牛蒡子、连翘,该小孩服用三剂,脸上的红色便消退了,后来出的痘也很稀少。

从这两则记载可以看出,在万密斋不在场的情况下,他的儿子邦治和邦靖已经可以独立视诊了,这说明他们在当地是有一定的影响的,只是他们的医术跟父亲比起来还稍欠火候,不如父亲既知治标又能治本。

作为一代名医,万密斋在医术和医德上达到的高度往往是他人无法企及的。名医是多少人中才出一个,就像一座高峰,不可能人人都能到达巅峰,所以想要诸子和弟子们都"青出于蓝而胜于蓝"也不太可能。万密斋对子孙们谆谆教诲,寄予很大的期望,希望他们传承家秘,保持万氏名声。诸子基本做到了,但仍没有完全达到他的理想。

万密斋在晚年,因对儿子们的医术不太满意,便决定将自己的医术、经验和著述都传之后世。尽管《万密斋医学全书》记载的都是万密斋自己的医学案例,但其中也有一些他教儿子看病的例子。万密斋对诸子要求严格,行医期间,他始终起着指导性作用。我们应该认识到,万密斋诸子其实医术也很高明,有的已经开始独立行医,并不是学艺不精的庸医,相比周围的医生,他们的医术还是略胜一筹的。诸子奉行万密斋的心愿,将医术传承下去,到了他的曾、玄孙那一辈,医术都可圈可点。他的孙子万机,是四子邦治的儿子,对万氏医术有重要贡献;而五世孙万达,是万密斋三子邦正的曾孙,是万氏家传的继承者,医术也不错,刊刻《万氏全书》,对万密斋医书的保存及其在清代的流传做出了很大的贡献。

6. 孙子万机

万密斋四子(即《万氏宗谱》的第六子)邦治的儿子叫万机,字光祖,号有范。万机生于嘉靖四十年(1561 年)前后,万历十年(1582 年)万密斋去世的时候,万机已经 20 多岁了。万机继承祖业,继续行医,他有两个重大贡献:一是修订《片玉痘疹》;二是编成《幼科指南》。在万氏家族中,万机是一个社会地位和声望都较高的人物。乾隆四十六年(1781 年),其后代子孙又重新为他修墓立碑。

清顺治年间万达辑刻《万氏全书》,首先刊刻的就是家藏秘抄本《片玉痘疹》。《片玉痘疹》共 13 卷,其中第 3 卷和第 4 卷是万机"新著"的:第 3 卷为《痘疹始终验方》,载痘疹证治 28 条;第 4 卷为《痘疹始终验歌》,收载五言、七言歌诀,并总结痘疹治法十四字诀,即"发散消除斑毒解,调和保养病身安",末附痘疹治疗医案一则,记载的是痘疮落痂后证治,万密斋书中原无此证治,是万机补充的。医案中记述,王氏有一个女儿先死于这个症状,之后又有一个孩子患这个病,就请了万机来医治,结果万机将之治愈了。这个医案表明,万机行医治病经验丰富,能够在其祖父的医术基础上有所创新,是一位治痘高手,属于万氏家族第五代传人。

万机还在其他卷中补充了一些内容,其中篇幅较大的主要是以下三个部分:卷 10《收靥证治歌括》后"附一十二条三方于后";卷 12《余毒证治歌括》后"附二十一条";卷 13《麻疹骨髓赋》《麻疹西江月》后"附始终证治方略"。万机增添的内容使得万密斋原书中的药方得到了更好的阐释,某些内容清晰化,或得到了补充与改正。

《幼科指南》是万机在《片玉心书》的基础上删订而成的:《片玉心书》里原有 15 个药方,万机把其中的 13 个药方放在比较重要的位置,又把《片玉心书》中他认为比较次要的内容删除了,使药方的记述更加简单明了。因此,《幼科指南》文字精简,内容丰富,条理也十分清晰。

7. 五世孙万达

万达,字通之,是万密斋第三个儿子邦正的曾孙,万密斋的五世孙,大约生于明朝末年,清顺治和康熙年间在世。他于顺治十一年(1654 年)至十六年(1659 年)间,将万氏医书刊刻成《万氏全书》,共 10 部,108 卷,该书卷端写有"玄孙通之万达"字样。这是此后刊刻万氏医书的祖本,也是现存最早的版本。

万达的贡献是保存和刊刻万氏医书。万氏子孙把万密斋著述藏于砖层之中,使其在明末清初的兵荒马乱中幸免于难,万达将之取出,使其重见天日。接着,他积极地与知县李雨霑、吕鸣和、黄州府推官祝昌以及地方士绅们沟通,谋划筹措资金,刊刻《万氏全书》。

万达得到了官方资助和地方贤达的帮助,不辞辛苦,辑刻了万密斋的十部医学著作,为万密斋学术思想和临床经验的传播做出了不可磨灭的贡献,使万密斋的名声在清代广为传播,下文的“著作传扬”一节中我们会详细叙述万达刻书的情况。

万密斋的医术远近闻名,弟子门人也有不少,但史料记载的人数却相当少。据万密斋医书中的医案可知,万密斋的徒弟主要有胡三溪、甘大用、甘大文、郑斗门、蔡朝扆、卢半默。胡三溪后来出仕为官,不以行医为业,此处我们且不提他。

8. 徒弟甘大用

甘大用,是万密斋小妾甘氏的兄长。万密斋有记载说:“妾兄甘大用学小科于我,授以幼科,其术颇明。”甘大用跟随万密斋学习儿科,逐渐通晓医术。万密斋的医案中有几处明确记载甘大用治病的故事。

知县张鼎石的公子未满周岁,没日没夜地哭。张知县听闻公子乳母言甘大用擅长幼科,急忙派人去请他。甘大用看了小公子后,称是腹痛,用了理中丸,没有效果,又称可能是得了伤食病,用益黄散治,也没有效果,小公子依旧啼哭不止。

张知县想起了万密斋,急忙派人去请。万密斋观其小儿的气色,称:“公子面颊红润,根本没有得病,而是因心烦啼哭的。”

面对张知县的疑问,万密斋进一步解释说:“如果是腹痛,脸色会呈青色,而不是红润;如果是伤食,脸色会呈黄色。公子是心中有热,所以心烦而啼哭。”他用导赤散加黄连、麦门冬,以灯芯草煎药。

没想到,用药后的当晚孩子哭得更厉害了,张知县一大早就派人请来万密斋,并责怪他。而甘大用见了师父,暗示说先生也没有治好公子。万密斋对张知县说:“这其实是病好的表现,无需担心。孩子病好了就会感觉饥饿,但是半夜乳母未到,所以哭得更厉害。喂奶后孩子便会安静。”

张知县的公子因为肚饿而哭,甘大用却以为是师父没能治好。他与乳母私下交接,而且医术也不够高明,还排斥自己的师父,所以万密斋并没有为他说话。

另一个涉及甘大用的医案是为1岁的胡逸泉治泻病。胡家请了甘大用为小儿治病，没有效果，便又请了万密斋前来。万密斋看病之后，便说：“拉肚子频繁，在这么热的季节，孩子却皮肤干燥无汗，只怕是由泻病变为疳病了。”万密斋将黄连、木香、诃子肉、豆蔻、干蟾、使君子肉、砂仁等分为末，以粟米糊丸，陈仓米炒热后煎汤，让病人服下。调理3日，孩子满头出热疮及小疖，身有微汗，渴泻俱止，脱离危险了。

但在另一则医案中，甘大用则表现出了他虚心求教、锲而不舍的精神。

本县徐屠夫家的儿子病泻，请甘大用治却不效，此儿大热大渴，烦躁不安，甘大用无法，只得拉着师父万密斋去看。万密斋问之前服过什么药，甘大用回答：“服过玉露散，初服泻已止，因热未除，又服，结果又开始泻，到今天第5天了，越发加重了。”

见此情况，师父对甘大用说：“可用理中汤加熟附子治之。若服药后，更加烦躁，再进一剂即效；若不烦躁，就不可治了。”

万密斋回家半月后，甘大用提着三牲酒来到万密斋家，先给药王上供，又让他妹妹甘妾置办酒席，请师父上坐，高举酒杯跪地给他敬酒。万密斋不知他要作甚。

甘大用敬拜药王后，请教师父道：“请问尊师，前年祖保（即邦正）病泻，用理中丸不效，您教我用玉露散止之；这次徐家儿子病泻，用玉露散不效，您又教我用理中汤加附子止之，这是何道理？”待万密斋解释清楚后，甘大用又问：“请问老师，您说服理中汤后，愈加烦躁则可治，若不烦躁则不可治，这又是什么道理？”

甘大用能问出这些问题，万密斋十分欣慰，说明甘大用在用心思考问题，在心中存疑，在不断探索，所以他均耐心解答，以帮助他精进。甘大用能如此勤学好问，苦苦思索，又得到万密斋这样的高人指点，从他的态度和医术方面来说，他都会不辱师门，且有助于万氏医门的发展。

万密斋在此医案后说：“用自此后，医术渐通，家道颇昌。”甘大用自此事后，医术渐好，家境也殷实起来。

9. 徒弟甘大文

甘大文是万密斋的二徒弟,也是甘妾的二哥。

罗田多云山的周家有一个小孩 9 岁时出痘,出痘之后,头部肿大,眼睛也睁不开,请甘大文医治,可是甘大文感觉力不从心,只得请教于师父。万密斋在得知小孩病情之后,就对他说:"这是受了风热,风热导致头部肿大,而不是痘毒。"师父开了药方,甘大文按照药方去医治,小孩最后痊愈。

有一次,甘大文自己的儿子发烧,他以为是一般的感冒,稍微服用点药即可。万密斋看了后说是痘疹。3 天以后,小孩的痘疹没有发出,这下甘大文着急了。

万密斋说:"这小儿的痘疹毒没有出来,应该及时医治,不然恐怕有生命危险。"甘大文急忙恳求师父帮忙救治。万密斋开了药方,为小儿调理了几天,痘疹毒全部被药给逼出来了,小儿最终痊愈了。

万密斋借此事对甘大文说:"无论是谁家的孩子,我们都应平等对待,生命本来就是平等的,不分自己小儿和别人的小儿,这是一个医生该有的职业道德,你一定得牢牢记住啊!"从这个医案可以看出,万密斋是一个医德高尚的医生,他用心爱护与悉心教育自己的徒弟,教他们造福百姓。

10. 徒弟郑斗门

郑斗门是罗田邻县英山县人,因万密斋治好了他儿子的病,服膺万密斋而拜他为师。经过万密斋的认真教导,郑斗门的医术越来越好,最后成为当地较为出名的一位医生。

英山郑家三代单传,郑斗门的儿子郑廷试患了痘疹,万密斋给郑廷试治了半个月,而在这段时间里,郑斗门与万密斋交谈医术医德,又讨论医道,渐渐就对万密斋起了崇拜之心和敬佩之情。他感叹地说:"非达仲景之妙,安能有此子也?"若不是万先生像医圣张仲景一样高妙,我的儿子怎能安然无恙!若是学到万先生的医术,那岂不是能挽救更多病人的生命?于是他萌生了拜万密斋为师学习医术的念头,他知晓罗田的胡三溪是万密斋的知己和得意门徒,便请他作为中间人帮忙传话,表达自己拜师的意愿,并让他作见证人,自己正式拜万密斋为师。

郑斗门的侄子郑鄘子,在 3 岁时患了痘疹,请万密斋前往治疗。郑鄘子刚开始起痘之时，肩膀、腰臀间有数个干的黑点。郑斗门以为只需进行调理即可，便去请教万密斋。万密斋说：“痘疮变为黑色，这是逆痘，应该及时治疗，不可拖延，否则会危及生命。”又给他讲解治疗黑痘的若干方法。

英山县的沈天禄患了伤寒，先请郑斗门治疗，因为当时郑斗门也是一个名医。郑斗门开了药方没有治好，便请了万密斋去医治。万密斋用知母麻黄汤与补中益气汤去升麻、柴胡，加麦门冬、生地黄、熟附子。服用了一剂药，沈天禄便痊愈了。郑斗门感叹地说：“先生果然名不虚传啊！”

万密斋治愈了郑鄙子和沈天禄，让郑斗门十分感激且由衷佩服，也从中学习到了一些理论和方法。万密斋曾说郑斗门是英山的“名医”，认可他的医术；郑“名医”对师父佩服之至且虚心好学，无疑能从万先生那里得到真传。这样，师徒互相促进，随着郑斗门的医术越来越精湛，他一定会维护师父的荣誉，在更大范围内积极传播师父的名声。

11. 徒弟蔡朝扆

蔡朝扆是黄冈人，据《医圣万密斋传》中所讲的故事可知，他从小就十分好学，非常自信，周围的人都夸赞他，说他将来必定能当官。但三次应试名落孙山，蔡朝扆患上了忧郁症，家人请来甘大用，医治却无效。蔡朝扆的父亲抬着儿子去了万密斋的家，万密斋对他进行诊治。万密斋明白蔡朝扆是因为落第而患了忧郁病，就采用精神疗法，对他进行反向刺激，以喜事来冲淡他的忧虑，并让他多与好朋友聊天交谈。结果，蔡朝扆焦虑抑郁的情绪被冲淡了，病也在不知不觉中好了。蔡朝扆感叹：万密斋先生果然是一位名副其实的名医啊！于是他产生了学习医术的想法，这样，他成了万密斋的一位弟子。

在万密斋的医案记载中，有蔡朝扆侍医的身影。《痘疹心法》中记载，隆庆五年(1571 年)，黄冈程旋溪不到一岁的儿子出痘，请万密斋诊视，此儿“多笑”，密斋知道是因为心火有余，就让蔡朝扆用黄连、山栀仁、辰砂和水为丸给小儿服下。3 天后小儿情况改善了。这一记载显示了蔡朝扆曾跟随万密斋行医。

而在《广嗣纪要》中，也留下蔡朝扆以密斋弟子口吻记录的几条医案信息，诸如“徐太和之妻娠八月得子满病，……请密斋师治之”，“密斋师在郧阳时，值郧阳知县一婢临月患此病……请师治之”。由此可知,作为弟子,蔡朝宸的一大贡献是补充师父未记录的医案信息。此外,他也校勘师父的医书。在建邑书林余良史所梓刻的《广嗣纪要》5 卷本上,卷端题为“黄冈门人蔡朝宸校”。蔡朝宸在黄冈行医,并为万密斋校刊医书,对于扩大万密斋的名声和影响功不可没。

12. 徒弟卢半默

卢半默是罗田县庠生,万密斋在著作中提到卢半默时这样说:“本邑庠生卢半默,予之专门弟子也。前妻李氏出痘甚密……”可见,卢半默是万密斋认可的专门弟子。卢半默的前妻李氏出痘很多且痘疮都破了,发肿灌脓,气味腥臭,很长时间都不收靥,病人也饮食减少,喝水呛喉。于是请万密斋前往治疗,万密斋说:“这个症状太严重,痊愈不了。”果然 20 多天后,李氏死去。

此外,万密斋的弟子还有张医之子。因为张医曾为蕲水县的徐淑道的儿子治病,结果无效,而万密斋来后则手到病除,这让他惊叹佩服,便让自己的儿子拜万密斋为师学习幼科。万密斋的好几位弟子都是因为眼见万密斋医术的神奇、感受到他的人格魅力而拜他为师的。这样的弟子在学习时一定会虚心请教,对师父也会十分恭敬,他们在自己行医的范围内——罗田、黄冈、英山等地区,也会让万氏的医术和名声不断延续下去,造福鄂东人民。

万密斋的弟子之中,大部分人的医术都不错,也有极少数不听师父教诲的。万密斋绝不为亲者讳,对于不守祖训的门人,他会严厉批评。正是因为在众多的儿子和弟子中,没有特别让万密斋满意的接班人,所以他晚年行医之余,不断著述,想将医术流传给后世,于是有了万氏医书的刊刻和流传。

著作传扬

通过口耳相传将自己祖先的秘方传给子孙,或者通过带徒弟的方式传给门人,这种方式是传统技艺、工艺等所经常采用的传承方式,适用于小范围的家传秘方、秘而不宣的技术,这种办法能很好地保住子孙的饭碗,但影响却会非常有限。而著述和作品一经公之于众,虽然可能会砸掉子孙的饭碗,但是“学术乃天下之公器”,可以供更多的人学习借鉴,这样,著作得以传播和流传,其影响就会非常广泛,与口耳相传的功效不可同日而语。随着万氏医书的刊刻和流传,万密斋的名气也呈几何倍数增大,使他由一个闻名鄂东的医生一跃而闻名省内外、海内外,因此著述的刊刻和传播是万密斋名声传播链条中的重要一环。

从郧阳巡抚孙应鳌首次为万密斋刊刻痘疹医书开始,万密斋的名声就仿佛插翅腾飞,然后有黄州知府孙光祖、湖广提学佥事陈允升、会稽县县令曹继孝、湖广按察使丁此吕、黄冈王一鸣、江西巡按御史秦大夔、彭端吾、邓士昌、崔华、日本著名医家名古屋玄医等众多知名人士的认可和支持,他们讲述自己借鉴万密斋医术的亲身感受,生动描述其良好效验,肯定和赞誉万密斋的医术医德,并出资组织刊刻医书。随着他们的调动和升迁,仿佛有一辆辆宣传车,将万氏医书载往各地,不断地产生传播的效应。

一、郧阳巡抚孙应鳌首刊《痘疹心要》

孙应鳌,在隆庆元年任湖广右布政使,因为爱女得了泻病,众医用药后都没有起色,所以在听说罗田“万生”治疗小儿病非常灵验后,就急忙派人请来万密斋诊治,果然治愈了。孙应鳌留万密斋住下,后来万密斋又帮助他治好了眼疾,帮他女儿治好伤食症。隆庆二年(1568 年),孙应鳌又任郧阳巡抚,女儿又生病了,这次得了痢疾,两三个月内,荆州、襄阳、德安、郧阳 4 府医官均医治无效,孙应鳌无奈只好派人去请千里之外的万密斋。这一次万密斋不仅成功治愈病人,而且还按照孙巡抚的进一步要求,为他的女儿分析病源所在,用药物彻底调理好了她的肠胃。

万密斋几次出手,都收效甚佳,让孙应鳌充满了感激和欣赏。通过与万密斋的交谈,孙应鳌了解到万密斋弃儒从医的原委,也认识到他学识丰富以及有救人济世的志向,知道他并非与一般的医生一样只是靠一方一脉来自我炫耀,他是一般的医生所不能望其项背的。万密斋迥出他人之上,不仅术业有专攻,熟读医书经典,掌握医学理论,而且精通儒家六经性理之义,学有本源,因此孙应鳌对他非常赏识和看重。鉴此,他决定帮助万密斋,刊刻他所著的医书《痘疹心要》。他对万密斋说:“小女病重,万幸之中遇到高明医术的你,得以病愈而安。然而,小女遇到你,和你遇到我,都绝非偶然!”这席话表明了他们之间的不解之缘!对于当时的万密斋来说,这真是莫大的知遇之恩!刊刻《痘疹心要》,将万密斋的医术传播于世,不仅可以救治众生的疾病,而且也实现了万密斋一生的志向,成就了他俩的一项共同的事业。孙应鳌在《痘疹心要》的序言中,讲述了上述的渊源,对万密斋的医术表示了充分的肯定,对万密斋的才学和志向也进行了高度评价,最后写道:“以予爱女求医之心推之,则为父母之保赤子者,斯心大略皆同。而赤子之最难保,莫过痘疹。得是书审察之,剂量调摄之,万生之术溥而大行,安谓其不得志耶?”隆庆三年(1569 年),孙应鳌的女儿患了痘疹,情况非常危急,属于痘疹中的逆证,他当时焦急万分,万密斋安慰他,同时竭尽全力地治疗,终于又一次手到病除,保住了孩子的生命。孙巡抚十分感激,情不自禁,说:“万先生,真不枉我为您刊行痘疹之书啊!”

隆庆二年(1568 年)孙应鳌的刻本是《痘疹心要》的首刻本,也是万氏医书的第一个刻本。孙应鳌在序言里给予万密斋极大的肯定,对万密斋的影响非常大,这不啻是对他莫大的鼓励,增强了他写作的信心,促使他产生著述传世的想法,同时也极大地提高了万密斋在当时的声望。

二、黄州府知府孙光祖刻《痘疹心要》携归浙江

孙光祖,字子绍,号怀堂,浙江慈溪人。嘉靖三十八年(1559 年)进士,官至广西布政使,隆庆三年(1569 年)任黄州知府。大约隆庆初年,他的朋友秦父冈因为自己的孩子患上痘疹夭折了,所以较为关注痘疹医书。后来秦父冈得到楚黄地区蕲水黄廉的痘疹书(即黄廉剽窃的万密斋的痘疹书),发现该书中有虚实之辨、解毒补疗之法,又分门别类列出病症,因病用药,井然有序。如此好书,他赶紧抄录而归,授予众多儿科医生,他们因此得以救活不少幼儿。当孙光祖上任黄州知府时,秦父冈专门给他介绍该书,讲明渊源,表明想要找到原本的愿望。孙光祖因为事务繁杂,并未立刻寻访到原书。万历元年(1573 年)的夏天,他才如愿获得万密斋的《痘疹心要》数卷。为此,他非常高兴,如获至宝,立刻付梓刊

刻,推而广之。孙光祖这次是在黄州刊刻的,所以有时我们见到"黄本"的说法,就是指孙光祖的重刻本。

1573年,孙光祖刊刻了万密斋的《痘疹心要》一书,底本是孙应鳌的隆庆改本。他完成了他和秦父冈最初的愿望,将之散布给众多医生,使之能因病溯源,随方投剂;让人们不再饱受失去爱子的痛苦,子女得以茁壮成长。作为地方官员,能给百姓施此仁术,也算是实施了一项爱民惠民的仁政。万密斋在《重刻〈痘疹心要〉自序》中提到,"黄州守孙公怀堂又取郧本刻之,载归四明",也就是说孙光祖将刊刻的医书带回自己的家乡浙江,这样孙光祖、秦父冈以及万密斋的仁爱之心又广布于浙江,万密斋的名声也随之传到了浙江。

三、无名氏刊刻《痘疹心法》万历本

我们所了解的重刻本都是以隆庆孙应鳌的郧本为底本的,内容是万密斋《痘疹世医心法》的第二稿,而万密斋晚年时还对郧本有修订和补充,为第三稿《痘疹心要》(为不与前两版相混,后人称之为《痘疹心法》)。该本为万历定本。那么定本是什么时候刊刻的呢?

现藏于上海图书馆的《痘疹心法》一书,开篇为孙应鳌序、孙光祖序,次为万密斋《重刻〈痘疹心要〉序》《〈痘疹心要〉改刻始末》。后两篇是由万密斋自己撰写的,最早见于此本。虽然我们无法得知该本的刊刻者和主持者是谁,但此书的内容出自万历七年(1579年)的修订本,应该是万密斋生前最后一次修订的版本,此时他已经81岁了。

此刊本的开篇《痘疮节要总括论》写道:"乃搜辑往哲诊治之法及先君经验之方,汇成歌括,凡百九十四首。"歌括数量与万历修订本里歌括数量相同,且第一次补上了医案。据该本中万密斋自序所言,《痘疹心要》"凡三易稿",他提到将初本改作后,巡抚孙应鳌在郧阳刊刻,黄州太守孙光祖刊刻之后携归浙江四明,这是第二稿;接着他又进行了修订,"其书既出,视初本虽颇精详,然有未尽之证、未立之法,恐不足以活夭殇、广仁爱,垂永久远也。于是,补其阙略,附以医案,属望有力者锓诸梓焉。庶天下后世之习幼科者无沧海遗珠之叹,为得鱼兔之筌蹄云尔。若夫不知而作者之罪,予弗敢辞。”将第二稿补上阙略、附上医案,希望“有力者”能梓刻,这是第三稿,这些他在《〈痘疹心要〉改刻始末》中也有同样的叙述。万密斋希望梓刻的愿望实现了,第三稿成为万历定本,遗憾的是这个“有力者”究竟是谁,我们今天仍不得而知,也不知道他是在具体什么时间、出于什么缘由而出手刊刻的。笔者估计可能是在万历七年(1579 年)之后不久,于湖北刊刻的,因为这个版本及时更新了万密斋的最新成果。

四、湖广提学佥事陈允升校勘刊印《痘疹心要》

陈允升,苏州昆山人,隆庆二年(1568 年)进士。他担任湖广提学佥事时,就到处寻求医方。因为他幼小的子女出痘时情况很危险,经过医药救治才幸免于难,所以他对治痘疹的医方特别上心。

到均州后,也就是今天十堰武当山一带,他得到了孙应鳌刊刻的万密斋的《痘疹心要》一书,如获至宝。他认真研读后,发现该书非常理想,可以用作“痘科指南”。他说:“其辨证最核而参方最精,根极于《素》《难》微旨,而人人可以与知,是痘科指南也。”

在万历六年(1578 年)前后,他携书回到苏州。当时,苏州一带有不祥之气,可能是痘疹盛行。此时,他的小女儿也出痘了,多种恶候并发,请来的医生看了之后直摇头,不知如何是好。陈允升翻开《痘疹心要》,仔细搜寻,找到了对症的方法,女儿竟然神奇般地康复了!

从此,他更敬重该书,视之若神仙所授,爱不释手。在阅读的过程中,他发现郧阳旧本有错误的地方,便亲自加以校刊,使之成为善本,常常带在身边。他的大儿子拿着这本宝书,向他请求说:“父亲大人,我还清楚地记得儿子小时候痘疹发作厉害时,爷爷吃不下饭,父亲您也吃不下,都担心和心痛我的病情,焦急万分。可怜天下父母心,遇到痘疹,世间凡为人父者莫不如此！万密斋先生的书如此灵验好用,您何不将此书重刻传世呢？那样,对父子之情而言不也是一件好事吗?”陈允升听了,觉得非常在理,完全契合自己的心意,于是点头夸赞儿子讲得好。万历十一年(1583 年),他在苏州刊印了该书。对于痘疹的危险和危害,陈允升及他家里人都是深有体会，他们推己及人，将万密斋的仁爱之术传播出去，造福更多的人。

此时万密斋已经去世一年了，九泉之下的他，应该很欣慰了！陈允升的刻本至今还在南京中医药大学和上海第二医科大学等处收藏着。

五、会稽县令曹继孝刊刻推广《痘疹心要》

曹继孝，字达卿，湖北黄冈人，万历十一年（1583 年）进士，万历十二年（1584 年）任会稽县令。在会稽上任之后，即万历十三年（1585 年），在浙江重刻《痘疹心要》。

曹继孝跟之前刊刻此书的前任黄州知府孙光祖颇有渊源。曹继孝任职浙江会稽后，常常忧虑不安，于是去请教回到浙江慈溪故乡的孙怀堂，对他曾刊刻《痘疹心要》并赠书给自己表达诚挚的谢意。孙怀堂对他说：“你为何要谢我呢？”曹继孝拱手致意，恭敬地说道：“我此前游历到金台，正好小儿患痘疹，非常严重，请那些高手医生来看，从痘初出到遍布全身，他们全都无能为力，一个一个告辞而去，小儿的病情严重，危在旦夕。百般无奈之中，拿出您送我的《痘疹心要》，按方投剂，不断观察，到了书上所许下的日期，竟然真的见效了，孩子得救了。这么大的恩惠我怎能不谢？如此神奇的医书又怎能不传呢！我打算将之付梓，以推广知府大人的恩惠！”孙怀堂欣慰地说：“有仁有义，可喜可喜！可以跟你谈仁政之事了！孟子所言‘保赤子’，只要诚心求之，没有求不到的。幼吾幼以及人之幼，这是真正的王道。你如此疼爱你的儿子，惟恐医生不贤和医方不精良，像这样推己及人，爱民如子，将仁爱推广到全县的百姓，谁能说你什么不是呢！……你这样诚恳切实地想要推广仁书，我知道你一定是用德惠对待百姓的人，所以说可以跟你谈仁政之事了。”

孙光祖极力赞扬曹继孝的刻书愿望，并点拨他将这种仁爱之心推及到治民理政上去。曹继孝同时还跟当时比邻会稽的山阴县的县令张鹤鸣商讨刻书之事。张鹤鸣看了该书后，慨叹该书“的确是仁书”，评价了该痘疹书的理论水平和巨大价值，认为不仅业医者会拍掌欢迎，像曹县令这样有爱子之心的人也可以按方投剂,莫不奏效。张鹤鸣论述道:人生了病,谁不需要医生?医生所道及的各种病症,并非人人都会染上,而痘疹一症,无人幸免,因为痘疹而夭折的占一大半之多。现在曹君爱其子以及天下人之子,强烈地想推广该书使家传人诵,这种爱天下的仁心,堪称百姓的父母啊!为此他欣然为之作序。

在如此大力的鼓励之下,曹继孝将该书交给儒生王钟瑞、王杰校刻,用手头所有的陈允升刻本对校互证,使之更加完善。曹继孝认为,虽然《痘疹心要》一书,前面已经有陈允升刻于苏州,孙怀堂刻于黄州,孙淮海刻于郧阳,但这么多的刻本仍不能使家给人足,还有更多的人迫切需要。因此此次刻本并非赘刻,并非多此一举,这次推广,将使浙江的婴幼儿大大受益。

曹继孝这样真切地感受到《痘疹心要》的价值并着手刊刻、积极推广,不仅使万密斋的高明医术造福更多的人,也使他的名声进一步传入浙江的千家万户。

六、湖广按察使丁此吕刻《痘疹心要》

丁此吕,字右武,南昌新建人,万历五年(1577 年)进士,万历十二年(1584 年)后任湖广按察使,于万历十六年(1588 年)将万密斋的《痘疹心要》"重付剞劂,以参其传"。

丁此吕为什么要刊刻《痘疹心要》呢?这里也有一段他与痘疹疾患的渊源。

丁此吕儿时患痘,病情非比寻常。一天,他正在构思为文,突然腰疼异常,不能正常起坐,晚上又口渴得厉害,饮水不止,来了两三个医生围着他查看,说是伤寒剧症。他父亲十分信赖的汪先生来了,稍微看了一下,不言而退,悄悄告诉他父亲,说他正在出痘。于是他父亲请退了其他医生,唯汪先生的话是听。经过汪先生的调治,他的痘快结痂了,可是他的哥哥又染痘,日渐萎顿,大家担心哥哥因弱不禁风而不胜痘患,更何况痘色不佳。汪先生临危不乱,说 10 天包好,不用恐慌。他对兄弟俩采用不同的治法,一个主泻一个主补,果真都无恙而安。其父与汪先生因此而结平生之欢。当年汪先生救治的痘疹患者不下数十人,都转危为安。丁此吕曾经请教汪先生治痘是否有奇方,汪先生回答:怎么会没有呢?但奇方只能偶然侥幸而中,关键是要以本源胜。

经过与痘疹这样一番较量,丁此吕深知自己逃脱痘魔的魔爪,免于身填沟壑,实属非常幸运,所以他一直揪心痘疹,并希望有所论著,以与天下有见识的人作一印证。当他赴任湖广按察使时,他的第二和第三个儿子相继布痘。因为道远,不能再请汪先生前来,正在惶恐不安之际,他得到萧大夫送来的万密斋的《痘疹心要》。丁此吕招来医生,根据书上的记载,寻找药方进行施治,两个儿子先后病愈。为此,丁此吕感慨这本书与汪先生所言非常契合,其大旨就是“以本源胜”,一般医生的据一方而炫为奇药不可与之同日而语。正好该书的原刻本就在湖北,时间既久,湮没无闻,不易得到,于是,在万历十六年(1588 年),丁此吕重锲该书,以扩大其传播范围和影响。

从隆庆二年(1568 年)到万历十六年(1588 年),该书一再重刻,充分显示了万密斋痘疹书的价值。通过这些官员的现身说法,《痘疹心要》无疑会历久弥新,万密斋的名声也会为更多人所知晓。

七、黄冈王一鸣刻《痘疹心法》

1. 明万历年间王一鸣刻《痘疹心法》

此本由王一鸣于万历二十三年(1595 年)在临漳刊刻,共 23 卷,包括《痘疹格致要论》11 卷和《痘疹世医心法》12 卷。

王一鸣,字伯固,湖广黄冈人,万历十四年(1586 年)进士,授太湖令,万历二十二年(1594 年)调临漳,有文集《朱陵洞稿》。《痘疹心法》系他在临漳任上所刻。王一鸣为何要刊刻《痘疹心法》呢?我们看他所作跋就知道原委了。

王一鸣是黄冈人,与万密斋同郡,万密斋的儿子万邦正与王一鸣的父亲是好友,且邦正与王一鸣兄弟非常投缘,40 年来一直为王家提供医疗佐治。为了感谢万密斋父子的情谊,宣扬万氏父子的名声,也为了能拥有一本万密斋的痘疹书,“是役也,不独不谷借手布万君父子之显谥,且以报叔子四十年之谊,即不谷时时手一编,不致作石头悲,足矣!”那么“石头悲”是怎么回事?此处“石头”是指南京,也就是发生在南京的悲剧。

万历二十一年(1593 年)北上,停泊在南京时,王一鸣的一个儿子突然染痘,咳嗽剧烈,上下牙齿打架。本来王一鸣有一本万密斋的痘疹书,出行时走得急忘了带上。他惊恐异常,在火炉前坐了一夜。偶然从旅店中打听到一个医生,便约好次晨来诊治。鸡刚叫三遍,他就急不可待地派了数拨人前去请,医生却不慌不忙,直至太阳老高了才来到。他为此欣喜若狂,走进走出,以致口干舌燥,幸而儿子的病情好转。但是,没料到第二年,他住在郸城时,儿子竟然因为痘疹的余毒而送命了。儿子夭折,他大哭一场,痛彻心扉。为此,他曾翻箱倒柜,搜寻所藏万密斋的书,找了 3 天还是不见踪影。后来,有人从南方来,赠送他一本万密斋痘疹书的善本,一看到该书,他忍不住又大哭一场!如果当时此书在手,何至于此!于是,他慷慨捐资,拿出半年薪俸,为此书剞劂刊刻。

2. 清康熙张万言重印《痘疹心法》

王一鸣的刻本后来经过多次翻刻,其中有翁仲仁整理,康熙三十三年(1694 年)张万言在琼州重印的版本。此重印本前有孙应鳌序、张万言序和王一鸣跋。

张万言,字升书,奉天辽东人。康熙二十六年(1687 年)由监生知广东琼州府事,在琼州他重印了万密斋痘疹书。为什么在此时他要刊印此书呢?

原来,康熙三十二年(1693 年),琼州痘疾大作,一直到次年春,婴儿夭折,比比皆是,叫天天不应叫地地不灵,祈求巫师鬼神也毫无作用。眼睁睁地看着这些幼儿殒命,他却毫无办法。这时,他的朋友刘克厚给他一本书——《痘疹心法》,说:这是我们楚地罗田万密斋先生的医书,秘本收藏,未有坊本,但是上面的治法写得清清楚楚,如果刊刻发行,也能救治百姓,这不比站在一旁看着他们死去要强些吗?对您三州十县的小儿,如果有了这些方法,又何必担心这区区之病呢!张万言觉得刘克厚讲得在理,就让他着手去实施。

23 卷本的《痘疹心法》经过张万言刊行后,流行于清康熙年间,我们看到它所影响的地域范围,已经由中部地区扩展到了海南一隅。

八、江西巡按御史秦大夔重刻《痘疹心要》

秦大夔,字舜卿,号春晖,山东临清籍,居江苏吴县。万历八年(1580 年)进士,后擢监察御史,巡按江西、山西,历陕西右布政使。在江西时得到万密斋的

《痘疹心要》刻本,携归。

秦大夔讲自己刻书的缘起时说,该书是他从江西携归的,江西人非常珍视该书,珍视该书的不只是江西人。秦大夔自己也很珍视,只是没有试验过。不久,“真刀真枪”的实战来了,他的儿子患痘疹,被称为“国手”的众多医生摇手掉头而去。正在无望之际,他的侄儿从袖中拿出一本医书,说这本书已治愈了好几个孩子的病,“无不应手辄验”,非常有效。这句话让秦大夔如梦初醒,是啊,他怎么没想起来这本书呢!于是赶紧翻书,从中检方制药,到了预计的日期,儿子果然病愈。救命的法宝,就是他从江西携归的《痘疹心要》。经过这一番应战痘疹,他更加珍视该书,还时时向梅侍御、朱大参等谈论和推荐该书,他们也时时拿去试验,也对该书推崇备至。秦大夔还将书送给柳侍御看阅鉴赏,他心想:家里有和璧珍宝,却收藏起来,对众生有什么帮助呢!柳侍御认为:治疗痘疹比其他科要难得多,将这本书公开发行,会“多所全活”。一帮志同道合、乐于推广的人就开始谋划商量,将之梓刻公布出去,以使更多人能欣赏到美玉的光泽,饱享眼福。刊刻之后,秦大夔阅览一遍,笑着说:“秦越人饮长桑君上池水,垣视一方人,则户喻家至,宁任疲耶!”梓成之后,该书将无胫而驰,如使每人都握有一块荆山美玉。对这次刊刻,秦大夔形象地用“雕玉”过程描述他们几位的功劳:他自己及侄儿撷取和辨别璞玉的材质,朱大参、梅侍御品赏美玉的价值,而龚景福则负责锻造美玉。

那么,这位龚景福是何许人呢?他是清源的一个雅嗜方书、究心医术的人,秦大夔称之为“龚善人”,他主张好方好药就应推广扩散出去。他在柳侍御处看到《痘疹心要》一书,觉得“治法精备”,于是柳公就将该书交给他带回去研究和校对,并交付剞劂刊刻,两月告竣。龚善人对刻书这一善举喜不自禁,他庆幸这个刻本可以为人间广嗣作一大贡献。

这一刻本是在万历二十九年(1601年)重刻的,该书有曹继孝序、秦大夔序、万密斋自序、张鹤鸣后序和龚景福跋。可以看出,该书上承曹继孝的浙江刻本,在江西、浙江影响较大。

九、彭端吾精刻、邓士昌再刻、崔华补印《痘疹全书》

1. 彭端吾精刻《痘疹全书》

万历三十八年(1610年),《痘疹全书》由两淮盐官彭端吾刊刻于扬州,临朐庠学训导赵烨校勘,当地乡大夫请梓是书,庠生吕应嘉负责刊印事宜。此外还有山东益都人、曾任湖广提学副使官至通政司左参议的曹璜作纪事,扬州府泰州知州陈仁题跋,彭端吾的年弟、曾任湖广道御史的吴亮作序。《痘疹全书》不仅仅是万密斋一人所著,其内容包括万密斋隆庆戊辰题跋的《痘疹碎金赋》2篇、《痘疹世医心法》12卷和《痘疹玉髓》的2卷,是几本著名的治痘医书、方书的合集。《痘疹玉髓》是出自青州府的明藩王高唐端裕王后代的王府秘本,原书是元代黄石峰汇集谢南屏、姚金谷等人的论述而成,与万密斋的《痘疹心法》互为补充。两书都经过了山东青州府临朐县儒学训导赵烨的精详的校勘,他还将自己在临朐一带治痘的27则验案分别类附于各证治之后。

那么,彭端吾、赵烨等人是如何与万密斋的《痘疹心法》结缘的呢?他们是如何对其推崇备至的呢?

主持刊刻的彭端吾,字元庄,号嵩螺,河南夏邑人。万历二十九年(1601年)进士,历官中书舍人、山西道御史、两淮巡盐巡按等。在两淮任盐官时,在扬州刊刻该书。

校书者赵烨自做秀才起,见到《痘疹心法》就非常喜欢,写信求在福建任官的长兄赵焞弄到这本书。得书之后,对自己家乡平原县的痘疹病患者,他按书而治,寻找方剂和方法,屡试屡验。他评价说,目前世间所传的痘疹书,没有像《痘疹心法》这样明确完备的,"若夫缘标识本,即始见终,补泻温凉,寒通汗下,随症通变,因时制宜,未有若《痘疹心法》之明且备也。"而作者万密斋,"以通儒而精医,因获效而取刻。"万历二十八年(1600年),赵烨任山东临朐的儒学训导,将该书带到此地,恰逢当地痘疹盛行,他按书而治,以至活人无数。当地乡大夫感念该书的救命之恩,"签课义举,梓以广其传",联名要求刊行此书。该县吕县令的公子、庠生吕应嘉"总其纲、窃附以余之治验,以征《心法》之可法也",附上赵烨依书诊治痘疹效果灵验的例子,证明该书巨大的指导价值。当赵烨校正《痘疹心法》和《痘疹玉髓》两书后,他满意地说:“合而观之,允矣!奚痘疹之耆蔡、后世之宗匠也!”

撰写《读〈痘疹心法〉纪事》的曹璜曾任湖广提学副使,亲身经历了家人的痘疹发作过程,其中最悲惨的记忆,莫如他五个侄女先后都因患痘时服用保元汤而毙命。后来他的小儿子出痘,他不敢再用保元汤,但没有更好的办法,只好用小剂量先试用,孩子的哀声呼号不忍耳闻。就在这时,麻城的诸生周伯孔来了,对他说停服保元汤就会好。此时,又有人送来了赵烨校对的《痘疹心法》一书,他看后发现该书“持论简而不繁,变而不执,明而不晦,多而不乱,要而可循。凡痘疹家所不经见之症,无所不收,犁然而可辨”。周伯孔来自罗田的邻县麻城,他告诉曹璜:我们湖北人都把这本书当作宝谟大训,不敢动一个字,靠它治病,就像把它当饭吃当衣穿一样,根本离不开。曹璜听了之后,像抓到了救命稻草一样。不久,他亲家的 7 个子女都染痘,他急忙取来该书,将发作正厉害的三郎的症状与书中记录的相对照,按方用药,不到半夜,孩子就有好转的迹象了,后面 6 个子女都依方施治,全部转危为安。

亲眼见证了《痘疹心法》的灵验,曹璜又听周伯孔讲述万密斋的故事,知道他折节读书,精研医理,取鉴名医,承自家学。曹璜感觉万密斋与痘疹病毒作战的情形,就像羽扇纶巾指挥十万军队,所用之术变化莫测,如珠走盘,高妙无穷。他称赞说:“噫!他就是我先前所说的关捩子呀!”他所言的“关捩子”就是掌握开关的玄机,可应变自如。他认为治痘之方,成法难定,不会灵活应变就会误人性命,木香散和保元汤都不是害人的药,但是错用它就会害人之命。等到赵烨校书完毕,来请他题词时,他想到 20 年前保元汤的事,不免慨然长叹,欣然提笔,写下了前述《纪事》,指出“一日而齐中,小儿有金城也”,该书的刊印,就像坚固的城池,使幼儿的生命有保障了!

为《痘疹全书》题跋的陈仁是扬州府泰州知州,他知道能保住婴幼儿的生命非常困难,而痘疹又系婴幼儿生死的一大关键,但方术家在这方面多一跃而过,仅有一二古方,况且还有刻舟求剑的医生,不啻以针剂代白刃,借刀杀人。所以,他恭赞彭侍御"而尤轸念保婴之术,爰刻方书,其所勘方,悉出诸名家所经验熟谙而精拟胪列之,真足以启毙回生而度苦海以慈航者",称其将名家的痘疹书搜集汇集,精校刊刻,可谓以金针渡人、起死回生的慈善家。

作序的吴亮是彭端吾的年弟,曾任湖广道御史。在序中,他同样认为痘疹是幼儿生死的第一关,能得以保全的幼儿只有6/10,而《痘疹全书》所载痘疹之方十分完备,"抑何其大备也!"相比起来,那些庸医操术,不知所措,简直像"学书纸费,学织锦费"一样,是"学医人费",拿人的生命做试验,戕害黎民,甚而"以费国为戏",拿百姓生命、国家命运在开玩笑。所以,《痘疹全书》的刊刻发行,是在救亿万赤子之命,充分彰显了彭端吾行仁政的"不忍人之心"!

刊刻医书的阵容如此庞大,而且这些官员、士绅都是亲身感受到万密斋痘疹书的切实可行、弥足珍贵,才大力促成该书的刊刻和完善的,以促进保赤子、救黎元的仁政,而万密斋的痘疹之书也因此传到了江苏、山东等地,甚至更远的福建。

2. 邓士昌刻《痘疹全书》

彭端吾于万历三十八年(1610年)在扬州梓刻的《痘疹全书》,7年之后以同样的内容和版式,由湖广按察司副使邓士昌重刻。此本卷端题"罗田万密斋全集,平原熙斋赵烨校",前有《林士标锲痘疹方书叙》。

邓士昌,字龙门,四川广安人,万历三十五年(1607年)进士,授南京户部主事,任浙江处州知府,万历四十四年(1616年)擢升湖广按察司副使,分巡永州道兼摄衡州道。该书刊刻于其在任湖广按察副使期间。

林士标,福建福清人,与邓士昌是同年进士,万历四十五年(1617年)任永州知府。他分析,古来医书不少,而痘疹书却稀见,前人未阐秘奥,后人多有剖抉,痘疹书也会待今日而备,而邓士昌家所藏的痘疹书就是今日完备之书:"观察邓公家藏痘疹三编:曰《全书》,曰《玉髓》,曰《心法》……懿哉,书乎!真宝谟大训不可易矣!"如此完备的痘疹书,邓公不忍秘藏,付之剞劂,进行刊刻,使传遍域中,让其"大备而广布"。

3. 崔华刻《痘疹全书》

此前我们介绍的《痘疹全书》皆是明代刊刻的,但到了清代,在很多地方尤其是偏僻的地方，当痘疹猖獗时，人们仍然得不到医治。而且，明代所刊刻的痘疹书流传日久后基本都残缺不全了，有识之士常常以之为憾。所以，清代康熙二十六年(1687年)，崔华再一次刊刻《痘疹全书》。

崔华，字莲生，号西岳，平山人，顺治十六年(1659年)进士。初授浙江开化令，后擢升扬州府知府，授两淮盐运使，迁陕西布政使司参政。他感慨疫疠流行之时，小儿仓率受病，一般的草药方剂都难以保证，哪还敢奢望有神圣明哲的名理名医呢！他在扬州府时，看到盐运库里藏有明代彭端吾所刻的痘疹书版，惊喜万分，于是趁公务闲暇，下令工人印刷。印毕，他细加翻阅，感觉该书应变制宜，融会贯通，简明扼要，称赞该书说“诚幼幼之金丹、生生之水火也!”只可惜年代久远，篇帙残缺，他急忙寻找旧本重刊补印，希望通过重印《痘疹全书》，使之布之天下，人们能临病应变，因时酌宜，参详审谛，以收万密斋之效，解小儿治痘疹之难。

崔华修补重印该书之后，康熙五十六年(1717年)，两淮运库又重印一次，此次印本被称为“贾东井序次本”。

贾东井系崔华的同乡，他得到崔华重印本，苦心研读，为之详细编目，分别冠于《痘疹心法》与《痘疹玉髓》之首，使人便于查阅检索，清楚明了。康熙二十九年(1690年)，贾东井为该书作跋，称《痘疹心法》和《痘疹玉髓》是痘疹书中的上乘之作。康熙五十六年(1717年)重印时，贾东井增订的内容被补插其中，故此本被称为“贾东井序次本”。

彭端吾刻本在清代除了经两淮运库两次重印外，还经历了一次重印。咸丰七年(1857年)，四川资州知州觉罗恒保据“贾东井序次本”重刊此书，内容和形式与原本相同。

十、日本刻本:元禄本和享保本

传入日本的万密斋著作有两个刻本，第一个是元禄本，第二个是享保本。

1. 元禄本

元禄本，即日本元禄五年(1692年)，洛阳书肆中村孙兵卫等的刻本。该刻本的底本是彭端吾的重刻本中单选的万密斋著作，包括《痘疹碎金赋》2篇和《痘疹世医心法》12 卷，而去掉了附录的《痘疹玉髓》，末尾部分是日本丹水子的题跋。

丹水子，即名古屋玄医，字富润，号丹水子，又号宜春庵，京都人，日本江户时代早期著名的古方派医家。他学习过中国名医的著作，自己也著有十多部医书，被后世尊为日本古方医家的鼻祖。丹水子对万密斋痘疹著作理解透彻，评价到位。他在《〈痘疹世医心法〉跋》中说：世称痘疹书有很多，但都不如此书之有本源，上承张仲景、刘河间、李东垣、朱丹溪、钱乙和陈文中，又搜辑群书，“痘疹一科无遗，简而要”，简明实用，是初学治痘者的捷径、痘疹患者的重要帮手，所以他非常赞成刊刻此书，使之在日本广为传播。

2. 享保本

此本于日本享保十三年(1728 年)由田边含英堂、林氏文泉堂、川腾通志堂合刻。此本书名《痘疹心要》，是元禄本加上《痘疹格致要论》前 5 卷组成的。书前有恭斋撰写的《新刊〈痘疹心要〉总序》。

恭斋，自称逸士，在元禄年间为此书作序。他强调了《格致要论》的重要性，指出元禄本缺《要论》是“一大欠事也”，《要论》与《心法》是双璧辉映，显示了万氏痘疹书的有机性。他认为《痘疹心要》一书，“《要论》为本，《心法》为末，辨证立论，钩玄造妙，灿然列参商焉，实痘家之活手段，而盐梅可玩可味之书也”，给予了高度评价，所以当续刻《要论》请他浏览过目时，他欣然提笔作序，并展望该书在日本的广泛传播，“喜斯书流播乎人间，不敢拒焉”。

日本的医家感受到万密斋痘疹著作的实用特性和巨大价值，他们给予高度评价，并乐意推广。可见万密斋的医书传到海外，是颇受欢迎的。

十一、明万历李之用、清顺治万达刻《万氏全书》

1. 明万历李之用刻《万氏全书》

上述我们介绍的所刊刻的万氏医书都集中于痘疹方面，主要是《痘疹世医心法》《痘疹格致要论》，而万氏的医书尚有儿科、妇科、养生等方面，那么有没有一个万氏医书的全本呢?

其实,在明代就有《万氏全书》的刻本了,此书最早是由李之用刊刻的。

李之用,字见松,湖北黄冈人,万历八年(1580年)进士,曾在万历二十年(1592年)至二十八年(1600年)任邵武知府。该书刻于官邵武知府时,"业已锲诸医方,嘉惠元元"。

李之用刊刻的万氏医书主要有《伤寒摘锦》2卷、《保命歌括》35卷、《万氏女科》3卷、《广嗣纪要》5卷、《养生四要》5卷、《育婴秘诀》4卷、《幼科发挥》2卷、《痘疹心法》32卷,共8部,88卷。该书有李之用自序、同知钟万春序、推官赵贤意序、陈荐夫后序和邵武知县黎应凤后序,题有:"黄冈李之用辑,弟李之周、子畴、闽县郑梁、杨如春、陈荐夫同校。"

李之用还为《幼科发挥》《广嗣纪要》和《养生四要》专门写了序言,"不佞奄有赤子之邦,不以广而传之,是蔽造化之大慈,而不工能得之于万氏者,无异得之于天矣,不佞又不以归万氏,而归之冥冥有神授之者也,庶几附于如保之意。"将万氏幼科之书刊行,广而传之,以保天下的"赤子",这是彰显上天的慈爱,是上天的旨意。他的意思是万氏的医书与天意相合,不可以不传,因此他积极推广。

李之用刊刻的《万氏全书》,在当时影响很大,"一时纸贵三湘",在明代"久重海内",但是经历明末战乱时,藏版因书林失火,而罗田县中所存之医书又因兵乱而散失,所以版毁无存,以至于从事医学者,无不以之为莫大遗憾!那么,究竟万氏医书是如何保存下来的呢?

2. 清顺治万达刻《万氏全书》

《万氏全书》虽然版毁无存,但是,天无绝人之路,幸而万氏子孙非常有心,没有让祖传的医书就此失传,在艰难的环境中,仍然设法保存了一帖版本。"幸五氏孙万通之获秘藏于千百泥砖,盖鲁壁之经,天直不欲绝此道于后祀焉者。"万氏子孙秘密地把明代刻本藏于墙壁中,万密斋的五世孙万达把它取出来,使之重见天日,就像孔子的经典藏于鲁壁,终于在汉代失而复得一样,上天不想灭绝此书,因此在清初顺治年间,万氏医书得以刊刻,薪火相传。

万达在清代顺治十一年(1654年)至十六年(1659年)间辑刻《万氏全书》,共10部,108卷,是现存《万氏全书》的最早版本,也是其后各刻本的祖本。此刻所有书中,卷端都题有"玄孙通之万达刻"字样。先后刊刻的10部书分别是:《片玉痘疹》《片玉心书》《育婴家秘》《万氏妇人科》《保命歌括》《广嗣纪要》《伤寒摘锦》《养生四要》和《幼科发挥》。

万达重新获取刻本以后,他知个人的力量不足以刊刻全书,便争取了包括罗田当地的官员、士绅等的合作,才使得《万氏全书》在五六年的时间内分几批陆续刻成。助力刊刻的有黄州推官祝昌、罗田知县李雨霑、吕鸣和、罗田贡生刘一炅、湘潭教谕徐熙明和生员王光昊等。

前2部书,是在顺治十一年(1654年)、十二年(1655年)刊刻的,此时有李雨霑和刘一炅参与。

第3部和第4部书,刻于顺治十三年(1656年)、十四年(1657年),因为知县李雨霑已离开罗田,所以由万达以一己之力刊刻。

后面6部书,刻于顺治十五年(1658年)、十六年(1659年),此时是吕鸣和任知县时期,参与资助刻书的有吕鸣和、祝昌和已经任福州知府的李雨霑。

尚在李雨霑任知县期间,也就是顺治七年(1650年)至顺治十三年(1656年),罗田县的几位士人就开始商议刊刻万氏医书。其中刘一炅(字召藜)、徐熙明进行校书,他们都请求李知县将该书付梓公世,但考虑到工程浩大,难以遽成,刘一炅就与徐熙明商议:万达有家世秘传的《片玉痘疹》,是之前刊刻的书中所没有的,何不先刊行此书,作为刊刻全书的门径呢?他俩与万达谋议,万达欣然同意,于是由徐熙明考订付梓《片玉痘疹》,半年完成,此后全书渐次刊行。

吕鸣和,北京宛平人,顺治二年(1645年)副贡。顺治十三年(1656年)至十六年(1659年)任罗田知县,后升任均州知州。他对刊行万氏全书功劳尤大,所以后世称此本为吕本。黄州推官祝昌在序言中说:万达因为太贫穷,无力重新镌刻,祝昌为此深感遗憾,于是与罗田县令吕鸣和商议,得到吕君欣然允诺和捐俸助梓。他感叹该书的刊刻多亏吕知县的大力支持:"呜呼!此书之得,不沦灭于朽蠹残蟫,而复为海内所慰睹,谓非吕君之力哉!抑不佞尤有嘉者。"此医书能再次在海内流行,多亏吕知县!

吕鸣和自己也记述了刊书的过程。他在任罗田知县时,有人问他是否知道本县的万密斋,并告知他说万氏的书值得购买。他无以回应,非常惭愧。于是,他询问本县的士绅,得知万密斋是本县明代的岐黄名手,现在要弄到万氏医书很困难了,因为基本都残缺不全了。这让吕鸣和更加惭愧,于是找来万密斋的后代万达询问了解,和他谋划刊刻事宜,并筹集经费,捐献俸禄,招募刻工。一共用了8个月时间,共刻印《万氏全书》18卷。书成之后,他作序夸赞万密斋是少有的、实至名归的名医,迥出一般医生之上。他也以自己能刊刻此书使之有济于世而快慰!

从《万氏全书》的几篇序言中,我们可以看到他们以宣传万密斋的书为己任,同时也对该书的广泛流传寄予了极大的希望。刘一炅说:“谁谓万氏之书不成于仁人孝子之阐扬哉!企传全璧,以志不朽云。”他认为该书得到了仁人孝子的阐扬,希望该书臻至完备,永垂不朽。祝昌将刊刻此书功绩与治理地方相提并论,认为此书的刊刻也是一种仁政的表现。吕鸣和因自己起初不知此书而大为惭愧,为此倡导、组织刊刻此书,发挥其济世的作用,“念今之世,犹有君子其人广传其书者乎?以快吾心,而矢吾力,翻而刻之可也。”如果能有人广传其书,是大快人心的事!在清朝,随着医学的发展、统治的稳定,有了如此完备的万氏全书刻本,万密斋的名声得以继续传扬。正如清康熙年间汉阳张坦议所言“是先生利济之心得吕公而始传也”,万密斋医人利济之心,通过吕鸣和的此次刊印而继续传播。

万达本刊印百余年后,据毛德华先生考证,其版又由欧阳铎、欧阳楷在嘉庆二十二年(1817年)修补重印。欧阳铎,罗田监生,年岁颇长,活到90岁。目前罗田藏有欧阳氏的重印本7部,即《万氏全书》10部中缺《广嗣纪要》《万氏妇人科》和《养生四要》3部。

十二、张伯琮一家四代编刻《万密斋书》

康熙五十一年(1712年),张坦议编刻了《万密斋书》,共32册。正文卷端题“罗田密斋万全编著,汉阳鹤湄张伯琮校定,男恪斋张坦议正讹”。此刻本被称为“视履堂”刻本。

张伯琮,汉阳人,字璧九,号鹤湄,康熙五年(1666 年)举人,官河南布政使。

张坦议为伯琮第三子,字恪斋,康熙四十七年(1708 年)以监生入仕,任江苏海防同知,后加捐补授陕西甘州府知府。张坦议颇为知医,对万密斋的医书尤其关注,“余尝逐卷精研,细心体认,历有年所,始能窥探先生之秘蕴于万一”。他专门为《幼科发挥》写序,肯定万氏儿科的价值,他还以行家的眼光评价《万氏全书》,并对其价值进行高度肯定,“真寿世保元之珍,男女居室之所不可须臾离者。老耆得是以寿终,幼孤得是以遂长,先生之仁及天下后世者,其功为何如。”张坦议真可谓万密斋的知己！他大力宣扬万密斋的仁心,“先生诚求之心则苦矣,先生保赤子之心不朽矣!”

张坦议去世后,其子张任大、张任佐于乾隆四十三年(1778 年)又启用家藏旧版重印此书。张氏第四代在重印本跋中,表述了他们之所以“复为检刷”,是为了后世读者开卷悦目,明了密斋医书的科学体系,保持万密斋医书的完备,同时也能继承先人事业,完成先人的遗愿。

从初印到重印的 70 年间,“蜀中坊间,遂有翻刻”。张氏一家四代专注于万密斋医书的刊刻,堪称万氏医书的功臣,使万密斋的名声由荆楚大地传到了巴蜀之国,而且在那里不断得到翻刻,生根发芽。

另外,忠信堂刻本用仿宋体刻印了《万密斋书》,总书名页正中题“万密斋书”,右题“汉阳张恪斋手订,忠信堂藏版”,左题全书子目,即万氏全书的 10 部。其中子书的卷端题名,有 5 部同于张坦议本,5 部同于胡略本。

十三、清代清畏堂、敷文堂、同人堂刻《万氏全书》

雍正二年(1724 年),金溪胡略编刻了《万氏全书》,为清畏堂刻本,但其原本传世不多,刻本仅有《保命歌括》《伤寒摘锦》两种零本。

胡略,字仁锡,金溪邮亭人。康熙五十五年(1716 年)以例贡授江西吉水训导。胡略正是在吉水时刊刻的此书。他在友人那里得到万密斋医书,工作之余加以披阅,病时依方而治,十分灵验,便拍手称快,“诚岐黄家之津梁也!”正值雍正帝登基,下令各省总督、巡抚,访求名医,以备采择。胡略响应号召,捐俸重刊万密斋书,使其广为流布。

后来,清畏堂刻本又经过敷文堂、同人堂先后两次挖改。敷文堂的刻本未见其全本的流传。同人堂藏版是乾隆六年(1741 年)所刻,有《万氏全书》的 10 部为子目。这两次修改后的重印本流传较广,影响也大,并且都保留了前面刻印的堂号,出现“三堂共一书”的现象。

十四、刻书家吴勉学为《痘疹全书》正名

吴勉学,字育愚,歙县人,潜心医学,校勘并辑刻医书多种,其中包括《痘疹大全八种》。《明代版刻综录》载其万历年间刻书 113 种,其中 73 种是医书,是医学史上著名的刻书家,“师古斋”是其刻书斋号。吴勉学在刊刻《痘疹大全八种》时,收入《痘疹全书》2 卷,写明作者是罗田的万密斋。

上文提到万密斋的痘疹著作有赣本,即在赣州由陆稳刊刻的版本,但是赣本是被浠水人黄廉(万密斋称之为王廉)剽窃归为己有的,后来陆稳到江苏湖州,黄廉又到湖州,在湖州依靠剽窃成果为人治病,暴得大名。陆稳在该书序言中,极力称赞救自己子孙的铜壁山人——黄廉,“余自束归以来,闻家人患痘者,问其症何状,辄以山人书证之,一一符合,然后知山人医术之精。”其实他的这些赞扬和感激,都应归于万密斋。他又盛赞该书“条目之详、取效之捷”,鉴于此书如此效验又供不应求,所以决定刊刻。黄廉欺世盗名,对陆稳还有他的弟子孙一奎等人瞒天过海,但是却瞒不过专业的医家和刻书家吴勉学!吴勉学重刻该书时,正文卷端题:“痘疹全书上卷,古罗密斋万全著,新安吴勉学校。”同时又将陆稳的序刻于卷首,以彰明黄廉剽窃万密斋著作的历史。自吴勉学以后,《痘疹全书》的作者便归属万密斋了。此后,一些知名的藏书家、目录学家在收藏《痘疹全书》时,都明白地写着“万密斋著”。而经过刻书家、藏书家的手眼,万密斋的名声为更多人包括大批读书人所知悉。

万密斋是一个仁义的名医,以救济病人为怀,毅然把他家三代为医的医学经验公布于天下,传给后世,造福于后世。这样的举动,实为一代名医最高尚医德的表现。万密斋医书的传播,也在一定程度上提高了他的医界名声和社会地位。

众多的刊刻者,他们身份不一、所在地区不同,他们或是因为万密斋为其家属治病,或是出于对万密斋的敬仰和佩服,或是亲自体会到万氏医术活人甚多的事实,或是自己懂得医术、明白万氏医书的作用和价值,或是为了使该书给更多医生提供指导和借鉴,或是认为万密斋医书是一种医道和仁术,或是为了挽救众多瘟疫病痛中的黎民百姓,或是为了推行仁政、赢得百姓爱戴,而决定刊刻万密斋的医学著作,把他的医术经验给保留下来,传承后世。通过刊刻医书,万密斋为更多人所知晓,也为众多医生提供指导,挽救了众多百姓的生命。万密斋的医学著述也通过社会贤达的鼎力相助广泛传开,从而获得了极大的身后名。可能连他自己也没有料到,他足迹未到之处,名声也很响亮。在他去世几百年之后,人们仍然在享受他的恩泽。

何逊"时珍"?

李时珍和万密斋同为明代的黄州名医,各为"鄂东四大名医"之一。在二位名医生活的明代,他们的名声都很大,尽管两位的名声在传扬过程中有些许差异。可是今天,李时珍的名字广为人知,响彻寰宇,被称为"药王""医药学家""药圣",甚至是"伟大的科学家";而万密斋的名字,除了医学界人士之外却很少有人知悉,以至于在前几年,一个日本的学者来中国"寻找万密斋",当时的人竟然不知道万密斋为何人。在中国、在湖北,万密斋的名字竟然如此陌生。那么,万密斋和李时珍名声传扬的差异究竟起于何时和何缘故呢?

李时珍和万密斋同是明代黄州府的名医,在学术界研究中,大部分都是介绍两位的生平、著作和医学成就,而探讨其为何成为名医的尚不多见。华中师范大学严忠良的硕士学位论文《明清黄州府名医研究》,提到了名医李时珍和万密斋成名的条件;郝长燚的论文《不断被记忆的李时珍——李时珍形象演变与社会文化变迁》阐述了李时珍闻名的缘由;熊传海主编的《鄂东四大名医》中较为详细地论述了明代黄州两位名医——李时珍和万密斋的情况。两位同为鄂东名医,在他们生活的明代,其名声同样显著,但为何在当下李时珍的名字如雷贯耳、妇孺皆知,而万密斋却少为人知?这两位“比邻而居”、同一时代的鄂东名医,其名声传播或者成名的比较研究,尚少有人关注,而这又是一个十分值得研究、有意思的问题。

一、身份、地位、成就和影响

1. 身份地位,迥乎不同

万密斋,名全,密斋是其号,湖广黄州府罗田县(今黄冈市罗田县)人。明弘治十二年(1499 年)出生在罗田大河岸镇的一个医学世家。万密斋自幼从父命攻读儒学,后成为县学生员,后因科场失利和家传影响乃弃举从医。他熟读医书,学习医学经典和金元大家的理论和经验。他长期生活在民间,医人无数,因此在理论上和临床上比其祖其父造诣更深;又精通中医各科,包括小儿科、妇科、养生科等,尤其对痘疹有创见和心得,逐渐成长为一名通晓医理、经验丰富、医德高尚、名震一方的民间医生。著有《痘疹心要》《幼科发挥》《万氏妇人科》《养生四要》等著作,这些著作在明清经多次刊刻,广泛流传。

万密斋一生从医 50 余载,行医足迹到达多地,治愈患者无数。辞世前 30 年间,陆续写成多部医学著作,累计 150 多万字。万氏著作大部分被收录于大型类书《古今图书集成·医部全录》中,被皇家收藏。万密斋在儿科、妇科,特别是在治疗痘疹方面享有盛名,在保健养生及预防医学等方面亦有独到见解。

李时珍,字东璧,世称李濒湖,湖广蕲州(今黄冈市蕲春县)人,生于明正德十三年(1518 年)。他出身于中医世家,祖父、父亲均业医。李时珍 14 岁时中了秀才,曾三次参加乡试却科考失利,无奈之下,转而从医。在治好蕲州富顺王儿子的病后,他被推荐到楚王府,任王府祠正,并掌管良医所,之后被推荐到太医院短暂任职,后辞官归乡,为人治病,并从事医药的研究,著有《本草纲目》《奇经八脉考》《命门考》和《五脏图论》等书。其中药物学巨著《本草纲目》初次刊印后被上呈皇帝,后被多次刊印,在海内外产生重要影响。

万密斋和李时珍被称为明代鄂东的名医,他们有许多共同点。首先,地区相同,他们共同生活在湖广黄州府;其次,时代相同,他们都生活在明代嘉靖万历时期,出生时间相距 19 年;再次,出身相同,他们都是医学世家出身,祖孙三代行医,二人都是儒学生员,也都弃儒从医,都有几十年的从医经历,都被称为"儒医";最后,他们在医术和医德上都是可圈可点的,都有著作传世,产生了重大影响。

但仔细比较起来,万密斋和李时珍的身份地位还是不同的,这也是他们身后名气大小不同的重要原因。

首先,从身份地位上来说,万密斋是儒学生员,弃举从医后,就一直是个职业医生,没有做过官,直到 70 岁才被郧阳巡抚恢复儒生资格。因此,他大半生都在民间,在底层社会。而李时珍,除了自己的儒学生员身份外,还做过官。他有短暂的仕途经历,在治好富顺王儿子的病之后,被推荐到楚王府,任过王府祠正,并掌管良医所,之后被推荐到太医院短暂任职。

他们虽然都出生于医学世家,但家族名望有差别。万密斋的祖父是江西人,且去世较早,留下他父亲万筐,势单力薄,迁来罗田。万家以幼科鸣世时,有一些经验,但没有留下医学著作。李时珍所在的医学世家,祖父是一个医生,没有留下名字。父亲李言闻,号月池,在蕲州当地颇有医名,著有《人参传》《蕲艾传》《四诊发明》《痘疹诊治》等书。有人称李时珍家族,"濒湖世儒,兼以医鸣,一门父子兄弟,富有著述"。显然李家在地方上名望大,根基深厚。

从继承人来看,万密斋有十个儿子,且都从医,他们没有一个是生员身份,门人中也只有个别人如胡三溪是官员身份。诸子和门人中能继承万氏医学传统且医术精湛的,连万密斋自己都没有中意的。

李时珍的儿子和门徒几乎都是儒学生员。我们从李时珍的《本草纲目》的编著人员来看,"敕封文林郎四川蓬溪县知县蕲州李时珍编辑,云南永昌府通判男李建中,黄州府儒学生员男李建元校正,应天府儒学生员黄申、高第同阅,太医院医士男李建方,蕲州儒学生员男李建木重订,生员孙李树宗、李树声、李树勋次卷,荆州府引礼生孙李树本楷书,金陵后学胡承龙梓行",他的儿子李建中、李建元、李建方、李建木,孙子李树宗、李树声、李树勋、李树本都是儒生,或兼为官员;门人也是生员以上,在为其编书、宣扬父祖师门名声方面具有举足轻重的力量。

李时珍去世后，被敕封为文林郎、四川蓬溪县知县，并祀乡贤。李时珍得以进入蕲州地方贤人之列。

长子李建元在父亲去世后，将父亲的“遗表”及《本草纲目》上呈皇帝，皇帝给予嘉奖，并命礼部誊写15部，发行京省刊行。

因为身份不同，二者的人际交往圈也差异很大。除了病人之外，万密斋只和几个他在县学的同学有交情。曾经为万氏医书作序的王一鸣，是黄冈的生员，与万密斋有过交情，与其儿子邦正交情尤深。此外，还有万宾兰，胡荣希在《医圣万密斋传》中认为他就是万氏家族中“中壬子经魁，授职知县”的万言策，他比万密斋晚两辈，小24岁，是万密斋之后家族中有地位的人物。他为《痘疹世医心法》作序，宣扬万密斋的高尚医德和精湛医术，称他确立了万氏小儿科三世的地位。

李时珍交往的大多是士绅官员还有藩王府子弟等。他与蕲州的理学世家关系密切，从师于闻名全国的理学家顾问，乡试失败后，“从顾日岩为师，勤发读书十年之久”，阅读顾家珍藏的典籍。他与顾氏相与论道讲学，“与顾日岩晤言相证，深契濂洛之旨”，师徒二人讨论学术思想，还一起诗文唱和。两人为神交，常以诗文相处，曾有对联雅集，“日岩公尝梦为诗曰：‘远色隔林静’，属时珍对，对曰：‘明霞对客飞’。翌日言梦皆合，其神交如此。”顾问曾在梦中出上联“远色隔林静”让李时珍对下联，李时珍对以“明霞对客飞”，非常工整巧妙！第二天顾问又特地像梦中一样抛出上联，结果李时珍同梦中一样对出了下联，真是神异非常啊！顾问的曾孙辈顾景星为李时珍的著作写序时，提到了这份交情，还给李时珍以充分的赞誉。

李时珍的病人中，除了平民百姓外，还有大量的士绅，以及楚王府的王室成员。李时珍就是在治好富顺王儿子的病之后，被楚王吸收到王府担任官职的。嘉靖二十三年(1544年)，明朝皇帝征召医官，下令各地选拔医术精湛的医生到太医院任职，楚王朱显榕把李时珍推荐到了太医院。虽然李时珍不刻意追求官职，但是任职于王府绝对是一条向上走的通道，对他的影响的扩大和名气的提升作用巨大。

相比于万密斋一直在民间，几十年都是一介草根医生，李时珍的起点要高得多。当然万密斋的病人或病人家属中,也有士绅、知县、知府和巡抚等官员,他们为万密斋医术所折服,对他充满感激和敬佩,有的帮他恢复儒生资格,赐予他“儒医”匾额,也在一定程度上提高了其声望和地位。

2. 医学造诣,不相上下

同为名医,万密斋和李时珍在医学造诣、医术医德上均有迥出时医之上的过人本领。不过,他们的专长和成就呈现出不同的特点。

关于万密斋,他除了继承万氏家法,也通晓医理,有许多创见。他推崇宋代医学家钱乙和庞安时,在临床上主张“肝常有余,脾常不足”之论,对调补脾胃之法的运用独树一帜,经验十分丰富;所处之方,大都简便实用,对症下药,有时一剂药就见效。他治病除用药之外,兼施推拿术,故有起死回生的佳效。他研制的“万氏牛黄清心丸”“万氏琥珀抱龙丸”,至今仍是治疗中风和小儿急惊风的良药。

在数十年的业医生涯中,万密斋十分注意医学理论研究和实践经验的总结。他结合前辈的医学理论,总结家传医技及个人临床经验,勤于积累,不断探索,撰写了很多有价值的医学著作,诸如《痘疹心要》《幼科发挥》《万氏妇人科》《养生四要》等,今天汇编为《万密斋医学全书》,共108卷。该书是万氏毕生医学精华,成为当时和后世医生的临床指南,也成为许多读书识字者的救命法宝,他们按方施治,立竿见影。更有特色的是,万密斋留下了许多神奇的医案,这些医案成为后世研究明代中医和社会的重要文献。关于他的医学成就和贡献,前文我们已经专门讲述,此处就不再详细论述。

李时珍,也是一名长期行医、经验丰富的医生。他开始时跟随父亲行医,26岁时开始独立行医。在行医的过程中,李时珍发现本草医籍中的一些错误,萌生了编一部新本草书籍的念头,于是开始参阅大量前代典籍,考书达800余家,并且实地考察各种药物,反复试验,历时30年,编成《本草纲目》一书。成书之后,李时珍又用10年时间对《本草纲目》进行了3次大的修改,方才定稿。该书分类详细,删繁补阙,引述丰富,考证详尽,搜罗全面,集本草学之大成,是不可多得的医药文献。

除《本草纲目》外,李时珍还著有《奇经八脉考》《濒湖脉学》《濒湖集简方》《三焦客难》《命门考》《五脏图论》《濒湖医案》等书，现只有《奇经八脉考》《濒湖脉学》流传下来。

李时珍的闻名，很大程度是因为他的《本草纲目》一书，这是他一生的心血所在，也是他医学成就和贡献的反映。我们从该书的编纂可知他的医学素养和水平：他熟悉医书、学识渊博，通过亲自试验来确定和考证药物的性能，具有孜孜以求、科学探索的精神，他也注意积累，勤于著述。这些都是李时珍的特色，也是成为一个名医的重要基础。

3. 医术医德，齐头并进

万密斋通晓医理、医术高超，望诊水平较高，能识得人的寿夭生死；用药精准，药到病除；会推拿针灸，根治痼疾；解释诊断，让人心服；疗效显著，让人叹服。他凭借其神奇的医术，活人无数。在医德方面，他为人治病，不计前嫌，不分贫富贵贱，不专为利是。他不仅为贫穷的病人研究药方，还在瘟疫流行时免费发放药物，最后将万氏祖传秘方公之于众，真可谓仁爱为怀、菩萨心肠！因此万密斋在百姓中间树立了极好的口碑，在医学上树立了高大的丰碑。关于他的医术医德的传奇故事，一直在民间流传。民国罗田的学者王葆心，以其学者的严谨，记录万密斋的神奇故事 40 多个。在今天的罗田，秦建国等专门编写《医圣万密斋的故事》一书，内容上可能带有一点传说的色彩，但大部分都能与万密斋自己记述的医案相吻合。前文我们专门讲述了这位名医的众多故事，此处不再赘述。

关于李时珍的医术医德的传说也是很神奇的，但早期关于他行医的故事记载很少，典型的只有其同乡后辈顾景星记载的一例，讲他为富顺王的儿子治病的事。顾景星写道：“博学无所弗窥，善医，即以医自居。富顺王嬖庶孽，欲废适子，会适子疾，时珍进药，曰附子和气汤。王感悟，立适。楚王闻之，聘为奉祠，掌良医所事。世子暴厥，立活之，荐于朝，授太医院判。一岁告归，著《本草纲目》。”蕲州藩府富顺王有废嫡立庶的打算，正巧嫡子病了，请李时珍来看，李时珍进附子和气汤，此药的谐音“父子和气”，这是对富顺王的婉转劝说，富顺王由此醒悟，改为立嫡。楚王听说了这件事，聘李时珍为奉祠，掌管祭祀，并负责良医所。后来世子即王府的继承人“暴厥”，昏死过去，李时珍很快救活了他，于是他被推荐到朝廷,授太医院判的官职。

这个故事,反映了李时珍不仅医术了得,而且还很机智,解决了王府的一个重大政治争端。顾景星为什么只记“仅此一例”的故事,而且其侧重点似乎还在于突出其智慧的一面?为什么不记述李时珍其他治病救人的实例呢?是否可以推测其他的例子不如这个典型,或者没有多少值得书写的呢?关于李时珍神奇医术的故事流传至今的有不少,但传说的成分可能相当大。

在蕲州地区流行着关于李时珍“金荞麦煮鲫鱼,能治筋骨病”的传说,该句也被作为医疗常识而广为流传。李时珍行医经过雨湖时,石桥已经被湖水淹没,碰巧遇见了一个健壮青年帮他顺利过河。为了感谢青年人的帮助,李时珍趁机为他把脉,发现他筋骨有问题,并给他开了一剂药方。青年人虽然嘴上答应,心里却犯嘀咕,认为帮其过河,却被指出“有病”,十分抵触,就把药方扔了。大约半个月后,青年人病倒了,病情危重,碰巧李时珍经过他家,发现他真的得了筋骨病,就让他用鲫鱼和金荞麦配成药并煮汤服用,3 天之后果然好转。这样,“金荞麦煮鲫鱼,能治筋骨病”的方子在百姓中广为流传。

清代乾隆时期的史学家章学诚的《湖北通志检存稿》一书中有《李时珍传》,记载了关于李时珍的传说:“时珍没后,有贡生萧铨得危疾,梦时珍授方,用海桐皮治之,果愈。铨遂读其书,精于医理,故医家称时珍为医圣云。”这个传说故事烘托了李时珍的高超医术,他托梦给得重病的贡生萧铨,用海桐皮治好了他的病,所以医家都称李时珍为“医圣”。而李时珍被称为“医圣”,最早也出自于这个传说。

在早期写实的传记中,李时珍医德高尚的例子付之阙如,直到清代乾隆二十年(1755 年)的地方志《蕲州志》中才开始出现。“生平孝友豁达,多荫行善。托医以寿世,千里就药于门,立活,不取值”,意思是说他的德行很好,孝友豁达,喜欢行善,以医术济世救人,千里之外的患者来求救,他很快为人治愈,且不收取费用。

今天,关于李时珍医德的传说也有很多,如免费赠药、巧斗权贵等等,还有他为民众着想,将医术用于日常生活、帮助民众的故事。传说,蕲州城东有一个老渔夫和14岁的孙女一起生活,其孙女经常发昏倒地,经李时珍用鲫鱼治好其头昏后,该女孩健康成长。百姓知道此事后,也用鲫鱼来滋补身体。在民间,李时珍还以自己高超的医术和令人敬佩的医德,影响了广大的民众,并使民众形成良好的卫生习惯和意识,以免染疾。

二、二位名医名声的传播

1. 交往友朋,助力有别

前文我们已经讲述了万密斋名声的传扬,得到了他的朋友、同行、当地官员及其诸子门人的助力,其中,作用最大的当属当地官员了,像郧阳巡抚孙应鳌,他对万密斋表示了由衷的赞叹和高度的肯定,赐予其“儒医”匾额,恢复其儒学生员的资格。这对于万密斋来说是至关重要的,这使他由完全的草根跨入上层社会的行列,由民间医生变为“儒医”,他的身份发生了变化,社会地位得到提高。

而李时珍因为是儒学生员且供职过太医院,所以交往的都是在地方上甚至国内很有分量的人物。他们为李时珍的著作写序,为他撰写传记,对他进行评价和推荐,在越来越大的范围内扩大李时珍的影响。

蕲州著名的理学家顾日岩为李时珍的《奇经八脉考》作序,强调其“世儒,兼以医鸣”的特点,夸赞他的家族,推许其父子兄弟。

具有全国影响力的明代“后七子”之一、文坛领袖王世贞亲自为李时珍的《本草纲目》作序,经他的推赞,李时珍及其著作顿时身价倍增,且影响深远。万历八年(1580年),李时珍到江苏太仓弇山园,请求王世贞为其书作序,王世贞作了一首诗给他,婉拒了他的作序要求。十年后,经过修改,李时珍再次携书来访,王世贞欣然答应,为其作序,认为该书考据详实,分类详细,内容丰富,博大精深,是“格物之通典,帝王之秘箓,臣民之重宝也”,是研究本草药物的经典著作,是帝王养生保健的簿籍,是臣民求医问药的宝典。他不仅盛赞《本草纲目》一书,还称李时珍为“真北斗以南一人”。

明清之际蕲州著名的学者诗人顾景星(顾日岩的后代,也是李时珍的同乡后学)详细地为李时珍作传。在传中,他记述了李时珍的生平,“时珍生,白鹿入室,紫芝产庭”,讲他出生时家里出现了祥瑞的现象,就像许多伟大人物出生时一样;还引述了李时珍欲上呈皇帝的遗表,且对《本草纲目》的体例、内容有比较详细的记载。顾景星称赞李时珍是一个学识渊博、仁爱智慧的人,“李公纷纷乐道,遗荣下学上达,以师古人,既智且仁,道熟以成,遐以媲之景纯通明”。这篇传记成为后世李时珍传记的参考蓝本,如张廷玉所编的《明史·方技传》、王宏翰的《古今医史续增》,还有民国吴云瑞的《李时珍传略注》,都采信该传而作。

李时珍交往的士人众多,加之王世贞为其写序推许,李时珍及其《本草纲目》在士绅中间得到较大的传扬。此外,由于李时珍曾为楚世子治病,在太医院任职,《本草纲目》受到皇帝嘉奖,他得以被记入正史之中,这也是他名声提高的重要原因。

2. 著述刊刻,传播相当

著作被刊刻出版,可以供更多的人学习、借鉴和研究,随着进一步的传播,其影响就会非常广泛。前述我们讲过,随着万氏医书的刊刻和流传,万密斋的名气也呈几何倍数增大,使他由一个仅闻名鄂东的医生而逐渐闻名省内外、海内外。因此著述的刊刻和传播,是名医名声传播过程中的重要一环。

关于万密斋医书的刊刻,前文我们已经讲过,此处不再赘述。

李时珍著作内容丰富,具有较强的实用价值,其中《濒湖脉学》《本草纲目》多次被刻版,流行国内外。到清朝顺治年间,在江浙一带,业医者人手一本《本草纲目》,“至国朝顺治间,钱塘吴毓昌重订付梓,于是业医者无不家有一编”。而在明末清初的100多年间,大概有15种《本草纲目》的版本面世,平均10年左右就有一种刻本出现,可见《本草纲目》被刊刻的次数之多和受欢迎的程度之深。

1593年,李时珍去世后,胡承龙在南京刊刻《本草纲目》,此为首次刊刻的“金陵本”祖本。此本收有王世贞的序、辑书姓氏、本草纲目总目、凡例以及各卷内容,并附图二卷。金陵本是李时珍的儿孙集阖家之力刊刻而成的,但质量不高,字迹模糊。

1601年,江西巡抚夏良心发现《本草纲目》“大有裨于生人,非特多识资也”,但“初刻本未工,行之不广”,决定重刻出版。实际上此版本由张鼎思主持刊刻,于1603年面世,书后附刊《濒湖脉学》及《奇经八脉考》。此即《本草纲目》的第二个版本“江西本”,该本流传最广,为以后多种版本的底本。江西本为官刻本,无论刻工还是插图,较金陵本都有很大的改善。

江西本之后,明末清初还有不少《本草纲目》的刻本出现,但大都是以江西本为底本校刻、翻印的,如石渠阁本、湖北本、立达堂本、钱蔚起本、张朝磷本等。清代中期的《本草纲目》版本,都是前代江西本、钱本的翻刻,无太大创新。其中对后世影响比较大的是味古斋张绍棠刻本。

这一时期,《本草纲目》也开始向国外流传。17世纪初,先是传到日本,接着又传到了朝鲜,对两国的博物学、本草学都产生了深远的影响。18世纪初,经在华的欧洲传教士,《本草纲目》也传到了欧洲。

3. 方志正史,传名有别

万密斋在罗田、黄州都甚有名气,地方志中也有他的传记。明代嘉靖年间的《罗田县志》中没有万密斋传,毛德华先生对于这一问题考述得非常详细,他推测崇祯地方志中应该有万密斋传,只是该志早已佚失而无从得见。清代的众多地方志中则都有万密斋传,其中包括康熙四年(1665年)《罗田县志》卷4《人物志·方外》、康熙二十三年(1684年)《湖广通志》卷42《方伎》、康熙二十四年(1685年)《黄州府志》卷9《稗函》、康熙五十六年(1717年)《罗田县志》卷6《人物志·儒林》、雍正十一年(1733年)《湖广通志》卷74《人物志·方伎》、嘉庆九年(1804年)《湖北通志》卷74《人物志·方伎》、光绪二年(1876年)《罗田县志》卷8《杂志·方伎》、光绪十年(1884年)《黄州府志》卷25《人物志·艺术》、宣统三年(1911年)《湖北通志》卷153《人物志·方伎传》、《古今图书集成医部全录》的《医术名流列传》等。

可以看出,明清时期万密斋在地方上很有影响,地方志皆有收录其传。

清朝康熙年间,罗田知县沈廷桢还专门为万密斋立碑,他在康熙四十七年(1708年)建碑立记:“神灵守墓,救济群生,妙药丹方,诚求辄应。”此碑现在尚存。可见,清代的罗田县官是没有忘记万密斋的大名和恩德的。

王宏翰在编《古今医史》时,将有医籍合于圣贤之旨的医生列入,他将李时珍的传记也收录了进去,这标志着李时珍进入了医史之中。清初编订《明史》,将李时珍列入《方伎传》之中,实际上是将李时珍纳入医学史体系之中,使其进入全国的范围。

在《明史》卷 299 中记述,李时珍好读医书,意识到历史上本草著作错误较多,于是“穷搜博采,芟烦补阙”,用 30 年时间写成《本草纲目》一书。书成后,李时珍去世,其子李建元将该书献给皇帝,皇帝嘉奖,命令刊行,从此士大夫家有其书。除了介绍李时珍成书的前前后后,传中也揭示了他沉思独诣的精神和补阙前贤不足的贡献。

李时珍进入正史,作为明清时期黄州名医的代表,被官方所记录,而万密斋则没有享此殊荣。

清代地方志中关于李时珍的传记也有很多,主要有康熙三年(1664 年)《蕲州志》卷 8《学行》、乾隆二十年(1755 年)《蕲州志》卷 9《儒林》、咸丰二年(1852 年)《蕲州志》卷 11《儒林》、光绪八年(1882 年)《蕲州志》卷 11《儒林》,康熙二十四年(1685 年)《黄州府志》卷 9《方伎》,乾隆十四年(1749 年)《黄州府志》卷 1《文苑》、光绪十年(1884 年)《黄州府志》卷 19《文苑》。由此可见,黄州府和蕲州的方志中均有收录其传,只是将李时珍放入不同的类列之中,有的放入《方伎》,突出其医学成就;有的放入《文苑》,突出其文学素养;有的放入《儒林》,突出其鸿儒思想。

4. 同行评价,有褒有贬

关于万密斋同行对他的评价,前述中我们讲了他同时代的一些医生如万小竹、万石泉、万朴、张医等在与他同时诊治的过程中对他高明手段的佩服,不再详述。

在明清时期,随着万密斋著作的刊行,也有一些医生或懂医的士绅,他们在读到该医书时,或者按方治病见疗效时,也对万密斋非常佩服,由衷赞叹,并设法帮助刊行、重印医书,这类人亦可称之为“同行专家”。他们对万密斋多是赞誉之词。秦大夔刊刻《痘疹心法》时,帮助校刊的龚景福是个雅嗜方书、究心医术的人,他认为该书“治法精备”;日本古方医家的鼻祖名古屋玄医,自著医书十多种,他评价万密斋的医书说“痘疹一科无遗，简而要”;清代汉阳张伯琮之子张坦议，颇知医，他评价万密斋书“真寿世保元之珍，男女居室之所不可须臾离者”。

而同行专家对于李时珍及其《本草纲目》的评价也很多，不过总体来说是毁誉参半。

在《本草纲目》问世之初，就有医家对其评价很高。明天启四年(1624 年)倪元璐在为《本草汇言》作序时，指出该书与《本草纲目》《本草蒙筌》和《本草经疏》同为明代本草的著名代表;明末清初医药学家李延星指出《本草纲目》是当之无愧的“本草之大成”;卢之颐称当时致力于本草的没有能超出《本草纲目》的;清代苏廷琬《药义明辨》序也称“后之议药者，莫不奉为指南”，将《本草纲目》奉为指南。

另一方面，《本草纲目》也受到很严厉的批评，这是为什么呢?

因为清代学术界是考据学占主导地位，他们提倡尊经复古，要求考订无误，言之凿凿，著名医家中缪希雍、张璐、徐大椿、黄玉璐、陈修园等人就是这种“尊经学派”的代表，所以，《本草纲目》撇开《神农本草经》而自成体系就是“不尊经”，而其卷帙浩繁、论述时不问出处，容易出纰漏，李时珍因此遭受批评就不可避免了。

清初张璐首次对李时珍提出批评，认为《本草纲目》“成则中之集大成，未能达乎变通也”，肯定了《本草纲目》内容广博的优点，却认为他未明深意、不会变通;清初的曹禾认为，《本草纲目》虽然搜罗繁复，但是“夸多斗靡”，指责他有“好名”之嫌;黄玉璐过度推崇《神农本草经》，自然否定后世的本草著作，斥之“率皆孟浪之谈”;陈修园自著《神农本草经读》，批评《本草纲目》等书说，“最陋是李时珍《纲目》，泛引杂说而无当”。这些批评不可谓不尖锐!

另外，还有从专业上对《本草纲目》进行批判性继承的赵学敏的《本草纲目拾遗》和吴其濬的《植物名实图考》，在对其进行肯定的基础上，再做拾遗、辨误、纠错等工作。

这些同行的评价中，赞誉者肯定《本草纲目》在内容上“集明代本草之大成”，成为后代本草典籍的资料来源;而持贬低态度的“尊经派”虽有一定道理，但还是失之偏颇。另外，清代医家喜欢歌诀类的医书，朗朗上口以便记诵，因此真正认真读懂《本草纲目》的并不多,多是只知其一不知其二,因此出现了许多对《本草纲目》进行摘编的本草著作简本,这既体现了《本草纲目》产生的影响,也说明了因为《本草纲目》部头太大,人们难以真正仔细地阅读,从这个意义上来说,其影响可能有所受限。

三、近代以来二位名医名声差距变大

1. 密斋名声,医学流芳

1984 年,罗田县委、县政府为了纪念万密斋,罗田县中医院经湖北省卫生厅批准,正式更名为“罗田县万密斋医院”,在医院里面还有政协第七届全国委员会副主席王任重题词的“万密斋医史文献陈列馆”。陈列馆里面摆放了万密斋生平介绍、行医事迹和相关纪念活动的图片。2004 年,新西兰驻华大使麦康先生参观陈列馆。

1999 年,国家中医药管理局将万密斋列为我国明清两代十位著名医家之一。《万密斋医学全书》作为《明清名医全书大成》系列丛书的一种,由中国中医药出版社正式出版发行,从而正式确立了万密斋在我国医学史上的重要地位。

万密斋的著作分别被《中国医籍考》《四部总录医药编》《明代版刻综录》《全国中医图书联合目录》《中国医籍通考》《中国医学大成总目提要》《中国医学大辞典》《中国丛书综录》等大型目录、索引、辞典类书籍收录,还作为古籍进入中国中医研究院图书馆编的《馆藏中医线装书目》等图书馆系统目录中。这显示了万密斋在中医范围和学术界占有重要的地位,尽管普通人对此知之甚少。

2. 时珍名声,青云直上

晚清及至近代,随着西方文化传入中国,中国传统文化因与近现代化潮流格格不入而备受质疑,儒家思想也因民主、科学的观念而受到重新审视。按现代科学的说法,中医学也属于传统的医学,是经验性的知识,不能算作科学,中医未能进入西方科学体系之中。在这种科学主义语境下,《本草纲目》的关注者大部分是具有西医背景,或是留学国外的人,其目的是用近代科学的方法研究《本草纲目》,以适应近代药物化学发展的需求。不过就算在中医界人士倡导的中医科学化运动之下,《本草纲目》也没有受到太多的关注。

在20世纪民族主义的论争中,1929年围绕《本草纲目》,国内进行了一次关于中医存废的讨论,中医界借着民族主义的旗号,认为应当保存《本草纲目》所代表的中医中药。

1932年,王吉民、伍连德合撰了我国第一部英文的医学史专著——《中国医史》,称《本草纲目》是“在中国药物学方面最好的著作”“不朽的著作”,二人如此高度评价《本草纲目》,也是基于民族主义的立场向海外介绍中国医学。因为当时国外学者所作的《世界医学史》基本不提中国医学,他们大受刺激,为此花16年时间创作《中国医史》。

英国的科学史学者李约瑟在《中国科学技术史》中对李时珍和《本草纲目》评价道:“明代最伟大的科学成就,是李时珍那部在本草书中登峰造极的著作《本草纲目》”,“李时珍作为科学家,达到了同伽利略、维萨里的科学活动隔绝的任何人所能达到的最高水平”,“中国博物学家中,‘无冕之王’李时珍写的《本草纲目》,至今这部伟大著作仍然是研究中国文化史中化学史和其他各门科学史的一个取之不尽的知识源泉”,等等。

1952年,苏联莫斯科大学新建立的校舍大礼堂走廊上,准备镶嵌世界各国大科学家的彩色大理石浮雕像,时任中国科学院院长的郭沫若提供了两位科学家的名字,一个是南北朝的数学家祖冲之,另一个就是明代的医药学家李时珍。

此时,有关李时珍的研究开始多了起来,如潘吉星一系列的研究将达尔文与李时珍联系起来了,陈存仁则致力于阐发《本草纲目》对日本的影响,使得李时珍不再只是“伟大的医药学家”,其头衔已经悄然变为“伟大的科学家”了。

1953年,在李时珍逝世360周年之际,中华医学会上海分会、中国药学会上海分会等联合举办了“李时珍文献展览会”以资纪念,展出了李时珍《本草纲目》不同年代的版本和日本、英国、德国、法国的各种翻译本和插图摄影。当时有上海各文教、卫生机关的负责人和医务工作者1400多人前往参观。

之后,人们对李时珍的墓地进行了修整,又修建了百草园、药物馆和李时珍纪念馆。纪念馆里面摆放了很多与李时珍有关联的名人题词、文献等。今天的纪念馆有本草碑廊、纪念馆、药物馆、百草药园、墓园等部分,同时以大量的文物、照片、文献资料介绍了李时珍、《本草纲目》及中医药,成为人们弘扬爱国主义思想、重视祖国医学的重要教育基地。

除了展览会和纪念馆以及学术研究会议外,文学、艺术界对李时珍的宣传,使人们对李时珍的崇敬更深。

其中,中国现代人物水墨画的一代宗师蒋兆和1952年依据"睟然貌也,癯然身也"的描写,绘出李时珍像,成为李时珍的"标准照"。1955年邮电部发行的"中国古代科学家"纪念邮票,将之列入其中。

现代文学家、历史学家、中国科学院首任院长郭沫若两次为李时珍题词。1956年2月郭沫若给李时珍陵园题词,写下了"医中之圣,集中国药物学之大成"等语句;1963年,郭沫若参观湖北省博物馆后,再次题词:"李时珍是伟大的自然科学家,他在药物学中尤其有突出的成就。……他已被公认为世界第一流科学家中一位显著的人物,当永远向他学习。"郭沫若对李时珍的题词"医中之圣"成了李时珍的代称。李时珍的故事进入教科书,一代孩子的心中种下了"科学家李时珍"的种子。

1956年,电影《李时珍》上映。《李时珍》是我国第一部反映古代科学家事迹的电影大作。影片中李时珍是一个淡泊名利、医术高明、医德高尚、不畏强权的医家,并且有着严谨求实的科学精神。李时珍的形象深深地印在民众的脑海之中。电影是李时珍的名声在近代以来得以广泛传播的又一个重要因素。

同时,另一种艺术载体——连环画,在塑造和传播李时珍形象和名声时不逊于电影。这些连环画的印数多达几万册、几十万册,李时珍的形象和故事也得以深入人心。

总之,万密斋和李时珍同为名医,为祖国医药学留下了宝贵财富。在关注李时珍的同时,我们应该多去发掘有关万密斋的著作。所幸,现在医学界、史学界对万密斋的著作做了大量的整理和研究,使其能够古为今用,为医学界提供借鉴,也为人们学习民间医生万密斋提供了一个途径。

参 考 文 献

[1] 管贻葵,陈锦.嘉靖罗田县志 光绪罗田县志[M].南京:江苏古籍出版社,2001.

[2] 傅沛藩,姚昌绶,王晓萍.万密斋医学全书[M].北京:中国中医药出版社,2015.

[3] 王葆心.虞初支志[M].上海:上海书店,1986.

[4] 毛德华.万全生平著述考[M].武汉:华中师范大学出版社,1998.

[5] 胡荣希.医圣万密斋传[M].武汉:华中科技大学出版社,2012.

[6] 邵金阶,张勇前,瞿国义,等. 万密斋学术研究[M].武汉:湖北科学技术出版社,2016.

[7] 熊传海.鄂东四大名医[M].北京:中医古籍出版社,1998.

[8] 胡国臣.明清名医全书大成[M].北京:中国中医药出版社,1999.

[9] 唐明邦.李时珍评传[M].南京:南京大学出版社,1991.

[10] 严忠良.明清黄州府名医研究[D/OL].武汉:华中师范大学,2013[2018-09-19].http://cdmd.cnki.com.cn/Article/CDMD-10511-1013277149.htm

[11] 王明.鄂东医药文化研究[D/OL].武汉:华中师范大学,2012[2018-09-19].http://cdmd.cnki.com.cn/Article/CDMD-10511-1012385212.htm

[12] 郝长燚.不断被记忆的李时珍——李时珍形象演变与社会文化变迁[D/OL].天津:南开大学,2011[2018-09-19].http://cdmd.cnki.com.cn/Article/CDMD-10055-1011111524.htm

罗田考察记

大别山区的湖北罗田，是个山清水秀的地方。笔者第一次来罗田，是在2014年十一假期，当时是冲着高耸入云的天堂寨去的，在那里待了两天的时间，领略了进山路堵的恐慌，第二天上山，又感受了等待缆车的无奈。当然，来到这里，带着一睹此山风貌的心愿，想到民国历史学家王葆心先生在七十高龄时来山考察，感染风寒回家病逝的事情，我心里充满了敬佩。山上风景奇妙，登高望远，赏心悦目，但上山下山途中，我不免有些遗憾——没看到任何历史遗迹，没有见到寨堡的踪影。

时隔3年，2017年的十一假期，因为要写作罗田名医万密斋的传记，所以决定第二次来罗田，打算去万密斋的家乡，走访一下万密斋的后人、家族以及纪念场所，等等，心里充满了期待。

去之前听说罗田现在有个万密斋医院，也得以认识了万密斋医院的汪峰院长。我们来到罗田县城，站在万密斋医院大门对面，看到了一组古典风格的建筑，显得十分独特，十分悦目。进了大门，感觉进入了一个风景区，医院的小花园与综合楼、住院部随着地势错落有致，十分和谐。我们首先见到了汪院长，低调而热诚的汪院长了解我们的来意后，立刻带我们到医院综合楼四楼参观万密斋文史陈列馆。随着馆门的打开，一个集中的、全方位的关于万密斋的世界呈现在我们眼前。陈列馆面积不算大，约50平方米，馆里精心展示着万密斋的生平事迹、家族谱系、万密斋著作的各种版本、关于万密斋的研究著作，以及关于万密斋学术会议召开的图片，还有世界友人和国家领导人等来此馆参观的照片，真是丰富多彩，一应俱全。我拿起相机好奇地拍个不停，生怕错过什么。汪院长亲自担任讲解，他的讲解简明扼要，也对我们有问必答。略显遗憾的是，我们这次没能亲眼见到清代康熙年间罗田知县沈廷桢为万密斋立的墓碑以及万密斋的家谱。据说，石碑在医院的新的开发区——大别山中医药生产中心，而万密斋家谱，则尚在他的后人手里。

陈列馆满足了我们大部分的好奇心。参观结束后,我们表达了想去万密斋所在的村落的愿望,汪院长立刻打电话叫来了医院的张建国主任,他们告诉我们,只有万密斋墓是确实存在的,至于他的后人,则还不明确中间断了多少代,后人之间还在争论谁是真正的后裔。汪院长安排张主任负责我们接下来的考察行程,我们决定先去万密斋墓。

此时还是上午,汪院长办事高效,超出我们的预想。一切如此顺利,内心十分感激!天气很好,新修的马路两旁初秋的美景,真是让人赏心悦目!张主任非常热情、健谈,关于万密斋他了解得很多,当我依据自己少有的知识向他请教时,他的回答往往是熟悉而真切的,一下子加深了我们对罗田、医院和万密斋的了解。

大约40分钟后,我们来到了万密斋墓的所在地——罗田县大河岸镇的石井头村。张主任此前曾经来过,虽然路边没有明确的指示牌,但他清楚地记得上山的岔路口,说是前几年罗田县宣传部出了50万元修整了这里的路和墓地。墓地距离马路不远,大约一两百米,我们上山时,迎面碰上正开着装满玉米的拖拉机回村的村民。

来到墓地,我们心里充满了敬仰,氛围也变得肃穆。万密斋墓规模较大,颇有气势,正面立有三块汉白玉墓碑,两旁和墓上方生长着树木,郁郁葱葱,坟上还有此前扫墓留下的绢花,十分鲜艳。右边的碑上写着"明考授廪膳生国朝加封医圣万公讳密斋先生之墓",为清代罗田知县沈廷桢所题字,立碑人署名是万密斋的玄孙。中间的碑上写着"万氏五世祖讳密斋大人墓"。左边的碑上写着"民国六年""裔孙公建"等字样。我们正在详细阅读碑上的文字,此时,此前迎面碰上的那个村民来了,他大约40多岁,能让人感受到他对万密斋事情的关注,所以我们很欢迎他的来到,可以借此了解更多关于万密斋的事情。他指着我们所站的下方(墓前)说,以前这里有一个祠堂,是万密斋家族的祠堂,大约在"文革"中被毁坏了。我们顺眼望去,并不见有房子的痕迹,只见树木和杂草。现在这里叫枫树垸村,万密斋当年的家就坐落在这一带,但是,现在他的后代家族住在离此处有一段距离的上枫树垸村。在我们离开时，那个村民还说了一件事：直到现在还有村民来到万密斋墓地求药，在墓地周围采草药，称为“发药”，用以治病。我了解那并不是某一种具体的药材，而是人们认为万密斋是神医，他死后仍然在保佑人们的健康，因此生长在此处的草都具有灵气。这表明了百姓对万密斋的感激和崇信，万密斋先生长眠此地，应该感到很欣慰了。虽然我觉得他不免有些孤单，家族和后人难以照应到这里，但是却有政府和医院记得他，还有众多的百姓记得他。

我们离开墓地时，下起了一阵雨。我们听说王葆心的墓离此不远，决定去探访。张主任带我们走过一段河滩，河流不小，在此处有个转弯，河滩很美，临近河水的河滩，露出一片纯净的白沙。对岸河滩上有成群的羊在吃草，大群的白羊中点缀着几只黑羊，张主任说这是政府在精准扶贫，村民搞多种经营。

踏着杂草，我们没有找到王葆心的墓。后来，经过打听，我们又开车走了几里路，来到一个养猪场，终于看到了墓地的方位，但是这里没有挂牌子，也没有正式上山的路。张主任披荆斩棘，打掉杂草树木上的雨露，让我们跟上。大约走了一里路，我们来到了王先生的墓前。这个墓规模也不小，上面有董必武的题词“国人失所师，楚人以为宝”。我曾读过这个题词，也读过王先生的著作，跟张主任讲王先生的事迹和学问，他心里非常自豪，同时也表现出惭愧！他说，家乡有如此了不起的历史人物，共和国原副主席亲自为他题词，竟然现在连找到他的墓都很艰难！感觉很对不起这样的人物！我很理解他的心情，同时非常惊讶和感叹，二位名人的墓竟然距离如此近。这里长眠着两位如此有名的人物，他们真是这块土地上的骄傲，而罗田的人杰地灵，由此可见一斑！王葆心对湖北和鄂东的地方志有深入的研究，他曾经在《虞初支志》中记录了万密斋的40多个医案，对这位民间的医生及其神奇的医术充满了敬意和亲切。

我们下山时，似乎看到树林的另一边有一条岔路，估计是一条正式上山的路。如果是这样，张主任倒不必有多少遗憾！因为名垂青史的人物，始终是有人记得，有人怀念的！

接着，我们见到了该村的村主任，他也比较健谈，他的女婿就在万密斋医院工作。他目前致力于精准扶贫,并与高校对接,他说自己曾到武汉纺织大学讲课,讲述关于本地致富的情况。这是让人欣慰的!万密斋先生也应该很欣慰!他一辈子都在为百姓治病,百姓没有钱,他就特地用便宜而有效的药材代替名贵的药材,以减轻病人的负担,有时甚至不收诊费,只要病人信任他,他绝不赚钱图利。如果他看到今天的人们看得起病、吃得起药,医生不用那么煞费苦心,他应感到很安慰了!

此后,我们和张主任进行了长谈。张主任50多岁,听说他是罗田的才子,我感觉他真是个罗田通、万密斋通、中医通,而且,他对我们知无不言、言无不尽!在罗田遇到他,非常有幸!

关于如何继承万密斋的医药事业,他讲得非常精彩:"万密斋医院就是万密斋的传人,医院要把万密斋的大旗举起来!"这句话,也通过我们此行的走访得到了证实。目前,万密斋医院得到各方重视,已取得了19个万密斋中医药传统制剂的专利文号,在湖北省中医药事业"十三五"发展规划中就有对万密斋医药文化发展的计划,以发掘万密斋的秘方和验方。张主任说医院要做三个方面工作:一是热爱万密斋,二是宣传万密斋,三是研究万密斋的医药,进行传承。这些话,都不是虚语,他给我讲了目前医院正在开发的项目和扩建的目标。目前罗田正在建设大别山中医药健康养生中心,选址就在天堂寨附近,利用当地的医药资源和风景优美的优势,将万密斋的养生知识与现代养生高度结合,开发养生药品和文化产品,使古为今用,充分挖掘和发扬万密斋的养生知识和医药文化,促进大健康产业的发展。据说,笔者想见到而未能见到的沈廷桢所立的石碑就在健康养生中心发挥作用,那里是万密斋医院的一个基地。张主任的一席话让我们仿佛看到了万密斋医院和罗田中医药事业的规划蓝图,了解到罗田医药事业目前的发展势头。我们真的替万密斋感到无比欣慰!

第二天,我们在罗田寻访当年的文庙,寻找明清时的塔山书院。走过万密斋当年走的山道和河畔,笔者来到了罗田县博物馆,这里有当年的文庙留下来的部分遗迹——孔庙大成殿,一栋古色古香的建筑显示出其文化底蕴。面对着罗田县中心的宽阔广场,周围是高楼林立、人声鼎沸的商业场所,它在这里却是静谧的，仿佛一位历史老人，没有沾染一点商业气息。万密斋当年应该就在这里拜谒孔圣人，在这附近的儒学读圣贤之书，立下救世济民的志向。博物馆的罗馆长热情地接待了我们，亲自讲解了馆藏的一些罗田的文物、罗馆长仿制的文物以及他绘制的罗田古今名人的画像，让我们对罗田的历史和文化又有了深入的了解。

接着，笔者来到了离县中心不远的东郊塔山，塔山又叫老塔山、玉屏山，曾经的“老塔唐梅”是明清时期的罗田八景之一，如今梅花的芳魂不再。塔山是明清时期塔山书院所在地，是明代罗田的举人张明道读书的地方，也是禅门重地，万密斋曾在这里拜张举人为师，跟随他学习儒学和其他知识，然后才进入县儒学。如今塔山名为塔山公园，是罗田人休闲和健身的去处，也是僧人修行的场所。登上半山腰，就可以俯瞰罗田的城区。笔者沿着建设好的绿道，从山脚出发，经过大雄宝殿、清元寺等，然后一路盘旋上山。在山顶矗立着一座高塔，是新修的，没有任何文字介绍它的来历，估计此塔与此山得名的“塔”没有多少关系，也不能登临，像是一个景观塔。自然，在这里已找不到当年张明道、万密斋等人读书的书院了，这里不再是当年静心读书隐居之地，也不再是少数文人登临吟诗的胜地，不是那么清净古幽，而是大多数市民都可以享用的健身之所。不过，并不吵闹的人语声并未打扰山林的宁静，只是呼啸着上下的行车声会破坏这里的和谐。

从塔山下来，驱车走在罗田的百里画廊中，见河水潺潺，水库深蓝，山道弯弯，沿河两岸是绵延不绝的山脉，山脚下是一些零星的房屋，还有金色的稻田，真是堪与江西婺源比美的中国最美村庄。驱车百里，我们来到天堂寨山脚下，又沿路返回，未入罗田县城，径直回到了武汉。一路上，笔者心里都想象着万密斋当年背着药箱的形象，也想象着王葆心先生考察的情形，只是为了感受一下二位历史人物当年的执着和对罗田的热爱！

这次短暂的罗田之行，得到了万密斋医院领导、大河岸镇乡民以及罗田博物馆馆长的热心帮助，使笔者对万密斋和罗田历史文化有了更深刻的了解，也增加了笔者对罗田这块土地的感情。

第二次来罗田，可谓不虚此行！

罗田县博物馆，原罗田文庙，即万密斋所在的县学

罗田县万密斋医院

万密斋文史陈列室

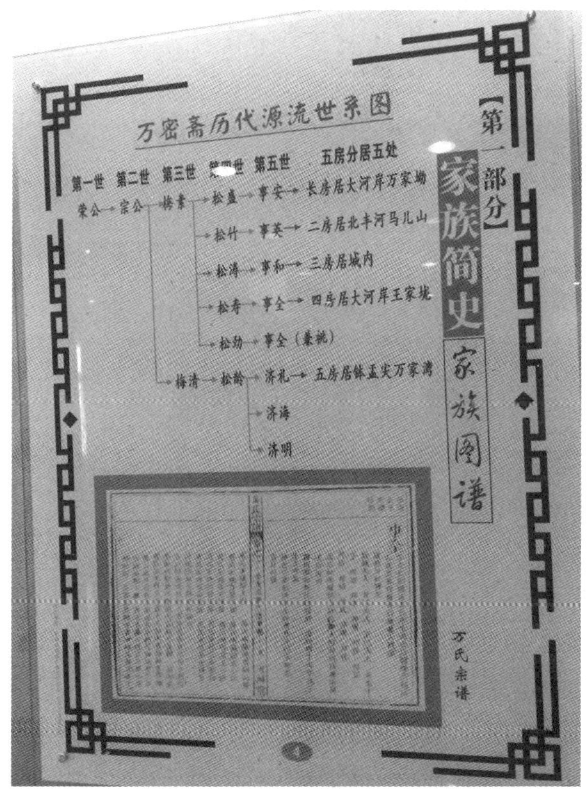

陈列室中万密斋的家谱世系图

陈列室中万密斋的书籍刊印和收录展

万密斋墓

后　记

万密斋传完稿，我的心里充满了轻松，有一点点成就感，但更多的是期待和担心。

期待什么呢？期待这个系列的湖北科学家传记能够产生很好的效果，不负湖北科技史学会原会长——华中师范大学王玉德教授的倡议，不负学会同人们的努力，也不负古人——湖北历史上的科学家，对他们作一个交代！

担心什么呢？本人毕竟是从事历史学专业的，对于中医的专业知识，可以说没有基础，只是这两年才开始听一些讲座，了解了一点中医发展史，粗略读了万密斋的医书。那么自己能担负起写作万密斋传的使命吗？自己懂万密斋吗？

自从 2017 年初与华中科技大学出版社签约，承担万密斋传记的写作以来，我虽然开始补中医学的课，但是并未入中医专业的门，对于万密斋所用的药材、药方，两年来囫囵吞枣，可以说仅仅知晓其中的一点皮毛。好在科技史学会有中医学专业的同人，可以赐教，这为本书的专业方面增加了一点底气。

写作人物传记，虽然需要知晓他的专业，需要专业知识，但更重要的是了解他的贡献、他的初心、他的使命、他的经历、他的命运和他的精神。庆幸的是，想要了解这些，目前都有较好的基础，此次写作是站在前人的肩旁上，希望能推动对万密斋的研究，能增进人们对万密斋的了解。

说起来，本人跟万密斋很有缘。2017 年春节，我在王玉德老师那里，他说关于鄂东四大名医，其中杨际泰的研究很薄弱，尚未有他的传记，建议我着手研究杨际泰。回来后，我觉得自己对明代鄂东历史，尤其是晚明的鄂东士绅更为熟悉，对生活在晚明的李时珍和万密斋两位名医，我做起来更有把握，王老师亲自挂帅写作李时珍传记，我很乐意逐步熟悉另一位名医万密斋。

为万密斋作传，首先横亘在面前的问题是——目前已有一本《医圣万密斋传》（胡荣希编著），还有再写的必要吗？能有创新吗？为此，笔者首先找来该书阅读，再广泛了解关于万密斋的研究成就，搜集万密斋资料。这些准备工作做好后，又得到王老师的鼓励，他说我们写的这个湖北科学家传记系列，主要是为了宣传科学家，普及科学知识，为了让更多的人尤其是中小学生了解和学习他们。于是，我便大胆起步，从万密斋成长、成名的角度来写，写他成名的时代背景、动人的传奇故事、成长的经验、成名的历程，并且将他与同时代的李时珍作简单比较。

能完成万密斋传的写作，我应该感谢此前中医药界、学术界人士对万密斋的研究，尤其是胡荣希、毛德华、邵金阶等前辈，他们的成果为本人提供了极好的借鉴。《万密斋医学全书》也成为本书取材的重要史料。

本书的写作，远非一人之力所能承担。我的研究生参与了写作，他们是文晓晓、成祥满、范晓萌和马琪，他们为我整理资料并动笔撰写，帮我减轻了不少工作量。我的先生姜广锦，从搜集资料到去罗田考察，都给予我大力的支持，并参与了部分内容的写作。中南民大的秦熠老师也帮助笔者搜集资料。没有他们所做的基础性工作，我不可能完成这项任务。在此，对他们的辛劳我深表感谢！

还应该感谢的有罗田万密斋医院的汪峰院长、张建国主任，罗田博物馆的罗雨峰馆长以及当地的村主任、村民，他们为我的罗田考察提供了最大的热诚和帮助，让我了解了万密斋研究的现状和罗田中医药事业的发展阶段。他们的帮助，让我信心倍增！为此，我不胜感激！

这项活动，加深了我对古代名医和明清鄂东历史文化的深入了解。由衷感谢湖北省科技史学会的“湖北科学家传记”的规划！感谢王老师的倡议和鼓励！感谢华中科技大学出版社的亢社长和相关编辑！

最后，感谢伟大的草根名医万密斋！

赖玉芹

2018 年 9 月 19 日